작은 것이 아름답다
Small is beautiful

작은 것이 아름답다
Small is beautiful

인간 중심의 경제를 위하여
a study of economics as if people mattered

E. F. 슈마허
E. F. Schumacher

이상호 옮김

⅋ 문예출판사

17세기 후반부터 물질문명의 모습을 탈바꿈시킨, 아울러 영국이 치밀하지는 못했지만 용감하게 주도한, 실용적 에너지와 기술적 숙련의 놀라운 성과에 흥분하지 않을 수 없다. 그러나 경제적 야망은 훌륭한 노예이긴 하지만 나쁜 주인이다.

가장 분명한 사실은 아주 쉽게 잊힌다. 기존 경제 질서와 이를 재구성하기 위해 제시된 수많은 기획은 모두 하나의 자명한 이치를 가볍게 취급했기 때문에 실패했다. 모든 사람이 영혼을 갖고 있으므로 체계가 이들의 자존심을 모욕하고 자유를 훼손한 것을 물질적 부의 증가만으로 보상할 수 없다는 이치 말이다. 경제 조직에 대한 이성적인 판단은, 인간 본성이 모욕당했기 때문에 일어나는 반발로 기업이 마비되지 않는 한, 경제적인 것 외의 기준도 충족해야 한다는 사실을 반드시 고려해야 한다.

—R. H. 토니,《종교와 자본주의의 발흥》

현재 우리의 문제는 대체로 태도, 도구와 관련이 있다. 우리는 알함브라 궁전The Alhambra을 굴착기를 이용해서 개보수하고 있으며, 우리의 야드법yardage에 자부심을 느낀다. 우리는 굴착기를 좀처럼 버리지 못할 것이다. 어찌 되었든 굴착기에는 좋은 점이 수없이 많다. 하지만 우리가 이를 효과적으로 이용하려면 좀 더 부드러우면서도 객관적인 척도가 필요하다.

— A. 레오폴드,《사막 지대의 책력》

차례

일러두기

본문의 〔 〕와 각주는 모두 옮긴이의 것이며 원주는 미주로 실었다.

개정판 옮긴이 서문

번역본을 출간한 것이 엊그제 같은데, 벌써 20년이 흘렀다니 감회가 새롭다.

돌이켜보면 이 책은 내게 작지만 소중한 인연들을 만나게 해준 계기였으며, 바로 이러한 의미에서 행운의 선물이기도 했다. 생태경제학을 주제로 박사학위 논문을 준비하는 과정에서《작은 것이 아름답다》를 만났다. 그전에도《작은 것이 아름답다》를 읽어보기는 했지만, 생태경제학의 선구로 평가받는 이 책의 중요성을 알게 된 것은 논문을 준비하는 과정에서였다. 급기야 2002년에는 우연한 계기로 문예출판사의 번역 제의를 받고《작은 것이 아름답다》의 역자라는 과분한 명예까지 얻게 되었으니, 천학비재淺學菲才의 내게는 더할 나위 없는 행운이었다.

이후 어느 청년 과학 기술 단체(안타깝게도 단체 명칭은 기억에 없다)에서《작은 것이 아름답다》에 관한 강의 요청을 받았다. 강의 주제는 중간 기술(또는 적정 기술)이었다. 그렇지만 부끄럽게도 나는 슈마허의 생태경제학을 중심으로 강의 자료를 만들어 갔으며, 강의를 끝내고 뒤풀이 자리에서야 요청 주제와 다른 내용으로 강의한 사실을 알게 되었다. 이 착오는 소통에 문제가 있어서 발생했을 수도 있지만, 내가 이 책의 주제를 생태경제학으로만 이해한 데서 비롯되었을 가능성이 훨씬 높다. 이러한 부끄러운 경험을 겪으면서, 나는 이 책이 기술과 사회의 공존 가능성을 고민하는 사람들 사이에서 흔히 대안으로 거론되는 중간 기술 개념의 출발점이라는 사실을 알게 되었다.

슈마허에게 중간 기술은 인간의 얼굴을 한 기술이라는 점에서, 물질주의나 성장 지상주의 욕망에 사로잡혀 인간과 사회를 파괴하는 거대 기술의 폭력에 맞서 인간과 사회를 지켜내는 교두보로 기능한다. 과학 기술 전문가들과 만나 중간 기술의 중요성을 알게 되면서 기술과 사회, 기술과 인간의 관계를 재검토하는 시간을 가질 수 있었다. 그리고 이 시간은 내게 인간의 경제 행위와 경제학을 새로운 관점에서 평가하고 비판할 수 있는 안목을 가져다주었다.

동국대에 재직하며 불교 전공자들을 만난 후에는 이 책이 불교경제학(이 책 4장의 제목이기도 하다)의 효시임을 알게 되었다. 당시까지는 슈마허의 불교경제학을 고민해본 적이 거의 없었다. 아니 더 솔직히 말해서, 불교경제학은 내게 까마득히 낯선 이름이었다. 번역본이 출간된 후에도 마찬가지였다. 아마도 슈마허가 이 책에서 현대 사회의 물질주의나 성장 지상주의, 그리고 여기서 파생된 문제들을 비판하면서 그 대안으로 불교의 가르침만이 아니라 간디나 기독교의 가르침까지 제시하고 있어, 그에게조차 불교 경제학이 특별한 의미를 지니지는 않았을 거라는 나름의 판단 때문인 듯하다.

그렇지만 슈마허가 불교경제학이라는 개념을 창안하고, 이 개념에 비추어 현대 사회의 문제점을 진단하는 길을 개척했다는 사실은 결코 그 의미가 가볍지 않다. 이러한 점에서, 우연히 불교 전공자들을 만나 슈마허의 불교경제학을 새롭게 알게 된 사건은 내게 그의 생각이나 이 책의 의미를 불교와 경제학의 만남이라는 관점에서 새롭게 고민해보는 계기로 작용하여, 이 책을 조금 더 폭넓게 이해하는 안목을 가지는 기회가 되었다.

생태경제학, 불교경제학, 중간 기술과 적정 기술은 오늘날 이 책을 이해하는 주요 키워드다. 다행스럽게도 세 차례의 작지만 소중한 인연을 맺으면서《작은 것이 아름답다》에 관한 오늘날의 논의 지형을 전반적으로 살펴보는 행운을 누릴 수 있었다. 나아가 경제 문제와 경제학을 조금은 색다른 관점에서 분석하고 진단하는 눈을 갖출 수 있었다. 여기에 더해 20년 만에 번역 개정판을 담당하는 명예까지 누리게 되었으니, 이 책은 내게 작지만 너무도 소중한 인연으로 이어진, 그래서 아름다운 행운의 선물일 수밖에 없다.《작은 것이 아름답다》는 내게도 책의 제목만큼이나 '작은 것이 오히려 아름다울 수 있음'을 뼈저리게 느끼게 해주는 계기다.

개정판을 준비하면서 20년 전의 번역을 다시 살펴보았다. 20년 전의 번역본보다 의미를 조금은 더 명확하게 전달하면서도 가독성을 높이고자 노력했다. 그 과정에서 문예출판사 편집부를 애먹이기도 했다. 이 자리를 빌려 역자의 부족한 재주를 끝까지 믿어준 문예출판사에 진심으로 감사드린다.

언제나 그러하듯이 번역본 출간은 독자의 평가를 마주해야만 한다. 그래서 조금은 두렵기도 하지만 독자 여러분의 따끔한 질정을 기대한다. 독자들이 이 책을 통해 세상을 바라보는 안목을 조금이라도 넓힐 수 있다면, 내게는 더할 나위 없는 기쁨일 것이다.

2022년 12월
옮긴이 이상호

1부

근현대 세계

생산 문제[1]

1장

근현대 사회는 몇 가지 아주 치명적인 오류를 안고 있는데 '생산 문제'가 해결되었다는 신념belief이 그중 하나다. 생산에서 멀리 떨어진, 직업상 생산 현황facts에 익숙하지 않은 사람들만이 이 신념에 사로잡힌 것은 아니다. 경제 담당 기자는 말할 것도 없고 모든 전문가, 즉 전 세계 산업 지도자와 경제 관료, 학계 안팎의 경제학자들도 마찬가지다. 이들은 많은 점에서 견해 차이를 보이지만 생산 문제가 해결되어 인류가 마침내 성숙기에 들어섰다는 점에는 모두 동의한다. 사람들은 이제 부자 나라에서는 '여가 교육'이, 가난한 나라에서는 '기술 이전'이 각기 가장 중요한 과제라고 말한다.

세상사가 기대만큼 풀리지 않는 것은 틀림없이 인간의 사악함 때문이다. 그러므로 우리는 인간의 마음속에 얼마나 많은 사악함이 깃들어 있든지 간에 그 사악함을 몰아내고 누구나 제대로 행동할 수 있도록 완벽한 정치 체계를 건설해야 한다. 일반적으로 누구나 착하게 태어나지만 '체계'의 잘못 때문에 일부가 범죄자나 착취자가 된다고 여겨진다. 물론 '체계'는 여러 측면에서 결함을 안고 있으며 개선되어야 한다. 체계가 결함을 안고 있는데도 여전히 존속하는 주요 이유 중 하나는 '생산 문제'가 해결되었다는 그릇된 관점 때문이다. 오늘날 모든 체계는 같은 오류에 사로잡혀 있으므로 이러한 체계 사이에서 (상대적으로 더 좋거나 덜 나쁜 것을) 선택할 만한 여지는 많지 않다.

　그토록 깊고 견고하게 뿌리를 내린 오류가 생겨난 것은 지난 3~4세기 동안 자연을 대하는 인간의 태도가 종교적 의미보다는 철학적 의미에서 변화했다는 사실과 밀접히 연관된다. 아마도 자연을 대하는 **서양인**의 태도라고 말해야겠지만 오늘날 전 세계가 서구화되고 있으므로 좀 더 일반화된 언급도 무방할 것이다. 근현대 사람들은 자신을 자연의 일부로 받아들이지 않고 자연을 지배하고 정복할 운명을 타고난 외부 세력이라고 여긴다. 심지어 이들은 자연과 싸운다고 말하는데 이 싸움에서 승리하더라도 결국에는 자신이 패자가 된다는 사실을 잊는다. 최근까지 이 싸움은 인간의 힘이 무한하다는 환상을 가져왔을 정도로 인간에게 유리해 보였지만 완전한 승리의 가능성이 드러난 것은 아니었다. 이제야 그 가능성이 드러나고 있는데 아직은 소수파이긴 하지만 많은 사람이 이 싸움이 인류의 지속에 무엇을 의미하는지 깨닫기 시작했다. 과학 기술의 경이로운 성과에 힘입어 무한한 힘에 대한 환상이 생겨났고 이는 동시에 생산 문제가 해결되었다는 환상을 낳았다. 후자의 환상은 가장 중요한 곳에서 소득과 자본의 구분이 실패했다는 사실에서 비롯된다. 모든 경제학자와 사업가는 이 구분에 익숙하며 이 구분을 모든 경제 상황에 아주 신중하고 꼼꼼하게 적용한다. 그러나 이 구분이 진실로 문제가 되는 곳, 즉 대체 불가능한 자본irreplaceable capital에는 그렇지 않다. 대체 불가능한 자본은 인간이 만들 수 없고 단지 발견할 수 있을 뿐이며 대체 불가능한 자본이 없다면 인간은 아무것도 할 수 없다.

사업가라면 자본이 빠른 속도로 소모되는 상황을 보고 회사가 생산 문제를 해결하고 생존 가능성을 확보했다고 생각하지는 않을 것이다. 그런데 어째서 우리는 저 거대한 기업인 지구호Spaceship Earth 경제, 특히 그중에서도 부유한 승객들의 경제를 생각하면서 이토록 중대한 사실을 간과하는가?

이토록 중대한 사실을 간과하게 된 한 가지 이유는 우리가 현실에서 괴리된 채 스스로 만들지 않은 것 모두를 가치 없는 것으로 취급하려고 했기 때문이다. 저 위대한 마르크스Karl Marx 박사조차 이른바 '노동가치론'을 정식화하면서 이와 같은 엄청난 오류에 빠졌다. 우리는 오늘날 생산에 도움이 되는 몇 가지 자본, 즉 거대한 과학 기술 지식의 축적, 공을 들인 사회 간접 시설, 수많은 유형의 정교한 자본 설비 등을 만들기 위해 노력하지만 이들은 우리가 이용하는 총자본의 일부에 불과하다. 인간이 아닌 자연이 제공하는 자본은 훨씬 더 크지만 우리는 자연이 제공하는 자본을 자본으로 인정하려고도 하지 않는다. 오늘날 이렇게 훨씬 큰 부분이 놀라운 속도로 고갈되고 있는데 생산 문제가 풀렸다고 믿고 그런 신념에 따라 행동하는 것은 어리석게도 자신을 살해하는 오류다.

'자연 자본'을 좀 더 자세히 살펴보자. 무엇보다도 분명히 화석 연료가 여기에 속한다. 화석 연료는 의심할 바 없이 자본이지만 누구도 우리가 화석 연료를 소득으로 취급하고 있다는 점을 부인하지 않으리라 확신한다. 화석 연료를 자본으로 취급한다면 화석 연료의 보존에 관심을 기울여야 한다. 현재와 같은 이용 비율을 최소화하는 데 전력을 다해야 한다. 이를테면 대체 불가능한 이 자산의 판매 대금을 특별 기금으로 적립해서 화석 연료에 의존하지 **않거나** 아주 적은 정도만 의존하는 생산 방법과 생활 유형을 개발하는 데 사용해야 한다고 말할 수 있다. 만일 화석 연료를 소득이 아니라 자본으로 취급한다면 이와 같은 방식을 찾아야 한다. 그러나 우리는 그러한 일을 조금도 하지 않으며 오히려 정반대로 행동하고 있다. 우리는 현재와 같은 이용 비율을 최소화하기보다 최대화하고 있으며, 점점 더 빠르게 나아가고 있는 충돌 경로 collision course에서 벗어나기 위해서 대안적인 생산 방법과 생활 유형의 가능성을 탐구하는 데 관심을 보이기는커녕, 기존 경로에 따른 무한한 진보와 선진국의 '여가 교육'과 후진국에 해주는 '기술 이전'을 행복에 겨운 목소리로 이야기한다.

　이러한 자본 자산은 세계에서 가장 부국으로 평가받는 미국에서조차 석탄을 석유와 가스로 대폭 전환하라고 요구하든가, 남아 있는 지하자원을 찾고 개발하는 데 훨씬 더 많이 노력하라고 외치면서 걱정하는 사람들(심지어 백악관에 이르기까지)이 나타날 정도로 빠르게 줄어들고 있다. '2000년 연료 요구량'이란 제목의 글에서 제시된 추정치를 살펴보자. 현재 우리의 연료 소비량은 석탄으로 환산해서coal equivalent 대략 70억 톤 정도인데 28년 후〔2000년〕에는 연료 필요량이 세 배 증가하여 약 200억 톤이 될 것이다. 28년이란 어느 정도의 시간인가? 시간을 거슬러 올라가면

2차 세계대전 말기가 여기에 해당하는데 물론 그 후〔28년 동안〕연료 소비량은 세 배 증가했다. 하지만 세 배 늘어났다고 해도 그 규모는 50억 톤(석탄으로 환산한 수치)보다 작다.* 지금 우리는 이러한 세 배의 증가에 대해 냉정하게 이야기하고 있다.

사람들은 과연 그럴 수 있느냐고 물을 것이다. 그러면 틀림없이 그럴 수 있으며 앞으로도 그럴 거라는 대답이 돌아올 것이다. 누군가는 (갤브레이스John Kenneth Galbraith**에게 조금 미안해하면서) 진지하지 못한 사람the bland이 장님the blind을 이끄는 상황이라고 말할지도 모른다. 그렇다고 한들 비난할 수 있겠는가? 왜냐하면〔갤브레이스는〕문제 자체를 잘못 설정해서 우리가 자본이 아니라 소득을 취급한다고 암묵적으로 가정했기 때문이다. 2000년이 그토록 특별한 의미가 있는가? 현재 뛰어다니는 어린이들이 퇴직 후 삶을 설계할 2028년에는 어떻게 할 것인가? 그때에도 세 배 늘어날 것인가? 이러한 질문과 대답은 모두 우리가 소득이 아니라 자본을 취급하고 있다는 사실을 깨닫는 순간 어리석게 보일

---

*   28년 동안 연료 소비량이 세 배 늘었다면, 28년 전 소비량은 현재 소비량 70억 톤의 3분의 1인 23.3억 톤, 28년 동안의 증가량은 70억 톤에서 23.3억 톤을 뺀 46.7억 톤이다.

**   갤브레이스는《풍요로운 사회Affluent Society》(1958년)에서 "장님이 장님을 인도하면 둘 다 구렁에 빠진다"는《신약성서》의 구절을 차용하여 당시 미국 지식인 사회를 진지하지 못한 사람the bland이 진지하지 못한 사람을 이끄는 상황이라고 비꼬았다. 위 구절은 이에 대한 반박인 듯 보인다. 또한 갤브레이스는 생산 문제가 해결되었다고 주장했는데, 본 장의 제목은 여기에 대한 비판을 담고 있다.

것이다. 화석 연료는 인간이 만드는 게 아니며 재생할 수도 없다. 한번 사용하면 영원히 사라져버린다.

그러면 소득으로서의 연료income fuels는 어떠한가라는 질문이 당연히 제기된다. 실로 연료는 어떠한가? 현재 연료는 (칼로리로 환산할 경우) 세계 총소비량의 4퍼센트 이하를 차지하고 있다. 가까운 장래에 이 비율을 70~90퍼센트로 끌어올려야만 한다.* 어떤 일을 소규모로 하는 것과 대규모로 하는 것은 아주 다르므로 전 세계 연료 문제에 영향을 미치려면 그 규모가 진실로 거대해져야 한다. 소득으로서의 연료가 진실로 거대한 규모로 요구될 때, 누가 과연 생산 문제가 해결되었다고 말하겠는가?

화석 연료는 우리가 소득이니까 낭비할 수 있다고 항시 고집하던 '자연 자본'의 일부일 뿐이며 가장 중요한 부분도 아니다. 화석 연료를 낭비하는 일은 우리의 문명을 위태롭게 하지만 주변의 살아 있는 자연으로 표현되는 자본을 낭비하는 일은 우리의 생명 자체를 위협한다. 위험을 깨달은 사람들은 오염을 막아야 한다고 주장한다. 이들은 오염을 신중하지 못하거나 탐욕스러운 사람이 즐기는 나쁜 습관, 가령 쓰레기를 이웃집 정원에 버리는 정도

---

* 연료를 자연 자본 범주로 이해하면 고갈 가능성이 문제될 수밖에 없지만, 소득을 가져올 수 있는 소득 범주 요소(이른바 소득원) 중 하나로 이해하면 고갈 가능성이 문제되지 않을 수 있다. 연료를 소득 범주로 이해하는 사람들은 연료라는 하나의 소득원이 고갈되더라도 또 다른 소득원을 찾아내면 문제가 없다고 주장한다. 이에 슈마허는 연료를 소득 범주로 이해하더라도 연료가 점차 줄어들면 연료 가격이 상승하면서 총소비액에서 연료 소비액이 차지하는 비중이 4퍼센트에서 70~90퍼센트로 상승하리라고 주장하는 것이다.

로 생각한다. 아울러 이들은 좀 더 문명화된 행동을 확보하는 데 추가 비용이 수반되므로 그 비용을 충당할 수 있도록 더욱 빠르게 성장할 필요가 있다고 생각한다. 이들은 이제부터 계속되는 생산성 상승의 성과 중에 일부라도 소비량을 늘리는 데만이 아니라 '삶의 질'을 높이는 데도 사용해야 한다고 말한다. 물론 이런 말도 충분히 일리가 있지만 문제의 겉모습만을 본 것일 뿐이다.

문제의 핵심에 접근하려면 공해, 환경, 생태계 등과 같은 이 모든 말을 왜 그토록 **갑작스럽게** 강조하는지 생각해보아야 한다. 오랫동안 산업 체계가 지속되었지만 5~10년 전만 해도 이런 말들은 실제로 거론되지도 않았다. 이런 말들은 순간적인 변덕이나 어리석은 유행인가 아니면 갑작스러운 신경 장애에서 비롯된 것인가?

그 이유를 발견하기는 어렵지 않다. 화석 연료의 경우에서처럼 실제로 우리는 오랫동안 살아 있는 자연이라는 자본을 소비하면서 살아왔다. 하지만 그 속도는 비교적 적당한 수준이었다. 2차 세계대전 이후에야 비로소 우리는 이 속도를 놀랄 정도로 빠르게 높이는 데 성공했다. 지난 사반세기 동안 인류의 산업 활동에서 나타난 변화를 고려할 때, 2차 세계대전까지의 상황은 오늘날의 상황에 비하면 없는 것이나 다름없다. 세계 전체를 볼 때 앞으로 4~5년 사이에 산업 생산은 더욱 늘어날 것이며 그 증가 규모도 1945년까지 온 인류가 이룩한 것을 능가할 듯 보인다. 다시 말해서 최근에, 그것도 우리 내부분이 아직 거의 의식하지 못할 정도로 최근에 산업 생산은 유례없는 양적 도약을 경험했다.

또한 유례없는 질적 도약도 경험하고 있는데 이는 부분적으로 [양적 도약의] 결과이기도 하고 그 원인이기도 하다. 우리의 과학자와 기술자들은 자연에 알려지지 않은 물질을 합성하는 방법을 배웠다. 실제로 자연은 이 물질 중 많은 것에 저항력이 없다. 자연에는 이 물질을 공격해서 깨뜨릴 수 있는 행위자가 존재하지 않는다. 이는 마치 원주민이 갑작스럽게 기관총 공격을 받는 상황과 비슷하다. 이런 상황에서 원주민의 활과 화살은 조금도 도움이 되지 않는다. 자연에 알려지지 않은 물질이 거의 마술적인 효과를 보이는 것은 바로 자연의 무저항 때문인데 이는 그 물질이 생태계에 미치는 위험천만한 효과를 설명해주는 요인이기도 하다. 이런 물질이 **대량**으로 생산된 것은 불과 20여 년 전부터다. 이 물질은 자연에 그 어떠한 적도 없기 때문에 계속해서 축적되고 있으며 축적의 장기적 결과는 대부분 아주 위험한 것 혹은 완전히 예측 불가능한 것으로 알려졌다.

다른 말로 표현하면 지난 25년 동안 산업 생산 과정에서 나타난 질적, 양적 변화는 완전히 새로운 상황, 그것도 우리의 실패를 가장 위대한 성공으로 여기는 데서 비롯된 상황을 산출했다. 더욱이 질적, 양적 변화는 우리가 특정한 종류의 대체 불가능한 자본 자산, 즉 자비로운 자연이 항상 제공하는 '**허용 한도**tolerance margins'를 아주 빠르게 고갈시키고 있다는 사실조차 알아채지 못할 정도로 너무도 갑작스럽게 나타났다.

앞서 간단하게 언급한 '소득으로서의 연료' 문제로 돌아가 보자. 오늘날 누구도 한 세대 이후인 2000년에 전 세계 산업 체계가 수력이나 풍력에 주로 의존하리라고 예상하지 않는다. 그러나 원자력 시대로 급속히 이동하고 있다고 말하는 사람은 있다.

물론 이는 20여 년 전부터 나온 이야기지만 아직 연료나 에너지 총수요에서 원자력이 차지하는 비중은 대단히 낮다. 1970년 현재 그 비중이 가장 높은 나라만 예로 들더라도 영국, 유럽공동체European Community, EC*, 미국에서 원자력은 각각 에너지 총수요의 2.7퍼센트, 0.6퍼센트, 0.3퍼센트에 불과하다. 우리는 자연의 허용 한도가 이렇게 적다는 부담에 대처할 수 있으리라 생각할 수 있다. 하지만 오늘날에도 많은 사람이 이 문제를 걱정하고 있다. 닉슨 대통령의 과학 담당 자문관인 데이비드Edward D. David 박사는 방사성 폐기물의 저장을 언급하면서 "2만 5,000년 동안 지하에 밀봉해두어야만 독성이 사라지는 것에는 누구나 불안감을 느낀다"고 말했다.

어쨌든 내가 말하고자 하는 요지는 아주 단순하다. 매년 수십억 톤의 화석 연료를 원자력으로 대체하라는 주장은 가공할 만한 환경 및 생태계 문제를 야기한 대가로 연료 문제를 '해결'하려 함을 의미한다는 것이다. 이에 데이비드 박사만이 '불안감'을 느끼지는 않을 것이다. 이는 문제를 다른 영역으로 이전하여, 훨씬 더 엄청난 문제를 유발하여 해결하는 방식이다.

이렇게 말하면, 확신하건대 다음과 같이 좀 더 대담한 또 다른 주장이 나올 것이다. 앞으로 과학자와 기술자들이 점점 더 늘

---

* 유럽공동체는 1967년 7월 1일에 유럽경제공동체EEC와 유럽석탄철강공동체 ECSC, 유럽원자력공동체Euratom를 통합하여 설립한 기구다. 1994년 유럽연합EU으로 공식 명칭을 바꾸었다.

어날 방사성 물질을 아주 안전하게 이용, 운반, 가공, 저장하는 안전 기준이나 대처 방안을 고안할 수 있으며, 전쟁이나 사회 갈등이 사라진 국제 사회를 창조하는 일은 정치가와 사회과학자의 임무라는 주장 말이다. 그런데 이 역시 문제를 단순히 또 다른 영역, 즉 인간의 일상적인 행동 영역으로 이전하여 해결하려는 시도다. 이는 우리가 그동안 소득처럼, 즉 스스로 만들고 급속한 생산성 향상으로 쉽게 대체할 수 있는 것처럼 취급했기 때문에 무자비할 정도로 낭비한 '자연 자본'의 세 번째 범주를 생각하게 한다.

오늘날 생산 방법이 이미 산업 시대 인간의 본질substance을 침식하고 있음은 명확하지 않은가? 많은 사람에게는 결코 명확하지 않겠지만 말이다. 오히려 이들은 생산 문제가 해결된 오늘날이 그 어느 때보다도 행복하다고 말한다. 우리는 과연 전보다 잘 먹고 잘 입고, 쾌적한 주거 환경에서 생활하며, 좋은 교육을 받고 있는가? 물론 그렇다. 부유한 국가에서는 모두는 아닐지라도 대다수가 그러하다. 그러나 이것이 내가 '본질'이라고 언급한 말이 의미하는 바는 아니다. 인간의 본질은 국민 총생산GNP으로 측정할 수 없다. 국민 총생산은 어떤 상실의 징후를 제외하고는 결코 무엇도 측정할 수 없다. 그렇다고 해서 이런 징후, 이를테면 범죄, 약물 중독, 폭력 행위, 정신 장애, 폭동 등에 대한 통계를 보여주려는 것은 아니다. 통계는 결코 그 어떤 것도 증명하지 못한다.

서두에서 생산 문제가 해결되었다는 신념이야말로 우리 시대의 가장 치명적인 오류 중 하나라고 말했다. 이 환상은 주로 근현대 산업 체계가 지적 정교함을 갖추고 있으면서도 자신의 기반 자체를 잠식하고 있다는 사실을 인식하지 못하는 우리의 무능력

26

에서 비롯된 듯 보인다. 경제학자들의 용어를 빌리자면 근현대 산업 체계는 대체 불가능한 자본에 의존하면서도 이 자본을 기꺼이 소득으로 취급한다. 나는 이러한 자본을 화석 연료, 자연의 허용 한도, 인간의 본질이라는 세 가지 범주로 구분했다. 일부 독자들이 세 가지 범주를 모두 수용하지 않을지라도 그중 한 가지만으로도 내 주장을 충분히 입증할 수 있을 것이다.

간단히 말하자면 나는 오늘날의 충돌 경로에서 벗어나는 것이야말로 우리의 가장 중요한 임무라고 주장한다. 이 임무는 누가 담당해야 하는가? 이는 나이 든 사람이든 젊은 사람이든, 권력을 가진 사람이든 그렇지 않은 사람이든, 부자든 가난한 사람이든, 영향력 있는 사람이든 그렇지 않은 사람이든지 간에 우리 모두의 일이다. 미래에 대한 이야기는 오로지 그 이야기가 지금 행동을 유도할 때만 유용하다. 그런데 아직도 '지금처럼 행복한 적이 없었다'고 판단한다면 **지금** 무엇을 할 수 있겠는가? 적어도 우리는 이미 너무 많은 문제를 철저히 이해하고, 새로운 생산 방법과 새로운 소비 생활을 동반하는 새로운 생활 양식life-style, 즉 영속성을 위해 고안한 생활 양식으로 나아갈 가능성을 모색해야 한다. 세 가지 예비적인 사례만 들어보자. 우리는 농업과 원예업에서 생물학적으로 건전하며 토지를 비옥하게 하고 건강, 아름다움, 영속성을 산출하는 생산 방법을 완성하는 데 관심을 집중할 수 있다. 그러면 생산성도 그 뒤를 이어 상승할 것이다. 제조업에서는 소규모 기술, 비교적 비폭력적인 기술, '인간의 얼굴을 가진 기술'을 개발하는 데 관심을 집중해 임금을 위해서만 일하고 (대부분 절망적으로) 여가 시간에만 즐거움을 기대하는 것이 아니라 즐기면서 일할 기회를 제공해야 한다. 나아가 제조업은 분명히 근현대 생활의 선도자pace-setter이므로 우리는 여기서 경영과 인간의 동반자 관계partnership의 새로운 형태나 공동 소유 형태에 관심을 집중할 수도 있다.

우리는 흔히 '학습 사회Learning Society' 시대에 돌입했다는 말을 듣는다. 이것이 사실이길 기대해보자. 우리는 아직도 인간 동료들만이 아니라 자연, 무엇보다도 자연을 만들고 우리 인간을 만든 고매한 존재Higher Powers와 평화롭게 사는 방법을 배워야만 한다. 왜냐하면 장담하건대 인간은 우연의 산물이 아니며 우리가 스스로를 만든 것도 물론 아니기 때문이다.

본 장에서 간단히 언급한 주제들은 앞으로 좀 더 상세히 논의할 것이다. 인간의 미래를 향한 도전이 여기저기를 부분적으로 수정하거나 정치 체계를 고치는 것으로는 충족될 수 없다는 점을 쉬이 확신하는 사람은 거의 없어 보인다.

다음 장에서는 평화와 영속성이라는 관점에서 전반적인 상황을 살펴볼 것이다. 오늘날 인간은 자신을 파괴할 수 있는 물리적 수단을 확보하고 있으므로 평화 문제는 역사상 그 어느 때보다도 확실하게 심각한 듯 보인다. 우리의 경제생활과 관련해서 영속성을 확보하지 않는 한 어떻게 평화를 달성할 수 있겠는가?

평화와 영속성[2]

2장

보편적인 번영이 평화의 가장 굳건한 토대라는 판단은 근현대 사회를 지배하는 신념이다. 어떤 사람은 부자들이 대체로 가난한 사람들보다 평화롭게 살았다는 역사적 증거를 찾으려고 시도할지 모르지만 이는 헛된 짓이다. 그러면 그는 다시 부자들이 가난한 사람들에게서 안전하다고 느낀 적이 없었다고 주장할 수 있다. 아울러 부자들의 공격성도 공포감에서 비롯되었고 모두가 부자였다면 상황은 판이했으리라고 주장할 수도 있다. 부자가 전쟁을 감행해야 하는 이유가 있는가? 부자에게는 어떤 이득도 없다. 그렇게 행동하기 쉬운 사람은 〔자신을 옭아맨〕 사슬 말고는 잃을 것이 없는 가난한 사람 또는 억압받거나 착취당하는 사람이 아니겠는가? 이에 따라 풍요로움을 추구하는 길이 곧 평화로 이르는 길이라고 주장할 수 있다.

　근현대 사회를 지배하는 이 신념은 한 가지 희망 사항이 빠르게 실현될수록 또 다른 희망 사항에도 좀 더 확실하게 도달할 수 있다고 암시한다는 점에서 저항하기 힘든 매력이 있다. 더욱이 이 신념은 모든 윤리 문제를 완전하게 피하고 있기 때문에 이중으로 매력적이다. 이 신념은 포기나 희생을 요구하지 않는다. 오히려 그 반대다! 평화와 풍요의 길로 가도록 우리를 도와줄 과학 기술이 있으므로 우리에게는 단지 어리석거나 비합리적으로 자신의 육신을 학대(포기나 희생)하면 안 된다는 점만을 요구할 뿐이다. 가난한 사람이나 불만이 있는 사람에게 이 신념은 적당한 시간이 흐르면 틀림없이 너희들에게도 황금알을 낳아줄 거위를 성급하게 해치거나 죽여서는 안 된다는 것을 의미한다. 한편 부자에게는 때때로 가난한 사람들을 도와줄 정도로 좀 더 영리해져야 하며 그것이 좀 더 부자가 되는 길이라는 것을 의미한다.

간디는 '누구도 선인일 필요가 없을 정도로 완벽한 체계를 꿈꾸는 것'이 어리석은 짓이라며 배척하곤 했다. 그러나 오늘날 우리가 과학과 기술의 기적 같은 힘을 이용해서 실현할 수 있는 것이 바로 이런 꿈 아닐까? 과학적 합리성과 기술적 능력만을 요구하는 때에 인간이 결코 획득할 수 없을 것 같은 미덕을 요구하는 이유는 무엇인가?

우리가 간디의 말에 귀 기울이기보다 우리 시대 가장 영향력 있는 경제학자 중 한 사람인 저 위대한 케인스 경의 말에 귀 기울이는 데 좀 더 익숙한 것은 아닐까? 케인스 경은 세계적인 경기 침체기인 1930년대에 미래의 경제적 가능성을 예상하면서 모든 사람이 풍족해지는 시대가 그리 멀지 않았다고 결론지었다. 그가 보기에 그때가 되면 사람들은 "다시금 수단보다 목적을 높이 평가하고 유용성the useful보다 선the good을 선호할 것이다."

케인스는 계속해서 말한다. "그러나 조심하라! 그러한 시대는 아직 오지 않았다. 적어도 앞으로도 100년 동안은 나쁜 일은 유용하지만 옳은 일은 그렇지 않기 때문에 옳은 일은 나쁘고 나쁜 것이 옳다는 점을 자신을 포함하는 모든 사람에게 알려야 한다. 우리는 아직도 상당 기간 탐욕과 고리대금, 경계심을 신으로 받들어야 한다. 그래야만 비로소 경제적 궁핍이라는 터널에서 벗어나 밝은 햇살 속으로 나아갈 수 있다."

이는 40년 전에 쓰인 글이며 물론 그 후에 세상은 급격히 변했다. 어쩌면 앞으로 보편적인 풍요에 도달하는 데 60년까지 기다릴 필요가 없을지도 모른다. 그렇지만 케인스가 말하고자 하는 바는 충분히 드러나 있다. 주의하라! '나쁜 일은 유용하지만 옳은 일은 그렇지 않기 때문에' 윤리적 고려는 적절하지 않을 뿐만 아니라 현실적인 방해 요인이기도 하다. 옳은 것이 제대로 대접받는 시대는 아직 오지 않았다. 천국에 이르는 길은 악의로 포장된 길이다.

이 주장을 검토해보자. 이는 세 부분으로 구분할 수 있다.

첫째, 보편적인 풍요가 가능하다.
둘째, '너 자신을 부유하게 하라'는 물질주의 철학에 기대어 보편적인 풍요에 도달할 수 있다.
셋째, 보편적인 풍요는 평화에 이르는 길이다.

먼저 다음과 같은 분명한 의문이 제기된다. 살아가기에 충분한 상태가 존재하는가? 여기서 곧바로 우리는 심각한 난제에 직면한다. '충분하다'는 것은 무엇인가? 과연 누가 우리에게 말해줄 수 있는가? '경제 성장'의 추구를 최고의 가치로 여기는 경제학자는 틀림없이 이 질문에 대답하지 못할 것이므로 그는 '충분하다'는 것에 어떠한 개념도 갖고 있지 않은 셈이다. 너무 적게 가진 가난한 사회는 있다. 그러나 '그만하자! 이만하면 충분하다'라고 외칠 만큼 풍요로운 사회가 어디에 있는가? 그러한 사회는 없다.

아마도 우리는 '충분하다'는 말을 잊고 모든 사람이 단순히 '좀 더 많이' 가지려고 애써 노력하면 전 세계 자원 수요가 얼마나 증가할지를 살펴보는 데 만족할 수 있을 것이다. 모든 자원을 검토할 수는 없으므로 어느 정도 중요성이 있는 자원 유형인 연료를 살펴보기로 하자.

풍요로워질수록 연료 소비가 늘어나리라는 점은 누구도 의심하지 않을 것이다. 오늘날 전 세계적으로 부국과 빈국 사이의 경제적 격차가 매우 큰데 이 격차는 국가별 연료 소비에서 명확히 드러난다. 1966년 현재 1인당 평균 연료 소비량이 석탄 환산치 coal equivalent, 이하 c.e.로 1톤 이상이면 '부국'으로, 그 이하이면 '빈국'으로 정의해보자. 그러면 (UN 통계치에 기대어) 〈표 - 1〉을 얻을 수 있다.

'빈국'의 1인당 연료 소비량은 '부국'의 약 14분의 1 수준인 0.32톤에 지나지 않는다. 아울러 세계적으로 가난한 인구는 아주 많은데 이 표에서는 그 비율이 세계 인구의 약 70퍼센트에 이른다. 만일 '빈국' 사람들이 갑자기 '부국' 사람들만큼 연료를 사용한다면 전 세계 연료 소비량은 곧바로 세 배 늘어난다.

〈표-1〉1966년도

	부국(%)	빈국(%)	전 세계(%)
인구(백만 명)	1,030(31)	2,284(69)	3,314(100)
연료 소비(백만 톤; c.e.)	4,788(87)	721(13)	5,509(100)
1인당 연료 소비(톤; c.e.)	4.52	0.32	1.65

물론 모든 일은 시간이 소요되므로 이러한 일이 일어날 수는 없다. 아울러 시간이 흐르면서 '부국'과 '빈국' 모두에서 욕망이 커지고 인구수도 늘어날 것이다. 실험적 계산을 한번 해보자. '부국'과 '빈국'에서 연간 인구 증가율이 각각 1.25퍼센트와 2.5퍼센트라고 가정하면 2000년에 세계 인구는 약 69억 명으로 늘어나는데 이는 오늘날 가장 신뢰받는 예측치와 크게 다르지 않다. 같은 기간에 '부국'과 '빈국'에서 연간 **1인당** 연료 소비량이 각각 2.25퍼센트와 4.5퍼센트씩 증가한다고 가정하면 2000년 추정치는 〈표-2〉와 같이 된다.

〈표-2〉2000년도

	부국(%)	빈국(%)	전 세계(%)
인구(백만 명)	1,617(23)	5,292(77)	6,909(100)
연료 소비(백만 톤; c.e.)	15,588(67)	7,568(33)	23,156(100)
1인당 연료 소비(톤; c.e.)	9.64	1.43	3.35

전 세계 연료 소비량은 1966년 55억 톤(c.e.)에서 2000년에는 232억 톤(c.e.)으로 증가할 것으로 보이는데 이는 네 배 이상 늘어난 수치다. 이 중 절반은 인구 증가에서, 나머지 절반은 1인당 소비 증가에서 각각 비롯되었다고 볼 수 있다.

이렇게 반으로 나뉜다는 것은 상당히 흥미로운 일이다. 하지만 '부국'과 '빈국'의 구분은 더욱더 흥미롭다. 전 세계 연료 소비량이 석탄 환산치(c.e.)로 55억 톤에서 232억 톤으로 177억 톤 증가하면 그중 약 3분의 2는 '부국'의 책임이고 '빈국'의 책임은 3분의 1을 약간 상회하는 정도에 그칠 것이다. 이 34년 동안에 전 세계는 석탄 환산치로 4,250억 톤의 연료를 소비할 텐데 이 가운데 부국이 3,210억 톤(75퍼센트)을, 빈국이 1,040억 톤을 각각 소비할 것이다.

이 수치가 전체 상황에 아주 흥미로운 빛을 던지는 게 아닐까? 물론 이 추정치는 '실험적 계산'이지 예측이 아니다. '부국'의 인구 증가율은 아주 적절한 수준으로 가정했지만 '빈국'은 두 배나 높게 잡았다. 그러나 피해(이렇게 말할 수 있다면)를 입히는 쪽은 대부분 '부국'이지 '빈국'이 아니다. 그래서 '빈국'의 인구가 '부국'과 같은 비율로 증가한다고 해도 전 세계 연료 수요량은 크게 변하지 않고 단지 10퍼센트 줄어들 뿐이다. 그러나 현실적으로 가능하다고 보지는 않지만, 만일 '부국'에서 현재의 1인당 연료 소비량이 이미 빈국의 14배나 된다는 점을 고려하여 그 수준이 너무 높기 때문에 더는 증가를 허용하지 않겠다고 결정한다면, 짐작하건대 상황은 달라질 것이다. '부국'에서 가정한 비율만큼 인구가 증가하더라도 2000년의 전 세계 연료 수요량이 [추정치보다] 3분의 1 이상 감소할 수 있기 때문이다.

그렇지만 가장 중요한 것은 다음과 같은 문제다. 이 34년 동안에 4,250억 톤(c.e.)을 소비하여 2000년에는 전 세계의 연간 연료 소비량이 230억 톤(c.e.) 정도로 증가**할 수 있다**고 가정하는 게 과연 가능한가? 현재 우리가 가진 화석 연료 매장량 지식에 비추어 볼 때 이는 불가능한 추정이다. 앞으로 전 세계 연료 수요의 4분의 1 또는 3분의 1을 핵분열 에너지로 충당한다고 가정한다고 해도 그러하다.

분명히 말해서 현재 '부국'은 이 세계에서 비교적 값싸고 간편한 연료인 일회용 부존자원을 고갈시키고 있다. 오늘날 부국의 지속적인 경제 성장은 엄청난 〔연료〕 수요를 산출한다. 그 결과로 빈국이 상당한 규모의 대체 연료를 사용하는 데 필요한 부, 교육, 산업 정교화industrial sophistication, 자본 축적 따위의 힘을 확보하기 훨씬 이전에 이 세계의 값싸고 간편한 연료가 비싸고 희소한 것으로 쉽게 전환될 수 있었다.

물론 실험적 계산은 어떤 것도 증명하지 못한다. 어떤 경우든 미래에 대한 **증거**는 존재할 수 없으며 사람들은 현명하게도 모든 예측, 특히 미래에 대한 예측을 신뢰할 수 없는 것으로 여긴다. 필요한 것은 판단이며 실험적 계산은 우리의 판단에 도움을 줄 수 있을 뿐이다. 게다가 이 실험적 계산은 중요한 측면에서 문제를 **과소평가**하기도 한다. 세계를 하나의 단위로 취급하는 것은 비현실적이다. 연료 자원은 매우 불균등하게 분포되어 있으므로 연료 자원의 공급 부족은 아무리 소량이라고 할지라도 곧바로 세계를 완전히 새로운 경계선에 따라 '가진 나라'와 '갖지 못한 나라'로 분할하곤 한다. 오늘날 중동이나 북아프리카같이 특별히 혜택받은 지역은 거의 상상할 수 없을 정도로 선망의 대상으로 부상하고 있으며 서유럽이나 일본 같은 고도 소비 지역은 잔여 자원을 나눠 갖는 애처로운 위치로 전락하고 있다. 앞으로 분쟁이 발생한다면 그 불씨는 바로 여기에 있다.

비교적 짧은 기간인 30년 후의 일이라 해도 미래는 그 어떤 것도 **증명**할 수 없기 때문에 사람들은 가장 두려운 문제조차 어떻게든 되겠지 하며 무시한다. 이전에 들어보지도 못한 규모로 엄청나게 많은 원유나 천연가스, 심지어 석탄 자원이 새롭게 발견되어 문제가 간단히 풀릴 수도 있다. 게다가 핵에너지 공급을 연료 총수요의 4분의 1 또는 3분의 1로 한정해야만 하는 이유가 있는가? 그러나 색다른 차원에서 접근한다고 해서 문제가 사라지는 것은 아니다. 왜냐하면 연료 공급에 극복할 수 없는 장애 요인은 없다고 할지라도 앞서 언급한 규모로 연료가 소비되면 전례 없는 환경 문제가 생겨날 것이기 때문이다.

핵에너지를 보자. 어떤 사람은 상대적으로 농축된relatively concentrated 우라늄의 전 세계 매장량이 현실적으로 큰 규모(즉, 석탄 환산치 기준으로 단순히 수백만 톤이 아니라 수십억 톤에 이를 정도로 세계 연료 상황에 상당한 영향을 미치기에 충분할 정도로 큰 규모)의 핵 프로그램을 유지하기에는 부족하다고 말한다. 그러나 이런 판단이 틀렸다고 가정해보자. 그러면 우라늄을 충분히 발견하고 세계 각 지역에서 수집한 우라늄을 인구 밀집 지역으로 모아 고도로 농축된 방사능 물질을 만들어낼 수 있다. 누군가가 평화와 무관한 목적을 위해 이 물질의 아주 적은 부분을 이용할지도 모르는 정치적 위험을 굳이 말하지 않더라도 이보다 더 큰 생물학적 위험을 상상하기란 힘들다.

한편 엄청난 화석 연료가 새롭게 발견된다면 원자력 이용을 강요할 필요는 없겠지만 전례 없는 규모의 열 오염 문제에 직면할 것이다.

무슨 연료를 사용하든지 그 소비를 네 배에서 다섯 배, 나아가 여섯…… 배로 늘려나가면 오염 문제에 그 어떠한 해답도 존재할 수 없다.

지금까지는 연료 문제를 아주 간단한 명제를 예증하기 위한 사례로만 취급했다. 경제 성장은 경제학, 물리학, 화학, 기술의 관점에서 보면 뚜렷한 한계가 없지만 환경 과학의 관점에서 보면 필연적으로 결정적인 장애 요인에 직면한다는 명제 말이다. 오로지 부를 추구하는 데서만 삶의 충만함을 찾는 생활 태도, 간단히 말해서 물질주의는 이 세계에 적합하지 않다. 왜냐하면 이 세계는 주변 환경이 엄격히 유한한 상황에서 자신을 제한하는 원리를 내부에 담고 있기 때문이다. 이미 환경은 우리에게 몇몇 스트레스가 한도를 넘고 있다고 말하려 한다. 하나의 문제를 '해결'하면 그 '해결'의 결과로 열 가지 새로운 문제가 발생한다. 코모너Barry Commoner 교수가 강조하듯이 이 새로운 문제는 우연한 실패의 산물이라기보다 기술적 성공의 산물이다.

그러나 여기서도 많은 사람이 이 문제를 '과학이 해결해줄 것'이라는 자신들의 낙관론에 자부심을 느끼면서 낙관론이나 비관론의 문제로만 논의하길 고집할 것이다. 이들의 견해는 과학적 노력의 **방향**에 의식적이면서 근본적인 변화가 나타날 때만 타당하다. 지난 100년 동안 과학 기술의 발전은 기회보다 위험을 좀 더 빠르게 증대시켰다. 이는 나중에 좀 더 자세히 설명하겠다.

이미 자연의 저 위대한 자기 균형 체계가 특정한 측면과 지점에서 점점 더 무너지고 있음을 보여주는 증거는 수없이 많다. 여기서 그 증거를 모두 거론할 수는 없다. 그중에서 코모너 교수가 관심을 보인 이리호Lake Erie는 교훈 사례로 충분하다. 앞으로 10년이나 20년이 지나면 미국의 내륙 수계water system는 모두 비슷한 조건에 놓일지도 모른다. 다시 말해서 그때쯤이면 불균형 조건이 더는 특정 지점에 국한되지 않고 일반화될지도 모른다. 이러한 움직임이 계속해서 진행되면 돌이킬 수 없는 지점까지는 나아가지 않는다 해도 이를 역전시키기는 점점 더 어려워질 것이다.

그러므로 우리는 모든 사람이 부를 충분히 손에 넣을 때까지 한없이 경제를 성장시키려는 관점은 적어도 두 가지 측면에서 심각하게 문제 삼을 필요가 있음을 알 수 있다. 기본적인 자원의 이용 가능성과 〔경제 성장에 따른〕 간섭에 환경이 대처할 수 있는 능력의 측면 말이다. 지금까지 우리는 문제의 물리적, 물질적 측면을 살펴보았다. 이제부터는 비물질적인 측면을 생각해보자.

부에 대한 생각이 인간의 본성에 아주 강력한 호소력을 갖는다는 점은 틀림없는 사실이다. 케인스는 앞서 인용한 글에서 "종교와 전통 윤리의 가장 확실한 원리들(탐욕은 악덕이고, 고리대금업은 잘못된 행동이며, 돈에 대한 사랑은 혐오스러운 일이다) 중 일부로 돌아갈 만한" 시간이 아직 도래하지 않았다고 충고했다.

케인스에 따르면 경제적 진보는 종교와 전통적인 지혜가 언제나 거부하도록 가르치는 인간의 강한 이기심을 이용할 때만 비로소 실현될 수 있다. 근현대 경제는 격렬한 탐욕에 따라 작동하며 시기심 잔치에 빠져 있는데 이는 우연한 모습이 아니라 경제의 팽창주의가 성공한 원인 그 자체다. 여기서 문제는 이 원인이 장기적으로도 효력을 미칠 수 있는가 아니면 그 속에 붕괴의 씨앗을 잉태하고 있는가이다. 케인스가 "나쁜 일은 유용하지만 옳은 일은 그렇지 않다"고 말했다면 그는 맞을 수도 있고 틀릴 수도 있는 사실을 언급한 것이다. 또는 단기적으로는 맞을지 모르지만 장기적으로는 틀릴 수도 있다. 과연 어느 쪽이 맞을까?

오늘날 케인스의 말이 아주 직접적이면서 실용적인 의미에서 틀렸음을 입증하는 증거는 충분히 많다. 만일 탐욕과 시기심 같은 인간의 악덕이 체계적으로 길러진다면 그 필연적인 결과는 지성의 붕괴에 결코 못하지 않다. 탐욕이나 시기심을 따라 움직이는 인간은 사물을 있는 그대로 보는 능력, 즉 사물을 전체적으로 보는 능력을 상실하기에 그의 성공은 곧 실패가 된다. 사회 전체가 이런 악덕에 오염된다면 놀랄 만한 일은 해낼 수 있어도 일상생활의 가장 기본적인 문제는 점점 더 해결할 수 없게 된다. 국민 총생산이 급속히 증가할 수는 있다. 이를 통계치로 보여줄 수는 있지만 실제 인간은 이를 체험하지 못하고 점점 더 좌절, 소외, 불안정 따위에 시달리는 자신을 발견하게 된다. 머지않아 국민 총생산조차 더는 성장하지 못하는데 이는 과학적이거나 기술적인 실패 때문이 아니다. 오히려 다양한 현실 도피escapism 유형(이는 억압받고 착취당하는 사람들만이 아니라 매우 특권적인 집단에서도 나타난다)으로 드러나는 비협조 행위가 증가하면서 [사회가] 마비되기 때문이다.

오랫동안 높거나 낮은 위치에 있는 사람들의 비합리성과 어리석음을 보면서 '실질적인real 이익이 어디에 있는지 깨닫는다면 좋으련만!' 하고 한탄할 수는 있다. 사람들이 이를 깨닫지 못하는 이유는 무엇일까? 탐욕과 시기심에 사로잡혀 지성이 희미해졌거나 마음속 깊은 곳에서 실질적인 이해관계가 완전히 다른 곳에 있다는 점을 알고 있기 때문일 것이다. 그러기에 '사람은 빵만으로 살지 못하며 하나님의 모든 말씀으로 살아간다'라는 혁명적인 교훈이 존재하는 것이다.

여기서도 '증명'할 수 있는 것은 아무것도 없다. 그러나 오늘날 수많은 풍요로운 사회를 괴롭히는 심각한 사회적 질병을 단순히 일과적인 현상, 즉 유능한 정부(우리가 현실적으로 유능한 정부를 확보할 수만 있다면!)라면 과학 기술을 재빨리 활용하는 간단한 방식이나 형벌 체계를 이용하는 좀 더 근본적인 방식으로 근절시킬 수 있는 바로 그러한 현상으로 보는 것이 여전히 가능한가?

평화의 토대는 현대적인 의미의 보편적 번영으로 마련할 수 없다. 왜냐하면 설령 그 번영을 달성할 수 있다 하더라도 이는 오로지 지성이나 행복, 평상심을 손상시켜 인간의 평화를 파괴하는 탐욕이나 질투심 따위의 충동을 불러일으켜야만 가능한 것이기 때문이다. 부자가 가난한 사람보다 평화를 좀 더 높이 평가한다는 말이 사실일 수는 있다. 하지만 이 말이 분명히 안정감을 느끼는 상황에만 국한된 것이라면 이는 말 그대로 모순이다. 부자들의 부는 세계의 한정된 자원을 터무니없이 많이 요구하며, 그래서 부자들은 한정된 자원을 놓고 충돌(주로 약하고 저항력도 없는 가난한 사람들이 아니라 다른 부자들과)할 수밖에 없다.

간단히 말한다면 오늘날 우리는 인간이 너무도 영리해져서 지혜 없이는 살아갈 수 없다고 말할 수 있다. 무엇보다도 이 지혜를 회복하려 움직이지 않는 한 그 누구도 실질적으로 평화를 위해 움직이고 있는 게 아니다. "나쁜 일은 유용하지만 옳은 일은 그렇지 않다"는 주장은 지혜와 대립한다. 보편적인 번영이 달성될 때까지 선과 덕을 추구하는 일을 미룰 수 있으며, 정신과 도덕 차원에서 회의에 빠지지 않은 채 오로지 부만을 추구하여 지구에 평화를 확보할 수 있다고 기대하는 것은 비현실적이고 비과학적이며 비합리적인 희망 사항이다. 우리가 비교적 성공하지 못했을 때는 경제학과 과학, 기술에서 지혜를 배제하더라도 어느 정도 버틸 수 있겠지만, 오늘날처럼 대성공을 거둔 시기에는 정신적, 도덕적 진리의 문제가 핵심 주제로 부상한다.

경제적 관점에서 볼 때 지혜의 핵심은 영속성이다. 우리는 영속성을 위한 경제학을 공부해야 한다. 어리석은 상태에 빠지지 않고 장기간 지속될 수 없는 한 경제적으로 의미 있는 것은 없다. 제한된 목적을 추구하는 '성장'이 존재할 수는 있지만 무한히 일반화된 성장은 존재할 수 없다. "대지는 모든 사람의 필요를 충족시키기에 충분하지만 모든 사람의 탐욕에는 그렇지 않다"는 간디의 말은 타당하다. 영속성은 '아버지 시대에 사치품이던 것이 우리에게는 필수품이 되었다'는 사실에 기뻐하는 약탈적인 태도와 공존할 수 없다.

욕망을 키우거나 확장하는 일은 지혜와 대립한다. 또한 자유와 평화와도 대립한다. 욕망이 커지면 자신이 통제할 수 없는 외부 요인에 대한 의존이 점점 커지고 생존을 위한 두려움도 커진다. 욕망을 줄일 때만 분쟁과 전쟁의 궁극적인 원인인 긴장 상태를 진정으로 줄일 수 있다.

영속성을 위한 경제학은 과학과 기술의 근본적인 재편성을 포함한다. 여기서 과학과 기술은 지혜에 개방적인 자세를 보여야 하며 지혜를 자신의 구조 자체로 끌어들여야 한다. 환경을 오염시키거나 사회 구조와 인간 자체의 질을 떨어뜨리는 과학적, 기술적 '해결책'은 아무리 훌륭하게 고안되고 매력적으로 보인다 하더라도 어떠한 혜택도 없다. 대형 기계화는 경제력이 점점 더 집중되고 환경이 점점 더 파괴되는 상황을 동반하므로 진보를 의미하지 않는다. 오히려 대형 기계화는 지혜에 대한 하나의 부정이다. 지혜는 과학과 기술에 유기적인 것, 부드러운 것, 비폭력적인 것, 우아하고 아름다운 것을 향해 새롭게 나아가기를 요구한다. 흔히 말하듯 평화는 분할 불가능하다. 그렇다면 무자비한 과학과 폭력적인 기술 위에서 어떻게 평화를 확보할 수 있겠는가? 우리는 우리 모두를 위협하는 파괴적인 움직임을 역전할 발명이나 기계를 우리에게 제공할 수 있는 기술 혁신을 추구해야 한다.

우리가 진실로 과학자와 기술자에게 요구하는 것은 무엇인가? 그 답변으로 우리가 다음과 같은 생산 방법과 장비를 요구한다고 말하고 싶다.

- 누구나 쉽게 접근할 수 있을 만큼 값이 싸며,
- 소규모 이용에 적합하고,
- 인간의 창조적 욕구에 부합하는 것.

이러한 세 가지 특성에서 비폭력이 생겨나고 영속성을 보장하는 인간과 자연의 관계가 출현한다. 이 중 한 가지만 무시하더라도 반드시 일을 그르친다. 이들을 하나씩 살펴보자.

누구나 쉽게 접근할 수 있을 만큼 값이 싼 생산 방법과 기계. 왜 우리는 과학자와 기술자들이 이런 것을 개발할 수 없다고 가정해야만 하는가? 이것이 바로 간디의 주요 관심사였다. 〔간디는 다음과 같이 말했다.〕 "나는 우리의 말 없는 수백만 민중이 건강하고 행복하기를, 아울러 정신적으로 성숙하기를 기원한다. 기계가 필요하다고 느낀다면 그것을 확실히 가질 것이다. 누구에게나 도움을 주는 기계는 괜찮지만 소수에게 권력을 집중시켜 대중을 실업자로 만들지는 않는다고 하더라도 단순한 기계 관리인으로 전락시키는 기계는 그렇지 않다."

헉슬리Aldous Huxley가 말했듯이 발명가나 기술자의 승인된 목적이 보통 사람들에게 다음과 같은 수단을 제공한다고 가정해보자. "이득이 되면서 본래적으로 의미 있는 일을 할 수 있는 수단 혹은 상사에게서 독립하도록 돕는 수단을 제공한다면 이들이 자영업자가 되거나 생존과 지역 시장을 위한 자율적인 협동 조직의 일원이 될 수 있을 것이다. (…) 이렇게 다른 방향의 기술 진보라면 인구, 토지 접근성, 생산 수단 소유권, 정치적·경제적 권력의 점진적인 탈집중화decentralisation"로 귀결될 것이다. 계속해서 헉슬리는 이를 통해 "조금 더 많은 사람이 더욱더 인간적으로 만족스러운 생활을 누리고, 소비재 내량 생산자가 광고 매체를 이용해서 제공하는 어리석거나 악명 높은 성인 교육으로부터 진정으로 자율적인 민주주의와 축복받는 자유를 좀 더 많이 보호해주는"

효과도 나타난다고 말한다.[3]

생산 방법이나 기계가 누구나 이용할 수 있을 정도로 값이 싸다는 것은 그 비용이 이들을 이용하는 사회의 소득 수준에 걸맞다는 것을 의미한다. 이와 관련해서는 **작업장당** 평균 자본 투자액의 상한선이 아마도 능력 있고 의욕에 찬 제조업 노동자의 연봉 수준으로 설정되리라고 생각한다. 다시 말해서 숙련된 노동자가 가령 1년에 5,000달러를 번다면 그가 일하는 작업장을 만드는 데 필요한 평균 비용이 5,000달러를 넘어서는 안 된다는 의미다. 만일 그 비용이 상한선을 크게 넘는다면 사회의 부와 권력이 소수 특권자에게로 부당하게 집중되는 문제, 사회가 통합할 수 없는 '낙오자' 증가, '구조적' 실업, 지나친 도시화에 따른 인구 편중, 범죄율 상승을 동반하는 일반적인 좌절감과 소외감 따위의 심각한 혼란에 직면할 가능성이 높다.

두 번째 요구 조건은 소규모 이용에 적합해야 한다는 것이다. 코어Leopold Kohr 교수는 '규모' 문제를 주제로 재치 있으면서도 설득력 있는 글을 썼는데 이 문제는 분명히 영속성을 위한 경제학과 관련이 깊다. 소규모 사업은 아무리 수가 많더라도 항상 대규모 사업보다 자연환경에 적은 해악을 끼친다. 소규모 사업의 개별적인 힘이 자연의 회복력보다 작기 때문이다. 인간의 지식은 이성understanding보다 경험에 훨씬 더 많이 의존한다는 점에서 작고 보잘것없으며, 바로 그런 이유에서 작은 것 속에 지혜가 깃들어 있는 셈이다. 오늘날 핵에너지, 새로운 농화학, 운송 기술 및 기타 수많은 기술이 적용되는 데서 알 수 있듯이 가장 커다란 위험은 언제나 부분적인 지식partial knowledge을 대규모로 무자비하게 이용하는 데서 나온다.

작은 지역 사회에서도 일반적으로 무지에서 비롯된 심각한 재난이 가끔 나타나곤 하지만 이는 탐욕, 시기심, 권력욕에 따라 움직이는 거대한 집단이 만들어내는 위험 상황에 비하면 사소한 문제다. 게다가 작은 단위로 조직된 사람들이 (우주 전체를 자신들의 적당한 채석장으로 여기는) 대기업이나 거대 정부보다 **자신들의** 토지나 사회적 권리를 훨씬 더 잘 돌볼 것이라는 점은 분명하다.

세 번째 요구 조건이 아마도 가장 중요할 것이다. 생산 방법이나 장비는 인간이 창조성을 발휘할 수 있는 공간을 크게 남겨두어야 한다. 지난 100여 년 동안 로마 교황만큼 집요할 정도로 이 문제에 교훈적인 메시지를 던진 사람은 없었다. 생산 과정이 "단순한 기계적 행위로 바뀌어 노동에서 인간다움을 빼앗는다면" 인간은 대체 어떻게 되는가? 자유로운 존재라는 노동자의 존재 의미가 약화될 것이다.

(피우스Pius 11세에 따르면) "육체적 노동은 원죄 이후에도 인간의 육체와 정신의 선을 위한 신의 섭리에 따라 행해졌지만, 이제는 대부분 〔자유로운 존재라는 의미를〕 약화하는 도구로 전환되었다. 공장에서 죽은 물건이 개량되어 나오지만 공장은 인간을 오염시키고 인간의 질을 저하한다."

이 주제도 너무 크기 때문에 간단히 언급하는 데서 그치고자 한다. 무엇보다도 여기에는 노동을 오늘날의 실제 모습, 즉 기계하로 가급적 빨리 없애버려야 할 비인간적인 잡일chore로 보지 않고 '인간의 육체와 정신의 선을 위한 신의 섭리에 따라 행해진 것'으로 이해하는 적절한 노동 철학이 필요하다. 가족 다음으로 사회의 진정한 토대는 노동과 노동으로 확보된 관계다. 이 토대가 건강하지 않다면 어떻게 사회가 건강할 수 있겠는가? 아울러 사회가 병들었다면 어찌 평화가 위험한 상황에 처하지 않을 수 있겠는가?

세이어즈Dorothy L. Sayers는 "전쟁은 우주를 지배하는 법칙에 너무도 심하게 거슬리는 이념에 따라 움직이는 사회에 내려지는 판결이다. (…) 절대 전쟁을 비합리적인 재앙이라고 생각하지 마라. 전쟁은 잘못된 사고방식과 생활 방식이 참을 수 없는 상황을 초래했을 때 발생한다"⁴라고 말했다. 경제적인 맥락에서 볼 때 잘못된 생활 방식은 주로 체계적으로 탐욕과 시기심을 배양하는 데서, 완전히 부당한 욕구의 거대한 대열을 형성하는 데서 찾아볼 수 있다. 인간을 기계의 힘 아래 넘긴 것은 탐욕이 낳은 죄악이다. 근현대를 살아가는 사람들의 주인이 (시기심이 적절하게 보조해주는) 탐욕이 아니라면, 좀 더 높은 '생활 수준'에 도달했는데도 광란의 경제주의economism가 줄어들지 않으며 가장 무자비하게 경제적 이익을 추구하는 곳이 바로 가장 풍요로운 사회라는 사실이 어떻게 존재할 수 있겠는가? 민간 기업이 조직했든, 집단주의적 기업이 조직했든 간에 풍요로운 사회의 지도자들이 거의 대부분 **노동의 인간화**를 거부한다는 사실을 어떻게 설명할 수 있겠는가? '생활 수준'이 낮아진다고 주장하는 것만으로 모든 논쟁은 곧바로 종료된다. 영혼을 파괴하고, 기계적이며, 의미 없고 단조로우며, 질 낮은 작업은 인간성에 대한 모독이므로 필연적으로 현실 도피적이거나 공격적인 태도를 낳을 수밖에 없다. 아울러 이렇게 생겨난 손실은 어떠한 양의 '빵과 서커스'로도 보상되지 않는다. 이는 부정도 긍정도 할 수 없는 사실인데 여기에는 깨뜨릴 수 없는 침묵의 묵계가 존재한다. 왜냐하면 이를 부정하자니 너무도 명백하게 어리석음을 보이는 것이요, 긍정하자니 근현대 사회의 주요 선입견을 인간성에 대한 죄악으로 비난하는 것이기 때문이다.

지금까지 지혜를 무시했기 때문에, 아니 실제로는 거부했기 때문에, 대부분의 지식인은 지혜의 의미를 조금도 알지 못하는 실정이다. 그 결과 이들은 종종 병의 원인을 강화하는 방식으로 문제를 해결하려 시도하곤 한다.* 병의 원인은 지혜를 영리함cleverness으로 대체한 데 있으므로 아무리 영리한 검사도 그 병을 고치지 못한다. 그러면 지혜란 무엇인가? 어디서 지혜를 찾을 수 있는가? 이제 우리는 문제의 핵심에 도달했다. 지혜에 대한 책은 수없이 많지만 지혜는 우리 내부에서만 **발견**할 수 있다. 지혜를 발견하려면 무엇보다도 탐욕과 이기심의 지배에서 자신을 해방해야 한다. 이런 해방 이후에 따라오는 평정 상태(비록 단기적일지라도)가 다른 방법으로는 결코 얻을 수 없는 지혜의 통찰력을 제공한다.

우리는 이 통찰력으로 주로 물질적인 목적을 추구하고 정신적인 목적을 가볍게 여기는 생활이 얼마나 천박하고 근본적으로 만족스럽지 않은 것인지를 알 수 있다. 이러한 생활은 필연적으로 인간과 인간, 국가와 국가를 서로 대립하도록 만든다. 왜냐하면

---

*　환경 문제는 근현대 과학 기술의 산물인데, 이 과학 기술로 환경 문제를 해결하려 한다는 의미다.

인간의 무한한 욕구는 정신 영역에서만 달성될 수 있지 물질 영역에서는 결코 충족될 수 없기 때문이다. 단언컨대 인간은 이 평범한 '세계'를 초월할 필요가 있다. 지혜는 바로 그 길을 제공한다. 지혜가 없다면 인간은 세계를 파괴하는 괴물 같은 경제를 건설하면서 달 착륙 같은 기상천외한 만족을 추구하는 데 몰두하게 된다. (이는 곧) 인간이 신성함을 향해 나아가 '세계'를 초월하는 대신에 부, 권력, 과학 또는 현실의 온갖 상상 가능한 '스포츠' 분야에서 탁월함을 보여 욕구의 제약을 극복하려는 것이다.

전쟁의 원인은 바로 여기에 있으므로 먼저 이를 제거하지 않은 채 평화의 토대를 확보하려는 시도는 환상이다. 경제적 토대는 인간을 서로 다투도록 만드는 원인인 탐욕과 시기심을 체계적으로 배양하는 데 의존하는 바, 이런 토대에 기대어 평화를 확보하려는 시도는 이중의 환상이다.

과연 우리가 탐욕과 시기심을 버리려는 시도를 할 수나 있을까? 아마도 이 시도는 우리의 탐욕과 시기심을 훨씬 약화하는 데서, 사치품을 필수품으로 전환하려는 유혹에 저항하는 데서, 심지어 우리의 욕구를 단순화하거나 줄일 수 없는지 꼼꼼히 점검하는 데서 시작해야 할 것이다. 이 중 어느 한 가지도 잘 해내지 못할지라도 영속성을 보증할 수 없을 것 같은 경제적 '진보' 유형에 박수갈채를 보내는 일을 멈추는 것은 가능하지 않을까? 아울러 기인이라는 비난을 두려워하지 않고 비폭력을 옹호하는 사람들, 이를테면 자연 보호론자, 생태학자, 야생 동식물 보호론자, 유기농 업자, 분배 제도 개혁자, 촌락 생산자 등에게 우리가 할 수 있는 선에서 조그마한 지지를 보내는 것은 가능하지 않을까? 일반적으로 수많은 이론보다 하나의 행동이 귀중하다.

하지만 평화를 위한 경제적 토대를 건설하려면 수많은 행동이 필요하다. 우리는 이토록 어려운 문제를 헤쳐 나갈 힘을 어디서 찾을 수 있을까? 나아가 우리 내부에 있는 탐욕이나 시기심, 증오, 강렬한 열망 따위의 폭력을 극복할 힘을 어디서 찾을 수 있을까?

간디의 말이 그 해답을 제공한다. "영혼이 육체와 별개의 존재임을 또한 그 영혼은 본성상 영원함을 인정해야 하며 이러한 인정은 살아 있는 신앙living faith으로 승화되어야 한다. 궁극적으로 사랑의 신에 대해 살아 있는 신앙을 소유하지 못한 사람들에게는 비폭력이 어울리지 않는다."

경제학의 역할[5]

3장

경제학자들이 우리의 경제적 미래를 결정하고 있다고 말하는 것은 과장이겠지만 이들의 영향력, 때에 따라서는 경제학의 영향력이 아주 폭넓다는 점은 의심할 여지가 없다. 경제학이 경제적인 것과 비경제적인 것에 대한 기준을 제공하며, 정부만이 아니라 개인과 집단에게도 그 밖의 어떤 기준보다 큰 영향력을 행사하는 한, 경제학은 근현대 세계의 다양한 행위를 틀 짓는 데 핵심적인 역할을 담당하는 셈이다. 그러므로 경제학자에게 근현대 세계가 안고 있는 위험과 역경을 극복하는 방법, 평화와 영속성을 제공하는 경제적 기반economic arrangements을 확보하는 방법을 자문해야 한다고 생각할 수도 있다.

경제학은 1~2장에서 언급한 문제와 어떠한 관계를 맺고 있을까? 경제학자가 이러저러한 행위를 '경제적으로 건전하다' 혹은 '비경제적이다'라고 판단할 때, 중요하면서도 서로 밀접히 연

50

결된 두 가지 문제가 제기된다. 〔이 판단이 의미하는 바는 무엇이며〕 이 판단은 실제로 여기에 기대면 이성적으로 행동할 수 있다는 의미에서 결정적인가?

역사를 되돌아보면 150년 전 옥스퍼드대학에서 경제학 담당 교수직을 마련하는 일을 두고 토론이 벌어졌을 때 많은 사람이 이를 달가워하지 않았다는 사실이 떠오른다. 오리엘칼리지Oriel College의 저 유명한 코플스턴Edward Copleston 학장은 대학의 교과과정에 '다른 분야를 침해할 가능성이 너무도 높은' 과목을 개설하는 것을 원하지 않았다. 1825년에 이 자리를 마련해준 드러먼드Henry Drummond of Albury Park조차 대학에서 새로운 학문 분야가 '적정한 선'에서 연구되기를 기대한다고 명확히 밝혔다. 그러나 최초의 경제학 교수인 시니어Nassau Senior는 확실히 **낮은** 지위에 만족하려고 하지 않았다. 그는 취임 강의에서 이 새로운 과학이 "대중에게서 이해관계와 효용 면에서 도덕 과학 중의 으뜸으로 평가받을 것"이라고 예상하면서 "부의 추구야말로 (⋯) 대다수 인간에게 도덕적 향상의 위대한 원천"이라고 주장했다. 물론 모든 경제학자가 이토록 거창하게 주장하지는 않았다. 밀John Stuart Mill은 경제학을 "독립된 분야가 아니라 좀 더 큰 전체의 일부이며 사회 철학의 일부로, 그 고유 영역에서조차 결론이 외부 원인에 간섭과 반작용을 받는다는 점에서 조건부로만 진리일 정도로 모든 분야와 밀접히 관련된 것"으로 취급했다. 게다가 케인스조차 (앞서 인용한) "아직도 상당 기간 탐욕과 고리대금 그리고 경계심을 신으로 받들어야 한다"는 자신의 충고에 어긋나게 "경제 문제의 중요성을 과대평가해서 경제적 필요성이라는 이유로 더욱 중요하고 항상적인 의미를 지니는 다른 문제들을 희생해서는 안 된다"고 훈계했다.

그러나 오늘날 이러한 목소리는 거의 들리지 않는다. 세계가 점점 더 풍요로워지면서 경제학은 사람들의 주요 관심사가 되었다. 경제적 성과, 경제 성장, 경제적 팽창 따위가 (강박 관념까지는 아닐지라도) 모든 근현대 사회의 지속적인 관심 대상이 되었다고 말해도 지나치지 않다. 오늘날 비난할 때 사용하는 어휘 가운데 '비경제적'이라는 말만큼 결정적인 것은 거의 없다. 어떠한 행위에 비경제적이라는 낙인이 찍히면 그 행위는 존재할 권리를 의심받는 데 그치지 않고 강하게 부정당한다. 경제 성장을 방해한다고 알려진 것은 모두 부끄러운 것이며 이에 집착하는 사람은 방해꾼이나 바보 취급을 받는다. 어떤 것을 부도덕하다거나 추하다고, 영혼을 타락시키거나 인간을 타락시킨다고, 세계 평화나 미래세대의 복지를 위협한다고 비판하더라도, 그것이 '비경제적'임을 입증하지 못하는 한, 존재하고 성장하고 번성할 수 있는 권리를 실질적으로 문제 삼지 못한다.

우리가 어떤 것을 비경제적이라고 말할 때 이 말이 **의미**하는 바는 무엇인가? 대부분의 사람이 이 말을 사용할 때 무엇을 의미하는지를 문제 삼을 필요는 없다. 그 의미는 너무도 분명하기 때문이다. 사람들은 비경제적인 것을 단순히 하나의 병처럼 생각해서 그것이 없으면 좀 더 행복하리라고 생각한다. 경제학자는 병을 진단하고 운과 실력이 따라주면 병을 치유할 수 있는 사람으로 대우받는다. 물론 경제학자 사이에서도 진단에 대해 종종 견해 차이가 나타나며 치료법에 대해서는 훨씬 더 자주 그러하다. 이는 경제학자가 대면한 문제가 특별히 어려우며 이들도 다른 인간들처럼 실수할 수 있다는 점을 보여준다.

여기서 문제 삼고자 하는 것은 **경제학 방법이 실제로 어떠한 종류의 의미를 산출하는가**라는 물음이다. 해답은 명확하다. 어떤 것이 화폐 기준으로 적절한 이익을 올리는 데 실패하면 비경제적이다. 경제학 방법에서는 이와 다른 의미가 산출되지도 않고 그럴 수도 없다. 이 사실을 흐릿하게 하기 위한 시도가 여러 번 있었으며, 그 결과 상당한 혼동이 생겨나기는 했지만, 사실 자체는 여전하다. 사회 또는 그 속의 개인이나 집단은 계속해서 비경제적 이유, 즉 사회적인 것, 예술적인 것, 도덕적인 것, 정치적인 것을 위해 행위하거나 재산을 보유하기로 결정할 수 있다. 하지만 이는 결코 비경제적 이유의 **비경제적** 성격을 변화시키지 않는다. 다시 말해서 경제학의 판단은 대단히 **부분적인** 판단이며 사람들은 실제 생활에서는 좀 더 다양한 측면을 함께 고려해 판단한 후에 결정한다. 경제학은 어떤 것이 **그것을 담당한 사람**에게 화폐 이익을 제공하는가라는 오직 하나의 측면만을 고민할 뿐이다.

'그것을 담당한 사람에게'라는 구절에 주의하라. 예를 들어 특정 사회 집단의 행동이 사회 전체에 이익을 가져오는가를 판가름하는 데 통상적으로 경제학의 방법을 사용한다고 본다면 커다란 오산이다. 국영 기업조차 이러한 포괄적인 측면을 고려하지 않는다. 모든 국영 기업은 사실상 의무인 금전적 목표를 부여받는 데 다른 경제 부문에 어떠한 피해를 입힐지도 모른다는 점을 조금도 고려하지 않은 채 이 목표를 추구한다. 모든 정당이 똑같이 열렬히 지지하는 교리가 있다. 그것은 바로 모든 사람, 모든 산업,

(민간 기업이든 공기업이든) 모든 업체가 투자한 자본에 걸맞은 '수익'을 올리고자 노력한다면 사회 전체의 이익이 필연적으로 극대화된다는 교리다. 하지만 스미스Adam Smith조차 '제너럴 모터스 General Motors에 좋은 것이 미국에도 좋다'고 확신할 만큼 '보이지 않는 손'에 암묵적인 믿음을 보이지는 않았다.

어찌 되었든 경제학의 판단이 **부분적인** 성격을 띠고 있음은 의문의 여지가 없다. 경제학의 판단은 경제적 계산이라는 좁은 영역에서조차 필연적으로 부분적이며 **방법론적으로도** 그러하다. 첫째로, 이 판단은 장기보다 단기를 훨씬 중시하는데 그 이유는 케인스가 지독히도 단순하게 지적했듯이 장기적으로 인간은 모두 죽기 때문이다. 둘째로, 경제학의 판단은 모든 '자유재', 즉 신에게서 부여받은 환경(그중에서 사적으로 소유되고 있는 것은 예외지만)을 배제하는 비용 개념에 기대고 있다. 이는 어떤 행위가 환경을 파괴하더라도 경제적일 수 있지만 또 다른 행위가 어느 정도 비용을 들여 환경을 보호하고 보존한다면 비경제적이 됨을 의미한다.

게다가 경제학은 재화를 시장 가치에 따라 평가하지 실제 모습에 따라 평가하지는 않는다. 경제학은 인간이 자연에서 획득해야 하는 1차 재화primary goods와 1차 재화의 존재를 전제하고 이를 가공한 2차 재화secondary goods에 똑같은 규칙과 기준을 적용한다. 경제학의 관점은 기본적으로 사적 이윤의 형성에 있기 때문에 모든 재화를 동일하게 취급하는데 이는 **경제학의 방법론에 자연 세계에 대한 인간의 의존성을 무시하는** 관점이 깔려 있음을 의미한다.

54

다른 식으로 말한다면 경제학이 재화나 서비스를 구매자와 판매자가 만나는 시장이라는 관점에서 바라보고 있다는 것이다. 구매자는 본질적으로 유리한 재화를 찾아다니는 사냥꾼일 뿐 재화의 산지나 생산 조건에는 관심이 없다. 그는 오직 자신의 돈으로 최상의 가치를 확보하는 데 관심이 있을 뿐이다.

그러므로 시장은 사회의 껍데기일 뿐이며 시장의 의미는 장소에 따라 존재하는 순간적인 상황과 연결된다. 시장은 사물 내부로 들어가 그 배후에 놓인 자연적, 사회적 사실을 탐구하지 않는다. 어떤 의미에서 시장은 개인주의와 무책임성의 제도화다. 구매자나 판매자 모두 자신 이외의 것에는 결코 책임지지 않는다. 부유한 판매자가 가난한 고객에게 단지 그 고객이 가난하다는 이유로 싸게 팔거나 부유한 구매자가 단지 공급자가 가난하다는 이유로 비싸게 산다면 '비경제적'이다. 마찬가지로 구매자가 수입품이 싼 데도 국산품을 선호한다면 그는 '비경제적'이다. 그는 국가의 무역 수지를 책임지지 않으며 책임지기를 기대해서도 안 된다.

구매자의 무책임성과 관련해서 구매자는 훔친 제품을 사지 않도록 신중히 행동해야 한다는 상당히 의미 있는 예외가 하나 존재한다. 이 예외는 무지나 순진함으로 변호할 수 없으며 아주 부당하면서도 성가신 결과를 초래할 수 있는 규칙의 문제다. 이 규칙은 사유권의 신성함이라는 이유로 필요하다.

자신에 대한 것을 제외한 모든 책임에서 면제되었다는 점은 당연히 사업이 굉장히 단순화되었음을 의미한다. 이것이 실용적이라는 사실을 인정할 수 있으므로 사업가 사이에서 상당한 호응을 얻는다는 사실에 그리 놀랄 필요는 없다. 놀랄 일은 이렇게 책임에서 면제되었다는 점을 최대로 이용하는 일이 미덕으로 여겨진다는 사실이다. 만일 어떤 구매자가 특정 제품의 저렴함이 착취나 기타 비열한 행위(도둑질은 제외)에서 비롯되었을 수도 있다는 의심 때문에 그 제품을 사지 않는다면 '비경제적으로' 행동한다(이는 타락 못지않은 행위로 간주된다)고 비판받기 쉽다. 설령 화를 내지는 않더라도 경제학자와 많은 사람이 이렇게 별난 행동을 으레 비웃곤 한다. 경제학이라는 종교에는 독자적인 윤리 강령이 있는데 그 첫 번째 조항은 생산하거나 매매할 때 언제나 '경제적으로' 행동하라는 것이다. 이 조항이 더는 적용되지 않는 경우는 오직 제품을 싸게 구입한 사람이 집에 돌아와 소비자가 되었을 때뿐이다. 이때는 자신이 원하는 대로 '즐기면' 된다. 경제학이라는 종교에 관한 한 소비자는 외계인extraterritorial이다. 이렇게 기묘하면서도 의미심장한 근현대 사회의 특징은 더 논의할 필요가 있다.

시장 공간에서는 개인과 사회에 대한 아주 중요한 질적 구별을 실용적인 이유로 억제한다. 그래서 그 구별을 겉으로 표현하는 것을 허용하지 않는다. 따라서 '시장'에서는 양이 위대한 승리를 누리면서 지배한다. 모든 것을 동질적으로 취급한다. 동질적으로 취급한다는 것은 가격을 부여해서 교환할 수 있도록 만든다는 의미다. 경제적 사고방식이 시장에 의존하는 만큼 생명의 신성함은 사라진다. 가격을 갖는 것에는 신성함이 존재할 수 없기 때문이다. 따라서 경제적 사고방식이 사회 전체를 지배하게 되면 아름다움, 건강, 깨끗함 따위의 비경제적인 가치조차 '경제적인' 것으로 입증될 때만 살아남을 수 있는데 이는 조금도 놀랄 만한 일이 아니다.

경제학자는 비경제적인 가치를 경제적 계산 영역에 끼워 넣기 위해 비용 / 편익 분석법을 사용한다. 이 방법은 그렇지 않았으면 완전히 무시되었을 비용과 편익을 고려하려는 시도이므로 흔히 선진 기법으로 여겨진다. 하지만 이 방법은 사실상 고차적인 것을 저차적인 것으로 끌어내리고 가격을 매길 수 없는 것에 가격을 부여하는 방식이다. 따라서 비용 / 편익 분석법은 상황을 명확히 보여주어 이성적인 결정을 도출하도록 도와주는 방식이 결코 아니다. 비용 / 편익 분석법으로 할 수 있는 것이란 고작 자신이나 타인을 기만하는 일뿐이다. 왜냐하면 측정할 수 없는 것을 측정하려는 시도는 이치에 맞지 않는 일이며 선입견에서 뻔한 결론을 이끌어내는 정교한 방법만을 구성하는 것이기 때문이다. 여기서 원하는 결과를 얻기 위해 해야 하는 일이란 고작 측정할 수 없는 비용과 편익에 적당한 가치를 부여하는 것뿐이다. 하지만 논리적 비합리성이 이 방법의 최대 결점은 아니다. 문명을 파괴하여 모든 것이 가격을 갖는다는, 즉 돈이 최고의 가치라는 주장이 더 나쁘다.

경제학은 '일정한' 틀 내부에서만 정당하면서도 유용하게 작동하는데 이 틀은 완전히 경제적 계산 영역 외부에 놓여 있다. 그래서 우리는 경제학이 제 발로 서 있는 학문이 아니라거나 '파생된' 사유 체계, 즉 메타경제학meta-economics에서 파생된 학문이라고 말할 수도 있다. 경제학자가 이 메타경제학을 공부하지 않는다면, 아니 더 나쁘게 밀해서 경제적 계산을 적용할 수 있는 영역에 한계가 있다는 사실을 알아채지 못한다면, 성서를 인용해서 물리학 문제를 해결하려 한 중세의 몇몇 신학자와 비슷한 오류를 범하기 쉽다. 어떤 학문이든 고유 영역에서는 유용하지만 이 영역을 벗어나면 곧바로 악이 되고 파괴적인 것이 된다.

경제학이라는 과학은 인간의 본성 중에서도 탐욕이나 시기심같이 아주 강한 충동과 관련이 있기 때문에 코플스턴이 "다른 분야를 침해할 가능성이 너무도 높다"며 그 위험성을 경고한 150여 년 전보다 더더욱 위험하다. 따라서 경제 전문가인 경제학자의 의무인 경제학의 한계를 이해하고 해명하는, 즉 메타경제학을 이해하는 일이 점점 더 중요해지고 있다.

메타경제학이란 무엇일까? 경제학이 주변 환경에 있는 인간을 취급하는 한 우리는 메타경제학이 두 가지 부분, 즉 인간을 다루는 부분과 환경을 다루는 부분으로 구성된다고 짐작할 수 있다. 다시 말해서 경제학은 그 목적과 목표를 인간에 관한 연구에서 끄집어내야 하며, 적어도 방법론의 주요 부분을 자연에 관한 연구에서 도출해야 한다고 짐작할 수 있다.

다음 장에서는 경제학의 결론과 처방이 경제학의 전제 조건인 인간과 그 인간의 현실적 목적에 대한 관점이 변해감에 따라 어떻게 달라지는가를 보여줄 것이다. 이 장에서는 메타경제학의 두 번째 부분, 즉 경제학 방법론의 핵심 부분이 자연에 관한 연구에서 도출되어야만 하는 이유를 설명하는 데 논의를 제한한다. 이미 강조했듯이 시장은 본질적으로 한없이 이로운 제품을 찾는 사냥꾼들을 위한 제도이므로 모든 재화를 똑같이 취급한다. 이는 근현대 경제학의 방법론이 그 내부에 자연 세계에 대한 인간의 의존성을 무시할 정도로 너무나 시장 지향적인 관점을 안고 있음을 의미한다. 브라운E. H. Phelps Brown 교수는 '경제학의 저발전Underdevelopment of Economics'이라는 주제의 왕립경제학회Royal Economic Society 회장 취임 연설문에서 "지난 25년 동안 경제학이 대단히 눈부시게 발전했지만 시대적인 과제를 해결하는 데는 자그마한 기여밖에 하지 못했다"고 말했다. '산업화, 인구 증가, 도시화가 환경과 생활의 질에 미치는 악영향을 억제하는 것'을 시대적인 과제로 언급하기도 했다.

사실상 조금도 기여하지 못했으므로 '자그마한 기여'라는 말은 완곡한 표현이다. 경제학은 현재 보이는 모습에서 알 수 있듯이, 순수하게 양적인 분석에만 전념하고 사물의 실질적인 본성에 접근하는 일은 소심하게 거부하기 때문에, 시대적인 과제를 이해하는 데 가장 효과적인 방해물로 기능한다고 말해도 부당한 평가가 아니다.

경제학은 무한히 다양한 사람이 생산하고 소비하는 (마찬가지로 무한히 다양한) 재화와 서비스를 취급한다. 수많은 질적 차이를 굳이 무시하지 않는 한 경제 이론을 발전시키는 일은 명백히 불가능하다. 그러나 질적인 차이를 모두 무시하면 이론화 작업은 쉽겠지만 그 이론은 내용 없는 것이 된다는 점도 명백히 타당하다. (브라운 교수가 언급한) '지난 25년 동안 경제학이 대단히 눈부시게 발전'한 것은 대부분 수량화 방향에서, 그것도 질적 차이에 대한 이해를 포기한 대가로 이루어졌다. 실제로 질적인 차이는 경제학 방법에 어울리지 않고 경제학자들이 원하지도 않고 잘할 수도 없는 실무에 대한 이해와 통찰력을 요구하기 때문에, 경제학이 점점 더 질적 차이를 받아들이지 않는다고 말할 수도 있으리라. 예를 들어 순수하게 양적인 분석으로 한 국가의 국민 총생산이 5퍼센트 증가했다고 입증했을 때, 계량경제학자가 되어버린 경제학자는 이 현상이 좋은 일인가 나쁜 일인가라는 질문을 회피한다(일반적으로 답변할 수도 없지만 말이다). 그는 이러한 문제를 수용하기만 해도 자신이 가진 모든 확실성을 상실한다. 경제학자는 GNP 증가에서 실제로 증가한 것이 무엇이며 그 혜택을 받은 사람이 있다면 누구인지의 문제와 상관없이 GNP 증가를 좋게만 생각한다. 병적인 성장, 건전하지 못한 성장, 파괴적인disruptive or destructive 성장도 있을 수 있다는 생각은 경제학자에게 표현조차 허용될 수 없을 정도로 그릇된 것이다. 오늘날 극소수의 경제학자가 유한한 환경 속에서 무한한 성장은 명백히 불가능하므로 얼마나 더 '성장'할 수 있을지를 질문하기 시작했다. 하지만 이들조차 순수하게 양적인 성장 개념에서 벗어나지 못하고 있다. 이들은 **질적 차이의 우월성**을 강조하기보다 단지 성장을 제로 성장non-growth으로, 즉 하나의 공허를 다른 것으로 대체할 뿐이다.

물론 판단이라는 행위가 수를 세거나 계산하는 능력보다 높은 차원의 기능이듯이 질은 양보다 '다루기'가 훨씬 어렵다. 양적 차이는 질적 차이보다 이해하기 쉬우며 정의하기도 확실히 쉽다. 그렇지만 기만적인 양적 차이의 구체성은 외관상으로는 과학적 엄밀성을 띤다. 심지어 이 엄밀성이 중요한 질적 차이를 억압한 대가인 경우에도 그렇다. 대다수 경제학자는 정신이 없는 원자와 신의 형상으로 만들어진 인간 사이에 그 어떠한 질적 차이도 없다는 듯한 태도로 경제학을 물리학처럼 정밀한 '과학'으로 만들려는 어리석은 이상을 여전히 추구한다.

경제학의 주요 주제는 '재화'다. 경제학자들은 **구매자** 관점에서 재화 범주의 기본적인 특성을 소비재와 생산재로 구분한다. 하지만 경제학자들은 재화의 실제 모습, 이를테면 재화가 인간이 만든 것이냐, 신의 선물이냐, 또는 무료로 재생할 수 있는 것이냐 따위의 문제를 파악하려는 노력은 조금도 하지 않는다. 시장에 나타나기만 하면 메타경제학 차원에서 어떤 특성을 가진 재화든지 매물로서 동일하게 취급되며 경제학은 주로 구매자가 적당한 제품을 찾아다니는 행위를 이론화하는 데 관심을 보인다.

그렇지만 다양한 '재화'의 범주 사이에는 기본적이면서 중요한 차이가 있는 바, 현실을 도외시하지 않는 한 결코 이 차이를 무시할 수 없다. 아래 그림은 하나의 최소 범주화 도식a minimum scheme of categorisation이라고 부를 수 있다.

우선 가장 중요한 것은 1차 재화와 2차 재화의 구분인데 후자가 전자에 대한 이용 가능성을 전제하기 때문이다. 2차 재화를 만드는 인간의 능력이 아무리 신장하더라도 지구에서 1차 재화를 획득하는 능력의 신장이 선행되지 않는 한 무용지물이다. 왜냐하면 인간은 생산자가 아니라 전환자converter일 뿐이며 모든 전환 작업에서 1차 재화를 필요로 하기 때문이다. 특히 인간의 전환 능력은 1차 에너지에 의존한다. 여기서 곧바로 1차 재화 영역에서 중요한 차이, 즉 재생할 수 없는 재화와 재생할 수 있는 재화를 구분할 필요성이 등장한다. 2차 재화에 관한 한 제조품과 서비스 사이에 명백하면서도 기본적인 차이가 존재한다. 우리는 네 가지 범주라는 최소 도식에 도달했는데 여기서 각각의 범주는 서로 **본질적으로** 다르다.

시장은 이러한 구분을 알지 못한다. 시장은 모든 재화에 가격표를 제공하여 똑같이 중요하게 보이게끔 만든다. 5파운드의 원유(1)와 5파운드의 밀(2)은 같으며 이들은 또한 5파운드의 신발(3)이나 5파운드의 호텔비(4)와 같다. 다양한 재화 중에서 상대적 중요성을 판가름하는 유일한 기준은 그들을 공급해서 획득할 수 있는 이윤율이다. 만일 세 번째와 네 번째 범주의 재화가 첫 번째와 두 번째 범주의 재화보다 높은 이윤을 낳는다면 이는 곧 추가 자원을 전자에 투입하고 후자에서는 자원을 회수하는 게 '합리적'이라는 '신호'로 여겨진다.

경제학자들이 '보이지 않는 손'이라고 부르는 시장 메커니즘의 신뢰성이나 합리성을 논의하려는 게 아니다. 끊임없이 이 문제를 논의했지만 위 네 가지 범주의 기본적인 **공약 불가능성**은 언제나 관심 밖이었다. 이를테면 경제학자들은 재생할 수 있는 재화와 그럴 수 없는 재화 사이에서, 제조품과 서비스 사이에서 '비용' 개념이 본질적으로 다르다는 점을 인식하지 못했으며, 설령 인식했다 하더라도 경제 이론을 만드는 과정에서 심각하게 고려하지 않았다. 이 문제를 더는 언급하지 않더라도 오늘날의 경제학은 제조품(3)에만 완전하게 적용할 수 있는데 모든 재화와 서비스에 무차별적으로 적용되고 있다고 말할 수 있다. 경제학이 네 가지 범주 사이의 근본적인 질적 차이를 조금도 이해하지 못하기 때문이다.

이 차이는 경제 분석을 시작하기 전에 반드시 인정해야 하는 것인 만큼 메타경제학적인 차이라 부를 수 있으리라. 특정 '재화'의 존재를 인정하는 것이 조금 더 중요하다. 이 특정 재화는 사적 소유의 대상이 될 수 없고 된 적도 없기 때문에 시장에 출현한 적은 없지만 모든 인간 활동의 본질적인 전제 조건이 되는 것으로 공기, 물, 토지 등 사실상 살아 있는 자연 전부이다.

비교적 최근까지 경제학자는 경제 행위가 이루어지는 영역 framework 전체를 주어진 것, 즉 영속적이며 파괴할 수 없는 것으로 취급해도 된다고 생각했는데 여기에는 나름대로 근거가 있다. 경제 행위가 이 영역에 어떤 영향을 미치는지를 연구하는 일은 경제학자의 업무가 아니었으며 실제로 그것은 경제학자의 직업적 능력과 무관했다. 그런데 이제는 환경의 악화, 특히 살아 있는 자연의 악화가 점점 더 뚜렷해지고 있기 때문에 경제학의 관점과 방법론 전체가 의심받는다. 경제학 연구는 메타경제학 연구로 보완되고 보충되지 않는 한 타당한 통찰력을 이끌어내기에 너무도 좁고 부분적이다.

케인스가 단언했듯이 목적보다 수단을 존중하는 것이 근현대 경제학의 태도지만 이 태도는 인간이 실질적으로 원하는 목적을 선택할 자유와 능력을 파괴하는 한계, 말하자면 수단의 개발이 목적의 선택까지 결정한다는 한계를 갖는다. 초음속기 개발 의욕과 인간의 달 착륙을 위한 엄청난 노력이 이를 분명히 보여주는 사례다. 이러한 기술 개발은 인간의 실질적인 필요와 소망에 대한 통찰에서 비롯하지 않고 오로지 필요한 기술적 수단을 확보했다는 사실에서 비롯한다.

지금까지 살펴보았듯이 경제학은 내가 메타경제학이라 부르는 것에서 가르침을 받는 '파생' 과학이다. 그 가르침이 달라지면 경제학의 내용도 변한다. 다음 장에서는 서구의 물질주의라는 메타경제학적 토대를 버리고 그 자리에 불교의 가르침을 수용할 때 경제 법칙이나 '경제적', '비경제적'이라는 개념이 어떻게 변할지를 살펴볼 것이다. 이를 위해 불교를 선택한 것은 순전히 우연이며 여타 위대한 동양의 전통만큼이나 기독교, 이슬람교, 유대교 등의 가르침도 이용할 수 있다.

불교경제학[6]

4장

'올바른 생활Right Livelihood, 正命'은 불교의 팔정도Noble Eightfold Path, 八正道* 가운데 하나다. 그러므로 불교경제학이 존재하는 게 틀림없다.

불교 국가에서 사람들은 전통을 충실히 지키려 한다. 그래서 버마**인들은 다음과 같이 말한다. "새로운 버마는 종교적 가

---

*   팔정도는 초기 불교 경전에 자주 나오는 것으로, 중생이 각종 고통의 원인에서 벗어나 해탈(解脫)하여 깨달음의 경지인 열반의 세계로 나아가기 위해서 실천, 수행해야 하는 여덟 가지 길 또는 그 방법을 지칭한다. 여기에는 올바르게 생활하는 것 외에, 올바로 보는 것(正見), 올바로 생각하는 것(正思, 正思惟), 올바로 말하는 것(正語), 올바로 행동하는 것(正業), 올바로 부지런히 노력하는 것(正勤, 正精進), 올바로 기억하고 생각하는 것(正念), 올바로 마음을 안정하는 것(正定) 등이 있다.

치와 경제적 진보 사이에 그 어떠한 갈등도 알지 못한다. 정신 건
강과 물질적인 풍요로움은 대립하지 않고 본래 공존한다."[7] 또는
"우리의 전통 속에 있는 종교적, 정신적 가치와 근현대 기술의 편
익을 잘 조화시킬 수 있다"[8]거나 "우리 버마인에게 소망과 행동
을 신앙에 합치하는 일은 신성한 의무이며 앞으로도 그럴 것이
다"[9]라고 말한다.

그런데 이러한 국가들은 언제나 근현대 경제학으로 자국의
경제 개발 계획을 세울 수 있다고 생각하며, 이른바 선진국의 근
현대 경제학자들을 초빙하여 추진할 정책을 입안하고 5개년 계획
(어떠한 이름으로 불리든지 간에) 같은 거대한 개발 청사진을 수립
하는 데 자문을 구하고 있다. 근현대의 물질주의 생활 방식이 근
현대 경제학을 낳은 것처럼 불교적 생활 방식이 불교경제학을 요
구하리라고 생각하는 사람은 거의 없어 보인다.

많은 전문가처럼 경제학자들도 대체로 그 어떠한 전제도 없
는 절대 불변의 진리에 관한 과학이 존재한다고 가정하는 형이상
학적 맹목성으로 고통을 겪는다. 어떤 사람은 경제 법칙이 중력
법칙처럼 '형이상학'이나 '가치'에서 자유롭다고 주장하기까지
한다. 여기서는 방법론 논증에 개입하지는 않겠다. 그 대신 기본
적인 문제를 고려하는 일이 근현대 경제학자와 불교경제학자에
게 어떻게 보일지를 살펴보자.

**	1989년에 미얀마로 국호가 바뀌었지만 글이 쓰인 시대적 상황을 고려해 그대
로 옮겼다.

부의 근본 원천이 인간의 노동이라는 점은 이론의 여지가 없다. 그런데 지금까지 근현대 경제학자들은 '노동labor or work'을 필요악 정도로 여기도록 교육받았다. 고용주 입장에서 보면, 노동은 어느 경우에나 기계화 같은 방식으로 가능한 한 최소로 줄여야 하는 비용 항목에 지나지 않는다. 노동자 입장에서 보면, 노동은 '비효용'이다. 노동은 여가와 편안함을 희생하는 것이며 임금은 이 희생의 보상이다. 따라서 고용주에게는 고용하지 않고 생산하는 것이 이상적이지만 피고용인에게는 노동하지 않고 소득을 올리는 것이 이상적이다.

이러한 태도의 결과는 이론과 실천 두 측면에서 당연히 너무나도 극단적이다. 노동에 대한 이상향이 노동을 없애는 것이라면 '노동 부담을 줄이는' 방법은 모두에게 좋은 것이다. 기계화를 제외하면 가장 효과적인 방법은 '분업'인데 분업의 고전적인 사례는 스미스가 《국부론》에서 칭찬한 핀 제조 공장이다.[10] 여기서 분업은 인류가 아주 먼 옛날부터 이용해온 통상적인 전문화의 문제가 아니라 전체 생산 공정을 분할하여 완성품을 아주 빠르게 생산할 수 있도록 하는 것으로, 그 과정에서 개인은 누구나 무의미할 정도로 적게 기여할 뿐만 아니라 대부분 단순한 근육 운동을 해야 한다.

불교 관점에서 보면 노동에는 적어도 세 가지 역할이 있다. 인간에게 자기 능력을 발휘하고 향상할 기회를 부여하는 것, 다른 사람과 함께 공통의 임무를 수행하여 자기중심성을 극복할 수 있도록 하는 것, 생활에 필요한 재화와 서비스를 만들어내는 것 말이다. 이러한 관점의 영향은 무한하다. 노동을 노동자에게 의미

없거나 지루한, 창피하거나 신경 쓰이는 것으로 조직한다면 범죄 행위나 진배없다. 이는 사람보다 재화에 더 많은 관심을 보이는 것이고, 연민 없는 악행이며, 세속적인 존재의 가장 원시적인 속성인 영혼의 파괴에 해당한다. 이와 마찬가지로 노동 대신 여가를 추구하는 것은 인간 존재의 기본적인 진리 가운데 한 가지를 완전히 오해하는 것인 바, 그것은 바로 노동과 여가가 삶이라는 한 과정의 보완적인 부분이며 노동의 기쁨과 여가의 축복을 파괴하지 않고는 양자가 결코 분리되지 않는다는 점이다.

불교 관점에는 분명하게 구분되는 기계화의 두 유형이 있다. 인간의 숙련과 능력을 높이는 기계화와 인간의 일을 기계라는 노예에게 건네주고 인간을 그 노예의 봉사자로 만들어버리는 기계화 말이다. 양자는 어떻게 구분되는가? 근현대 서양과 고대 동양에 모두 능통한 쿠마라스와미Ananda K. Coomaraswamy는 다음과 같이 말했다. "직인craftsman은 기회만 주어진다면 언제든지 기계와 도구의 섬세한 차이를 보여줄 수 있다. 융단을 짜는 틀carpet loom은 직인이 손가락을 이용해서 날실 사이로 실이 짜이도록 고안된 도구이지만 역직기power loom는 기계다. 역직기는 노동에서 본질적으로 인간의 몫을 대신한다는 점에서 문화의 파괴자다."**11** 따라서 불교경제학은 근현대의 물질주의 경제학과 당연히 커다란 차이를 보인다. 불교가 문명의 본질을 욕망의 증식이 아니라 인간성의 순화에서 찾기 때문이다. 〔불교에서〕 인간성은 주로 인간의 노동을 통해 형성된다. 아울러 인간에게 존엄과 자유가 보장된 조건에서 노동을 적절히 수행하면 행하는 사람은 물론 그가 만든 생산물에도 축복이다. 인도의 철학자이자 경제학자인 쿠마라파J. C.

Kumarappa는 이를 다음과 같이 요약했다.

> 노동의 본질을 적절하게 평가, 적용한다면 노동이 고상한
> 능력higher faculties과 맺는 관계는 음식이 신체와 맺는 관계
> 와 같아질 것이다. 일은 고상한 인간the higher man을 길러내
> 고, 인간에게 활력을 주며, 인간이 최고의 능력을 발휘하도
> 록 해준다. 노동은 인간의 자유 의지가 적절한 방향으로 행
> 사되도록 유도하며 인간의 내부에 존재하는 동물성을 길
> 들여 좋은 길로 인도한다. 노동은 인간이 가치관을 보여주
> 고 인격을 향상하는 데 훌륭한 배경을 제공한다.[12]

인간은 노동할 기회가 없으면 절망에 빠진다. 단순히 수입
이 없어지기 때문이 아니라 그 무엇으로도 대체할 수 없는 훈육된
disciplined 노동에서 성장하고 활력을 얻는 측면이 사라지기 때문
이다. 근현대 경제학자는 완전 고용이 '이로운' 것인지, 노동 이동
을 활발히 하고 임금을 안정시키기 위해 경제를 완전 고용에 약간
못 미치는 상태로 운용하는 게 좀 더 '경제적인' 것인지에 관한 아
주 정교한 계산 작업에 참여할 수도 있다. 근현대 경제학자에게
성공의 근본적인 기준은 단순히 일정한 기간에 생산되는 재화의
총량이다. 갤브레이스 교수는《풍요로운 사회》에서 다음과 같이
말했다. "재화의 한계 중요도marginal urgency가 낮다면 노동력 가
운데 마지막 한 명이나 마지막 100만 냉을 고용하는 중요도 역시
그러하다."[13] 계속해서 그는 "만일 (…) 우리가 안정을 위해 어느
정도의 실업을 받아들일 수 있다(부연하자면 이는 분명히 보수주의

를 가정한 것이다)면 실업자들이 기존 생활 수준을 유지할 정도로 재화를 제공할 수 있을 것이다"라고 말했다.

불교 관점에서 본다면 이러한 견해는 재화를 사람보다, 소비를 창조적인 활동보다 중시하여 진리를 뒤집는 것이다. 이 견해는 강조점을 노동자에서 노동 생산물로, 즉 인간에서 인간 이하의 것으로 옮겨가는 것이며 악의 힘에 굴복하는 것이다. 불교도에게 경제 계획의 출발점은 완전 고용을 위한 구상이다. 기본 목표는 '외부' 일자리를 찾는 사람이라면 누구나 고용하는 것이지, 고용 극대화나 생산 극대화가 아니다. 아내들은 대체로 '외부' 일자리를 찾지 않으므로 이들을 회사나 공장에서 대규모로 고용하는 일은 심각한 경제적 실패를 보여주는 징표로 간주될 것이다. 특히 불교 경제학자에게는 어린 자녀가 있는 어머니가 자식을 돌보지 않고 공장에서 일하는 것이 비경제적으로 보이는데 이는 숙련 노동자를 군인으로 이용하는 것이 근현대 경제학자에게 [비경제적인 것으로] 보이는 것과 마찬가지 이치이다.

물질주의자는 주로 물질에 관심을 보이지만 불교도는 주로 해탈liberation에 관심을 보인다. 그렇지만 불교는 '중도The Middle Way'를 강조하므로 결코 물질적인 복지에 적대적이지 않다. 해탈을 방해하는 것은 부 자체가 아니라 부에 대한 집착이며, 즐거움을 향유하는 것이 아니라 즐거움을 탐하는 마음이다. 따라서 불교 경제학의 핵심은 소박함과 비폭력이다. 경제학자의 관점에서 볼 때 불교도의 생활 방식은 경이롭다. 왜냐하면 놀랄 만큼 적은 수단으로 아주 만족할 만한 결과를 산출할 정도로 대단히 합리적이기 때문이다.

근현대 경제학자가 이를 이해하기는 매우 힘들다. 근현대 경제학자는 많이 소비하는 사람이 적게 소비하는 사람보다 '행복하다'는 전제 아래 연간 소비량으로 '생활 수준'을 측정하는 데 익숙하다. 그러나 불교경제학자에게 이런 접근은 너무도 비합리적이다. 소비는 인간 복지에서 하나의 수단에 불과하므로 최소한의 소비로 최대한의 복지를 확보하는 데서 목적을 찾는다. 그러므로 옷을 입는 목적이 어느 정도 쾌적한 온도와 매력적인 외모를 확보하는 것이라면, 최소한의 노력으로 이 목적을 달성하는 길은 옷의 마모를 최소화하여 가장 적은 노력으로 가능한 디자인을 활용하는 데 있다. 이러한 노력이 줄어들수록 예술적인 창조를 위한 시간과 힘이 늘어난다. 이를테면 근현대 서구에서 주로 하는 복잡한 재봉질보다 천을 자르지 않고 맵시 있게 주름잡아 몸에 걸치면 훨씬 더 아름답게 보일 수 있다. 천이 빨리 마모되도록 만드는 것은 너무도 어리석은 짓이며 추하거나 초라해 보이도록 만드는 것은 너무도 야만스러운 짓이다. 방금 의복에 대해 말한 내용은 그 밖의 모든 필수품에도 똑같이 적용된다. 재화를 소유하고 소비하는 일은 목적을 위한 수단이며 불교경제학은 최소한의 수단으로 주어진 목적을 달성하는 방법을 체계적으로 연구한다.

이와 달리 근현대 경제학은 소비를 경제 활동의 유일한 목적으로 여기며 토지, 노동, 자본 등의 생산 요소를 그 수단으로 취급한다. 간단히 말해서 불교경제학이 적절한 소비 패턴the optimal pattern of consumption으로 인간의 만속을 극대화하려는 데 반해, 근현대 경제학은 최적의 생산 패턴the optimal pattern of productive effort으로 소비를 극대화하려 한다. 적절한 소비 패턴을 추구하는 생활 방식은 최대의 소비를 추구하는 방식보다 훨씬 더 적은 노력으로 유지될 수 있는데 이는 쉽게 알 수 있는 내용이다. 그러므로 버마는 미국보다 노동을 절약하는 기계를 대단히 적게 사용하지만 생활의 압박감이나 긴장감은 아주 낮다. 이는 그리 놀랄 일이 아니다.

소박함과 비폭력은 분명히 밀접한 상관성이 있다. 적절한 소비 패턴은 비교적 적은 소비로 높은 수준의 만족감을 제공하는 것으로 사람들이 압박감이나 긴장감 없이 생활하면서 "나쁜 일을 하지 말고 착한 일을 하라"*는 불교의 첫 번째 계율을 지킬 수 있도록 해준다. 어디에서나 물질적인 자원은 한계가 있으므로 적은 자원으로 욕구를 충족할 수 있는 사람들은 분명히 많은 자원에 기대어 살아가는 사람들보다 서로 다툴 가능성이 적다. 이와 마찬가지로 고도로 자급자족적인 지역 공동체에서 생활하는 사람들은 국제 무역에 의존해서 살아가는 사람들보다 대규모 폭력에 휘말릴 가능성이 적다.

불교경제학은 지역의 자원을 이용해서 그 지역에 필요한 물건을 생산하는 게 가장 합리적인 경제생활이라고 본다. 반면에 먼 외국에서 수입하는 물건에 의존하여 결과적으로 먼 미지의 사람들에게 수출하기 위해 생산하는 것은 아주 비경제적이며, 오직 예외적일 때만, 그것도 소규모일 때만 정당화할 수 있을 뿐이다. 근현대 경제학자들에게 집과 직장 사이를 오가는 데 운송 서비스를

---

* 불교 경전에서 자주 언급되는 '諸惡莫作 衆善奉行'를 말하는 것으로 보인다.

이용하는 비율이 높은 것은 불행한 일이지 높은 생활 수준을 의미하는 게 아니듯이, 불교경제학자들에게 가까이 있는 게 아니라 멀리 있는 자원을 이용해서 욕구를 충족하는 것은 성공이라기보다 실패를 의미한다. 그런데도 전자는 국가의 운송 체계에서 국민 1인당 운송량(마일당 톤 수로 표시되는)의 증가를 보여주는 통계를 경제적 진보의 증거로 해석한다. 하지만 불교경제학자는 이 통계치를 소비 패턴이 아주 바람직하지 못한 방향으로 악화한 것으로 이해한다.

근현대 경제학과 불교경제학은 사회적 권리를 이용하는 데서도 두드러진 차이를 보인다. 프랑스의 저명한 정치철학자인 주베넬Bertrand de Jouvenel은 '서양인'의 성격을 다음과 같이 규정하는데 이는 근현대 경제학자를 설명하는 타당한 말이기도 하다.

> 그[서양인]는 인간의 노력만을 지출로 인정하는 경향이 있으며 자신이 얼마나 많은 광물질을 낭비하는지, 얼마나 많은 생명체를 파괴하는지는 생각하지 않는 듯 보인다. 그는 인간의 생명이 수많은 다양한 형태의 생명체로 구성된 생태계의 일부라는 점을 좀처럼 깨닫지 못하는 듯 보인다. 인간을 모든 비인간 생명체와 단절시키는 도시가 세계를 지배하고 있으므로 생태계에 속한다는 느낌이 생겨나지 않는 것이다. 바로 여기서 물이나 나무처럼 인간이 궁극적으로 의존하고 있는 대상을 거칠고 경솔하게 취급하는 태도가 나타난다.[14]

이와 달리 석가모니는 모든 감정 있는 것들all sentient beings만이 아니라 심지어 나무에도 경건하고 비폭력적인 태도로 접근해야 한다고 가르친다. 모든 불교도는 몇 년에 한 번씩 나무를 심고 나무가 튼실하게 뿌리내릴 때까지 돌봐줄 의무가 있다. 그리고 모든 불교경제학자가 이 의무를 지킨다면 외국의 원조 없이도 진정한 경제 발전이, 그것도 높은 수준의 경제 발전이 가능하다는 점을 어렵지 않게 증명할 수 있다. 분명히 말해서 (수많은 다른 지역과 마찬가지로) 동남아시아 지역에서 경제 발전이 부진한 이유는 대부분 나무를 부끄러울 정도로 소홀히 다루었기 때문이다.

근현대 경제학은 재생할 수 있는 물질과 재생할 수 없는 물질을 구분하지 않는다. 근현대 경제학의 방법론이 모든 것을 동질화해 화폐 가격으로 수량화하기 때문이다. 근현대 경제학자는 다양한 대체 연료, 이를테면 석탄, 원유, 나무, 수력 따위를 고려하면서 이 사이에서 단위당 상대 비용의 차이만을 유일하게 인정할 뿐이다. 여기서는 가장 값싼 것이 필연적으로 선택되며 그렇지 않으면 비합리적이며 '비경제적인' 것이다. 불교 관점에서 보면 이는 당연히 잘못되었다. 석탄이나 원유 같은 재생할 수 없는 연료와 나무와 수력 같은 재생할 수 있는 연료의 본질적인 차이를 간단히 무시할 수는 없다. 재생할 수 없는 재화는 오로지 피할 수 없을 때만 이용해야 하며 그때도 이를 보전하기 위한 최선의 노력과 관심을 수반해야 한다. 재생할 수 없는 재화를 신중하지 않거나 함부로 사용하는 것은 일종의 폭력 행위다. 지구상에서 완전한 비폭력을 달성할 수 없다 하더라도 인간에게는 자신이 하는 모든 일에서 비폭력의 이상을 지향해야 할 절대적인 의무가 있다.

유럽의 미술품이 모두 비싼 값으로 미국에 팔리면 유럽의 근현대 경제학자들은 이를 경제적 대성공이라고 생각하지 않을 것이다. 같은 이치로 불교경제학자들은 재생할 수 없는 연료에 의존하여 생활하는 사람을 소득이 아닌 자본에 기생하면서 살아가는 자라고 판단할 것이다. 이러한 생활 방식은 영속성이 없으므로 순전히 임시 방편으로서만 정당성을 인정받을 뿐이다. 석탄, 원유, 천연가스 따위의 재생할 수 없는 연료 자원은 전 세계적으로 불균등하게 분포되어 있으며 그 총량에도 틀림없이 한계가 있으므로, 이를 점점 더 많이 발굴하는 것은 자연에 대한 폭력 행위이며 필연적으로 인간들 사이의 폭력 사대로 이어질 수밖에 없다.

이 한 가지 사실만으로도 불교 국가에 살면서 자신들의 유산인 종교적, 정신적 가치를 돌보지 않은 채 가급적 빠른 속도로 근현대 경제학의 물질주의를 받아들이길 갈망하는 사람들에게 생각할 거리를 제공할 수 있으리라. 이들은 불교경제학이 향수에 지나지 않는다고 거부하기 전에 근현대 경제학이 제시하는 경제 발전 경로가 자신들을 진실로 원하는 상태로 이끌어줄 수 있는지를 생각해봐야 한다. 캘리포니아 공과대학의 브라운Harrison Brown 교수는 자신의 대담한 저작인 《인류의 미래를 위한 도전The Challenge of Man's Future》의 끝부분에서 다음과 같이 평가했다.

우리가 아는 바와 같이 산업 사회는 근본적으로 불안정해서 농업 사회로 되돌아가려는 움직임에서 자유롭지 못하다. 마찬가지로 사회 내부에서 개인의 자유를 보장하던 조건도 경직된 조직화와 전체주의적 통제를 낳는 조건을 극복하는 능력에서 불안정성을 보인다. 실제로 미래에 산업 문명의 존속을 위협할 모든 난제를 검토해보면 〔사회〕 안정성과 개인의 자유를 동시에 확보할 수 있을지 의심스럽다.[15]

이를 장기적 관점이라는 이유로 무시한다고 해도 오늘날 종교적, 정신적 가치를 무시한 채 진행 중인 '근대화, 현대화'가 실제로 납득할 만한 성과를 산출하고 있는가라는 현안이 남는다. 대중에 관한 한 그 성과는 참담하다. 농촌 경제가 무너지고, 소도시와 농촌에서 실업이 엄청나게 확대되었으며, 신체적·정신적 빈곤에 시달리는 도시 프롤레타리아가 늘어났기 때문이다.

바로 이와 같은 현재의 경험과 향후 전망에 비추어 정신적, 종교적 가치보다 경제 성장이 좀 더 중요하다고 믿고 있는 사람들에게 불교경제학 연구를 권유할 수 있다. 왜냐하면 불교경제학은 '근현대의 성장'과 '전통의 정체' 사이에서 선택하는 문제가 아니기 때문이다. 오히려 불교경제학은 물질주의자의 부주의heedlessness와 전통주의자의 부동성immobility 사이에서 올바른 발전 경로인 중도, 즉'올바른 생활'을 발견하는 문제다.

규모 문제[16]

5장

나는 역사에 대한 한 가지 해석을 교육받았다. 처음에 가족이 있고, 그 가족이 모여 부족을 만들며, 수많은 부족이 국가를 만들고, 국가가 모여 '연합Union'이나 이러저러한 '연방 국가United States'를 만들며, 마지막에는 단일한 세계 정부를 고대할 수 있다는 내용이었다. 이 그럴듯한 이야기를 들은 후 줄곧 〔역사 전개〕 과정에 특별한 관심을 쏟았지만 실제로는 민족 국가의 번영이라는 정반대 상황이 나타났다. 약 25년 전에 국제연합United Nations이라는 조직은 60여 개 가맹국으로 출범했지만 오늘날에는 그 수가 두배 이상 증가했으며 계속해서 증가하고 있다. 내 청년기에는 이러한 〔민족 국가의〕 번영 과정을 '발칸화Balkanisation'라고 불렀으며 아주 나쁘게 여겼다. 많은 사람이 '발칸화'가 나쁘다고 말했지만 이는 그 후 50년이 넘도록 전 세계 대부분의 지역에서 즐거운 분위기와 함께 지속되었다. 큰 단위는 작은 단위로 분열하기 마련이다. 이러한 현상은 우습게도 내가 배운 내용과 정반대인데 이를 인정하든 인정하지 않든지 간에 적어도 간과해서는 안 된다.

나는 국가가 번영하려면 커져야 한다는, 크면 클수록 좋다는 이론도 교육받았다. 이 역시 그럴듯해 보인다. 처칠이 '호밀빵 공국the pumpernickel principalities'이라 불렸던 비스마르크 이전의 독일과 비스마르크 이후의 제국을 살펴보라. 독일의 엄청난 번영은 통일을 통해서만 가능한 것이 아니었을까? 그런데 이 통일에 참여하지 않은 스위스와 오스트리아의 독일어권 지역도 마찬가지로 잘살고 있으며, 우리가 세계에서 가장 풍요로운 국가로 꼽는 나라도 대부분 아주 작은 국가이고, 세계의 큰 나라들은 대부분 실제로 매우 가난하다는 점을 발견할 수 있다. 우리는 이 문제를 생각해보아야 한다.

나는 '규모의 경제'라는 이론 역시 교육받았다. 이 이론에 따르면 국가와 마찬가지로 산업이나 기업에도 근현대 기술의 영향으로 그 단위가 점점 더 거대해진다는 필연적인 경향이 존재한다. 오늘날 과거보다 조직의 숫자가 늘어나고 그 규모도 더욱 커진 게 사실이다. 하지만 소규모 조직의 숫자도 늘어났고, 영국이나 미국 같은 나라에서도 소규모 조직이 분명 줄어들지 않았으며, 많은 소규모 조직이 높은 성과를 보이면서 사회에 진정 유용한 새로운 발전 성과의 대부분을 공급하고 있다. 여기서도 이론과 현실을 조화시키기는 쉽지 않으므로 이렇게 전반적인 규모 문제와 관련된 상황이 위의 세 가지 이론을 교육받은 사람들에게는 하나의 수수께끼임이 분명하다.

오늘날에도 사람들은 흔히 거대 조직이 피할 수 없는 현상이라고 말한다. 그러나 좀 더 살펴보면 거대 조직이 생겨나자마자 그 내부에서 곧바로 작은 조직을 만들려는 노력이 나타난다는 사실을 알 수 있다. 제너럴 모터스에서 슬론Alfred P. Sloan*이 이룩한 업적은 이 거대한 기업을 상당히 작은 규모의 회사 연합체로 구조 조정한 일이었다. 서유럽 최대 기업 중의 하나인 영국석탄공사British National Coal Board에서도 로벤스Alfred Robens 경이 총재이던 시절에 이와 비슷한 시도가 있었다. 그것은 바로 거대 조직의 통일성을 유지하면서도 수많은 '준기업quasi-firms'의 연합체라는 '분위기'나 느낌을 낳는 구조로 전환하는 일이었다. 거대한 단일체가 활발하면서도 반자율적인 단위들의 조화로운 통합체로 변모했으며 각 단위는 독자적인 추동력과 성취감을 가졌다. 실생활과 그리 가깝지 않은 이론가들은 대부분 아직도 대규모라는 우상 숭배에 빠져 있지만 현실 세계의 실무자들은 가능하다면 소규모 조직의 민첩성, 인간미, 유연성manageability을 이용해서 이익을 얻고자 갈망하고 노력한다. 이 역시 누구나 쉽게 관찰할 수 있는 움직임이다.

이제 우리의 주제를 또 다른 관점에서 접근하면서 실제로 무엇이 **필요**한지 물어보자. 사람의 일에는 항시 적어도 두 가지 요인이, 그것도 외관상으로는 양립 불가능하고 서로를 배제하는 것 같은 요인이 동시에 필요한 듯 보인다. 우리에게는 항시 자유와 질서가 필요하다. 소규모 자율적인 단위의 자유가 필요하지만 이

---

*   1923년에 제너럴 모터스의 사장이 된 인물.

와 동시에 대규모 조직(가능하다면 전 세계적인)의 통일성과 조화라는 질서도 필요하다. 행동이 문제될 때는 소규모 조직이 필요한데 행동은 매우 개인적인 일이어서 누구나 한꺼번에 제한된 숫자 이상의 사람을 만날 수 없기 때문이다. 그러나 이념, 원리, 윤리, 평화와 생태계의 불가분성 따위가 문제될 때는 인류의 통일성을 인정하고 여기에 기대어 행동할 필요가 있다. 다르게 말하면 모든 인간은 형제임이 분명하지만 현실의 인간관계에서는 소수만이 형제로 지낼 수 있으므로 인류 전체보다 이러한 소수의 사람에게 형제애를 보일 필요가 있다는 것이다. 우리는 이웃을 적으로 취급하면서도 형제애를 거리낌 없이 말하는 사람도 알고 있고, 가까운 동료 이외의 사람들에게는 심한 편견을 갖고 있으면서도 모든 이웃과 더할 나위 없이 좋은 관계를 유지하는 사람도 알고 있다.

여기서 강조하고 싶은 것은 규모가 문제될 때 인간의 요구 조건이 **이중성**을 띠므로 **하나**의 답변이 존재하지 않는다는 점이다. 인간은 목적에 따라 다양한 구조를 요구한다. 이를테면 작으면서도 큰 것, 어느 정도 배타적이면서도 포괄적인 것 말이다. 그러나 사람들은 모순처럼 보이는 두 가지 진리를 동시에 마음속에 품는 일이 아주 어렵다는 사실을 알게 된다. 사람들은 언제나 [이중적인 요구에 대한] 최종적인 해결책을 큰 소리로 갈망하곤 하지만 이는 마치 실제 인생에서 죽음이 아닌 또 다른 최종적인 해결책을 발견할 수 있다는 것과 같다. 건설적인 작업을 위해서는 언제나 어떤 종류의 균형을 회복하는 일이 근본적으로 필요하다. 오늘날 거의 모든 사람이 거대주의gigantism라는 우상 숭배로 고통을 겪는다. 그러므로 작은 것(이것이 적용되는 곳에서)의 미덕을 고집하는 게 필요하다(만일 주제나 목적과 상관없이 작은 것을 맹목적으로 숭배한다면 이와 정반대 방향으로 영향력을 행사하고자 노력해야 한다).

또 다른 방식으로 규모의 문제에 접근할 수도 있다. 그런데 이 문제를 다룰 때는 언제나 사물을 판별하고 구별하는 일이 요구된다. 어느 행동이나 그에 적합한 규모가 있으며, 좀 더 많은 적극성과 친밀함을 요구하는 행동일수록 그에 참가하는 사람들은 줄어들고, 적절한 관계망은 많아진다. 교육을 보자. 기자재를 이용하는 교육 방법이 다른 교육 방법보다 우월한지를 두고 수많은 논쟁이 존재한다. 이제 이 문제를 구분해보자. 우리는 무엇을 가르치려 하는가? (이런 의문을 품는 순간) 우리는 곧바로 매우 친밀한 소집단에서만 가르칠 수 있는 내용이 있고 라디오나 텔레비전 또는 교육 기자재를 이용하여 많은 사람에게 가르칠 수 있는 내용이 있다는 사실을 깨닫는다.

어떤 규모가 적당한가? 그것은 우리가 하려는 일에 따라 다르다. 오늘날 규모 문제는 거의 모든 분야에서 아주 중요하며 정치, 사회, 경제 영역에서도 그러하다. 예를 들어 적절한 도시 규모는 어느 정도인가? 다음과 같이 물을 수도 있다. 적절한 국가 규모는 어느 정도인가? 오늘날 이 질문들은 심각하면서도 어려운 문제다. 컴퓨터 프로그램을 이용해서 해답을 끌어낼 수도 없다. 실질적으로 심각한 인생 문제는 계산할 수 없다. 우리는 무엇이 옳은지를 직접 계산할 수 없다. 그러나 무엇이 틀렸는지는 아주 잘 안다! 우리는 극단적인 상황에서는 옳고 그름을 인식할 수 있지만 통상적으로 '이것은 5퍼센트 부족하다'든가 '저것은 5퍼센트

남는다'는 식으로 세밀한 판단을 내릴 수는 없다.

　도시 규모라는 문제를 보자. 이 문제를 정확히 판단할 수는 없지만 나는 도시 규모의 적절한 상한선을 인구 50만 명 정도라고 생각한다. 이 선을 넘으면 그 어떤 도시의 장점도 나타나지 않을 게 분명하다. 런던이나 도쿄, 뉴욕 따위의 도시에서는 수백만 명이 도시의 실질적인 가치를 높이기는커녕 단지 **엄청난** 문제들을 야기하면서 인간을 타락시킬 뿐이다. 따라서 50만 명 정도를 상한선으로 여길 수 있다. 현실적으로 도시의 하한선 문제는 판단하기가 훨씬 더 어렵다. 역사상 가장 좋은 도시들은 20세기 기준에 비추어보면 아주 작았다. 물론 도시의 문화를 위한 수단과 제도는 어느 정도 부의 축적을 전제한다. 얼마나 많은 부가 축적되어야 하는가는 추구하는 문화 유형에 따라 달라진다. 철학과 예술, 종교를 위해 필요한 비용은 정말로 아주 적다. 이와 달리 '고도의 문화'라고 주장되는 유형, 예를 들면 초현대적인 우주 연구에는 큰 비용이 필요하지만 이는 실질적인 인간의 욕구와는 거리가 있다.

　적절한 도시 규모 문제를 제기하는 것은, 이 문제 자체에도 흥미가 있지만 이것이 국가 규모를 생각할 때도 가장 적절한 지점이라고 판단하기 때문이다.

　지금까지 설명한 거대주의라는 우상 숭배는 (특히 운송과 통신 영역에서) 근현대 기술을 낳은 주요 원인이라고 추측할 수 있다. 하지만 그 결과는 분명하다. 고도로 발달한 운송과 통신 체계가 엄청나게 강력한 영향을 미치고 있는데 그 결과 사람들은 **뿌리 뽑힌**footloose 존재가 되었다.

수백만 명의 사람이 도시의 불빛에 이끌려 농촌 지역이나 소도시를 버리고 대도시로 옮겨가 [도시의] 병적 성장을 야기하고 있다. 이 모든 현상을 가장 전형적으로 보여주는 국가인 미국을 살펴보자. 사회학자들은 '메갈로폴리스megalopolis'를 연구한다. 이제는 '메트로폴리스'도 충분히 큰 게 아니므로 '메갈로폴리스'가 생겨난 것이다. 사회학자들은 미국 인구의 양극화를 자유롭게 언급하면서 [미국을] 세 개의 거대한 메갈로폴리스 지역으로 구분한다. 보스턴에서 워싱턴까지 건물이 계속 이어지는 인구 6,000만 명의 지역, 6,000만 명이 사는 시카고와 그 부근 지역, 샌프란시스코에서 샌디에이고까지 건물이 계속 이어지는 인구 6,000만 명의 서해안 지역으로 말이다. 이에 미국의 나머지 지역은 실제로 인구가 거의 없는 버려진 농촌 소도시가 되어 거대한 트랙터와 콤바인, 대량의 화학 물질로 경작하는 토지로 남겨졌다.

사회학이 그려내는 미국의 미래상은 좀처럼 바람직하지 않다. 그러나 이것은 우리가 좋아하든 좋아하지 않든지 간에 사람들이 뿌리를 뽑힌 결과이며 경제학자들이 무엇보다 소중하게 여기는 놀랄 만한 노동자 이동의 결과이다.

이 세상에 존재하는 것은 모두 **구조**를 갖는다. 그렇지 않으면 혼돈이다. 대량 운송이나 대량 통신이 나타나기 전에는 구조가 단순했다. 당시 사람들은 비교적 이동이 없었기 때문이다. 물론 이동하길 원하는 사람들은 그렇게 행동했다. [6세기에서 8세기까지] 아일랜드의 성지들saints이 유럽 선 지역으로 이동한 것을 생각해보라. 당시에도 통신 수단과 이동이 있었지만 뿌리뽑힘은 없었다. 그러나 오늘날에는 상당히 많은 구조가 붕괴하여 어떤 국가는 불안정하게 짐을 실은 대형 화물선과 같다. 배가 기울면 모든 짐이 한쪽으로 쏠리면서 배가 침몰한다.

전 인류에게 **국가**는 당연히 구조의 중심 요소 중 하나일 것이다. 아울러 **경계선**, 즉 국경도 구조화(이 용어를 사용할 수 있다면)의 주요 요소나 수단 가운데 하나일 것이다. 과거, 즉 기술적 개입이 나타나기 전에 경계선의 의미는 거의 전적으로 정치와 왕조의 문제였다. 경계선은 전쟁을 위해 얼마나 많은 사람을 징병할 수 있는가를 결정하는 정치권력의 경계였다. 경제학자는 이러한 경계선이 경제적 장벽이 되는 상황에 대항해서 싸웠고 그 결과가 자유무역 이데올로기였다. 하지만 당시에는 사람이나 물건이 모두 뿌리뽑힌 존재가 아니었으며, 사람과 재화가 지역을 벗어나 움직일 수 없을 정도로 운송비가 비쌌다. 산업 시대 이전의 무역은 필수품의 거래가 아니라 보석, 귀금속, 사치품, 향료, (슬픈 일이긴 하지만) 노예 따위의 거래였다. 기본적인 생활필수품은 당연히 내부에서 생산했다. 재난을 당한 시기가 아니라면 인구 이동은 아일랜드의 성직자나 파리대학의 학자들처럼 아주 특별한 이유가 있는 사람들에 국한된 일이었다.

그러나 오늘날에는 모든 사물과 사람이 이동한다. 모든 구조가 위협받는 전례 없을 정도로 위험한 상황이다.

케인스 경이 치과 의사 같은 겸손한 직업이 되는 것에 만족하기를 원했던 경제학은 갑자기 가장 중요한 주제로 부상했다. 경제정책은 정부의 관심을 거의 독점하고 있으며 동시에 점점 더 무력해지고 있다. 50년 전만 해도 어렵지 않게 할 수 있었던 가장 단순한 일조차 이제는 더는 어찌할 수 없다. 사회가 부유해질수록 가치 있지만 당장 수지타산이 맞지 않는 일을 하는 것이 점점 더 불가능해진다. 경제학은 외교 정책도 좌지우지한다. 사람들은 "그래, 이런 사람들과 함께하기 싫지만 경제적으로 의존하고 있기 때문에 부드럽게 대해야 한다"고 말한다. 경제학이 윤리 전체를 삼켜버리고 그 밖의 모든 인간적인 고려 사항보다 중시되는 상황이다. 이는 분명 병적인 발전이다. 그 원인은 물론 많겠지만 그중 누구나 분명히 알 수 있는 것은 운송과 통신 분야에서 나타난 근현대 과학 기술의 엄청난 성과다.

사람들은 빠른 운송과 동시적인 통신이 자유의 새로운 지평을 열어주었다(물론 사소한 측면에서는 그럴 것이다)고 쉽게 믿는다. 그러면서도 이러한 기술적 성과의 파괴 효과를 완화하기 위해 의식적으로 정책을 고안하고 행동하지 않는 한 모든 것이 몹시 위태롭고 불안정해져 자유 또한 파괴되리라는 점은 보지 못한다.

오늘날 이러한 파괴 효과는 큰 나라에서 분명 좀 더 심각하다. 앞서 보았듯 경계선은 '구조'를 산출하므로 누군가 경계선을 넘어 조국을 버리고 외국에 정착한다는 것은 조국 안에서 이동하는 것보다 훨씬 더 큰 의사 결정이기 때문이다. 그러므로 뿌리뽑힘의 문제는 나라가 클수록 점점 더 심각해진다. 뿌리뽑힘의 파괴 효과는 부국과 빈국 모두에서 볼 수 있다. 미국 같은 부국에서 뿌리뽑힘은 앞서 언급한 '메갈로폴리스'를 산출한다. 그것은 또한 빠르게 증가하면서 점점 더 다루기 힘들어지는 '낙오자' 문제, 즉 뿌리뽑혀 사회 어느 곳에서도 제자리를 찾을 수 없는 사람들을 양산한다. 이런 현상과 직접적으로 연결되어 범죄, 소외, 스트레스, 가족 해체와 같은 무시무시한 문제 역시 야기한다. 빈국(다시 한번 말하지만 가장 큰 나라에서도 빈곤이 아주 심각하다)에서 뿌리뽑힘은 도시를 향한 대량 이주와 대량 실업을 야기하며 농촌에서 활력을 앗아가 굶주림의 위협을 불러일으킨다. 그 결과는 내부 응집력도 없이 극도의 정치적 불안정성에 시달리는 '이중 사회'다.

페루를 예로 들어보자. 페루의 수도 리마는 태평양 연안에 있는데 겨우 50년 전인 1920년대 초만 해도 인구가 17만 5,000명이었다. 그런데 오늘날 그 인구는 300만 명에 근접했다. 한때 아름다운 스페인풍 도시였던 리마 도처에 슬럼가가 존재하며 안데스산맥까지 이어지는 빈곤 지대가 그 주변을 에워싸고 있다. 하지만 여기에 그치지 않는다. 농촌에서 매일 1,000명꼴의 사람이 밀려들지만 대처 방안을 아는 사람이 아무도 없다. 주변에 사는 사람들의 사회 구조나 심리 구조는 이미 붕괴된 상황이다. 사람들은 뿌리뽑힌 채 매일 1,000명꼴로 수도에 밀려와 경찰의 구타에도 아랑곳하지 않고 공터에 눌러앉아 움막을 짓고 일자리를 찾는다. **이들에 대처할 방안을 아는 사람은 아무도 없다.** 유입을 막는 방법을 아는 사람이 아무도 없는 것이다.

1864년에 비스마르크가 덴마크의 일부가 아닌 전 지역을 합병하고 난 후 어떤 일도 일어나지 않았다고 상상해보자. 독일 내 소수 민족이 된 덴마크인은 독일어를 공용어로 받아들여야 하므로 이중 언어를 사용하여 자기 언어를 지키고자 노력했을 것이다. 그러나 덴마크인이 이류 시민에서 벗어나는 길은 오직 자신을 완벽한 독일인으로 만드는 것뿐이다. 가장 패기 있고 활동적인 덴마크인이 완벽한 독일인이 되어 남쪽의 본토로 이주하려는 거역하기 힘든 움직임이 존재했다면 (덴마크의 수도인) 코펜하겐의 지위가 어떻게 되었겠는가? 코펜하겐은 변방의 지방 도시가 되었을 것이다. 또는 벨기에를 프랑스의 일부라고 상상한다면〔벨기에의 수도인〕브뤼셀의 지위는 어떻게 될 것인가? 역시 별 볼 일 없는 지방 도시가 되었을 것이다. 이 문제를 더 설명할 필요는 없다. 이제 독일의 일부인 덴마크와 프랑스의 일부인 벨기에가 갑자기 독립을 요구하는 '국가'라는 매력적인 명칭으로 전환됐다고 상상해보자. 이 '비국가들'은 경제적으로 자립할 수 없을 것이며, 어느 저명한 정치 평론가가 말했듯이 그들의 독립 요구는 "애송이의 감정, 정치적 미숙, 엉터리 경제학, 얄팍한 기회주의"라는 강렬한 주장을 끊임없이 맞닥뜨렸을 것이다.

소규모 독립국의 경제를 어떻게 말할 수 있는가? 문제가 안 되는 문제를 어떻게 토론할 수 있는가? 문제가 되는 것은 국가나 민족의 생존 가능성viability 같은 것이 아니라 오직 사람들의 생존 가능성뿐이다. 여러분과 나 같은 실제 사람들은 제 발로 서서 살아갈 수 있을 때 비로소 생존이 가능하다. 당신이 생존 불가능한 사람을 많이 모아서 거대한 공동체를 만든다고 그들이 생존 가능해지는 것은 아니며, 생존 가능한 사람으로 구성된 거대한 공동체를 좀 더 친밀하면서 단합이 잘 되고 관리하기도 쉬운 수많은 소집단으로 분할한다고 해서 이들이 생존 불가능해지는 것도 아니다. 이 모든 것은 너무도 명백하여 더는 논의할 여지도 없다. 누군가는 "하나의 부유한 지방province과 몇 개의 가난한 지방으로 구성된 국가에서 부유한 지방이 분리 독립한다면 어떤 일이 벌어지겠는가?"라고 질문할 수도 있다. 가장 그럴듯한 대답은 "별다른 일이 일어나지 않을 것이다"이다. 부유한 지방은 계속해서 부유할 것이며 가난한 지방은 계속해서 가난할 것이다. "하지만 분리되기 이전에 부유한 지방이 가난한 지방에 보조금을 주었다면, 어떤 일이 벌어지겠는가?" 그렇다면 보조금은 당연히 중단될 수 있다. 그러나 부자가 가난한 사람에게 보조금을 주는 일은 거의 없으며 전자가 후자를 착취하는 일이 훨씬 더 일반적이다. 부자들은 교역 조건을 이용해서 착취하므로 아마도 직접적으로 착취하지는 않을 것이다. 이들은 세금 수입의 재분배나 자그마한 자선으로 상황을 다소 모호하게 만들려고 하겠지만 최악의 경우에나 가난한 사람들과 관계를 끊으려고 할 것이다.

통상적으로는 이와 다르다. 가난한 지방은 부유한 지방과 분리되길 원하지만, 부자들은 국내의 가난한 사람들을 착취하는 것이 외국의 가난한 사람들을 착취하기보다 훨씬 쉽다는 것을 알고 있으므로 현상 유지를 원한다. 가난한 지방이 보조금을 잃어버리면서까지 분리하길 원한다면 여기에 어떻게 대처해야 하는가?

이는 의사 결정의 문제가 아니라 어떻게 생각해야 하는가의 문제다. 칭찬받고 존중받을 만한 소망이 아닌가? 우리는 사람들이 자유롭고 자립적인 인간으로 제 발로 서길 원하지 않는가? 그러므로 이 역시 '문제가 안 되는' 것이다. 모든 경험에 비추어볼 때, 나는 생존 가능성 문제가 결코 존재하지 않는다고 단언한다. 한 국가가 전 세계와 수출입을 하길 원한다고 해서 전 세계를 병합해야 한다는 주장이 성립하지는 않는다.

대규모 내부 시장이 절대적으로 필요하다는 주장은 어떠한가? 만일 '대규모'의 의미가 정치적인 경계선을 고려한 것이라면 이 역시 착각이다. 번성하는 시장이 가난한 시장보다 좋다는 것은 두말할 필요도 없지만 시장이 정치적 경계선 내부에 있는가 밖에 있는가에 따라 달라지는 것은 대체로 거의 없다. 이를테면 독일이 미국과 같은 매우 번성한 시장에 수많은 폭스바겐을 수출하길 원할 때, 미국을 병합한 후에야 비로소 수출할 수 있는 것은 아니다. 그러나 가난한 공동체나 지방이 부유한 공동체나 지방과 정치적으로 연결되어 있거나 정치적으로 지배받고 있다면 상황은 달라진다. 그 이유는 무엇인가? 인구 이동이 많고 뿌리가 뽑힌 사회에서는 불균형의 법칙이 균형의 법칙보다 훨씬 강하다. 성공이 성공을 낳고 실패가 실패를 낳는다. 그리하여 성공한 지방은 그렇지 못한 지방에서 활력을 앗아간다. 강자를 막는 보호벽이 없는 한 약자는 성공할 가능성이 없다. 그저 약한 상태로 머무르거나 강자에게로 이동하여 흡수되는 수밖에 없다. 효과적으로 자립할 수 있는 길이 없다.

20세기 후반의 아주 중요한 한 가지 문제는 인구의 지역적 분포, 즉 '지역주의' 문제다. 그러나 여기서 지역주의는 많은 국가를 자유 무역 체계에 결합시키는 것이 아니라, 그 반대로 국가 내부에서 모든 지역을 발전시키는 것을 지칭한다. 사실상 이것은 오늘날 모든 큰 국가가 안고 있는 과제agenda 중에서도 가장 중요한 과제다. 아울러 오늘날 작은 국가들에서 나타나는 수많은 민족주의, 자치와 독립을 요구하는 모습은 단지 지역 발전의 필요성에 대한 논리적이고 합리적인 응답일 뿐이다. 특히 빈국에서는 성공적인 지역 발전, 즉 수도를 제외한 모든 농촌 지역을 개발하려는 노력이 실현되지 않는 한 가난한 사람들에게 그 어떠한 희망도 없다.

이 노력이 실현되지 않는다면 가난한 사람들이 선택할 수 있는 길은 오로지 지금 있는 곳에서 여전히 비참하게 살거나 대도시로 이주하는 것뿐인데 후자를 선택하면 생활 조건이 훨씬 더 비참해질 것이다. 오늘날 경제학의 상투적인conventional 지혜가 가난한 사람들을 조금도 도와줄 수 없다니 참으로 기묘한 일이다.

경제학의 지혜는 항시 실제로 이미 부유하고 힘 있는 사람을 좀 더 부유하고 힘 있는 사람으로 만들어주는 정책만이 지속 가능하다는 것을 보여준다. 아울러 산업 개발이 농촌 지역이 아니라 가급적 수도나 또 다른 대도시에 인접한 곳에서 추진될 때만 수지타산이 맞는다는 점을 보여준다. 나아가 대규모 프로젝트가 소규모 프로젝트보다 언제나 경제적이며 자본 집약적인 프로젝트가 노동 집약적인 프로젝트보다 언제나 선호될 것이라는 점을 보여준다. 오늘날 경제학에 응용되는 경제 계산은 기업가가 인간 요소를 배제하길 강요한다. 기계는 인간처럼 실수하지 않기 때문이다. 이에 따라 기계화와 대형화를 위한 엄청난 노력이 나타나는데 이는 팔 것이라고는 자신의 노동밖에 없는 사람들이 가장 약한 교섭력을 갖고 있다는 사실을 의미한다. 오늘날 경제학이란 이름 아래 교육하는 내용에 담긴 상투적인 지혜는 가난한 사람들, 그것도 실질적으로 개발이 필요한 바로 그 사람들을 외면한다. 거대주의와 기계화의 경제학은 19세기적 조건과 사고방식을 그대로 이어받았으며 오늘날의 실질적인 문제를 해결할 능력은 조금도 없다. 재화가 아니라 인간을 향한 관심에 기초한 완전히 새로운 사고 체계가 요구된다(재화는 자연히 뒤따라 나올 것이다!). 이는 '대량 생산이 아니라 대중에 의한 생산'이라는 문구로 요약할 수 있다. 19세기에는 불가능했던 것이 오늘날에는 가능하다. 19세기에는 사실상 무시되었던 것(어쩔 수 없던 것은 아니었지만 적어도 그럴 만한 이유는 있었다)이 오늘날에는 믿을 수 없을 만큼 중요하다. 거대한 과학 기술의 잠재력을 의식적으로 빈곤과 인간의 타락에 맞서는 일에 이용하는 것, 국가와 여타 익명의 추상적인 단체anonymous abstractions가 아니라 현실적인 인간, 즉 개인, 가족, 소집단과 긴밀하게 접촉하면서 싸움을 진행하는 것 말이다. 이러한 문제 의식은 긴밀성을 제공할 수 있는 정치적, 조직적 구조를 전제한다.

민주주의, 자유, 인간의 존엄성, 생활 수준, 자아실현, 자기완성이라는 말들은 무엇을 의미하는가? 재화의 문제인가 인간의 문제인가? 물론 인간의 문제다. 하지만 인간은 서로를 이해할 수 있는 소집단에서만 자신의 정체성을 유지할 수 있다. 그러므로 우리는 소규모 단위의 다양성에 대처할 수 있도록 분절화된 구조an articulated structure를 생각하는 법을 배워야 한다. 이를 파악하지 못하는 경제학의 사고방식은 쓸모없는 것에 불과하다. 경제학의 사고방식이 자신의 폭넓은 추상 영역, 즉 국민 소득, 성장률, 자본 / 산출 비율, 투입 / 산출 분석, 노동자 이동, 자본 축적 따위를 극복할 수 없다면, 이 모든 영역을 넘어 빈곤, 좌절, 소외, 절망, 몰락, 범죄, 현실 도피, 스트레스, 혼잡, 추악함, 정신적 죽음 따위의 현실적인 인간의 모습과 대면할 수 없다면 경제학을 버리고 새롭게 시작하도록 하자.

새로운 출발이 필요하다는 것을 보여주는 '시대의 징후'는 실제로 충분하지 않은가?

2부

자원

최대의 자원, 교육

6장

인간은 오랫동안 지구 구석구석에서 생활하며 후손을 낳고 특정한 문화를 창조했다. 인간은 언제 어디에서나 생존 수단을 마련하고 무언가를 비축했다. 문명이 일어나 번성했지만 대부분 몰락하여 사라졌다. 여기서 문명이 사라진 이유를 논의하고 싶지는 않지만 부분적으로는 자원이 부족했기 때문이라고 말할 수 있다. 대부분 〔문명이 사라진〕 바로 그곳에 새로운 문명이 나타났는데 만일 이전에 단지 **물질적인** 자원만 부족했다면 이는 매우 난해한 일이다. 어떻게 이러한 자원을 원상 복귀할 수 있겠는가?

현재의 경험만이 아니라 모든 역사에 비추어볼 때, 기본적인 자원을 공급하는 것은 자연이 아니라 인간이다. 즉 모든 경제 개발의 결정 요인은 인간의 정신에서 나온다. 대담함, 창의성, 발명, 건설적인 행위는 한 분야가 아니라 수많은 분야에서, 그것도 한꺼번에 갑자기 나타난다. 누구도 이러한 활동들이 처음에 어디에서 시작되는지를 말할 수 없지만 우리는 그것을 지속하면서 좀 더 강화하는 방법은 알 수 있다. 바로 다양한 종류의 학교, 즉 교육 말이다. 교육이야말로 진정한 의미에서 가장 중요한 자원이다.

서구 문명이 항구적 위기 상황이라면 교육에 문제가 있다고 짐작하는 것도 무리는 아니다. 확신하건대 그 어떠한 문명도 〔서구 문명만큼〕 조직화된 교육에 에너지와 자원을 투자한 적이 없다. 아울러 우리는 다른 것은 믿지 않더라도 교육이 모든 일의 근본이며 또 그래야만 한다는 점을 확신한다. 사실상 우리는 모든 문제의 집결지the residual legatee로 취급할 정도로 교육을 너무도 강력하게 믿는다. 원자력 시대가 새로운 위험을 가져오고 유전공학의 등장이 남용이라는 새로운 문제를 불러일으켜 상업주의가 새로운 유혹을 야기한다고 해도, 틀림없이 그 해결책은 교육의 확장과 향상에 있을 것이다. 근현대의 생활 방식은 점점 더 복잡해지고 있는데 이는 모든 사람이 좀 더 수준 높은 교육을 받아야 한다는 것을 의미한다. 최근에 다음과 같은 이야기가 들리고 있다. "보통 사람들도 1984년까지는 로그표와 기초 미적분 개념을 이용하거나 전자, 쿨롱coulomb, 볼트 같은 용어들의 의미를 이해하는 데 한계를 보여서는 안 될 것이다. 나아가 펜, 자, 연필뿐 아니라 자기 테이프, 진공관, 트랜지스터까지 능숙하게 다룰 수 있어야 한다. 개인과 집단 사이의 정보 소통은 이에 따라 발달 수준이 결정된다." 무엇보다도 국제 상황이 교육에 엄청난 노력을 요구하는 듯 보인다. 이와 관련해서 찰스 스노Charles Snow 씨(오늘날에는 경)는 몇 해 전 자신의 대중 강연에서 다음과 같이 유명한 말을 남겼다.

"스스로 배우지 않으면 파멸하리라고 말하는 것은 사실 판단이라기보다 약간은 멜로드라마적인 표현이다. 스스로 배우지 않으면 인생이 급격하게 기우는 상황을 목격하리라는 말은 어느 정도 타당하다."

스노 경은 (교육 분야에서) 소련인이 분명히 가장 앞서 있으며 "미국인과 우리(영국인)가 현명하면서도 상상력을 돋우는 교육을 하지 않는 한, 그리고 그럴 때까지 압도적인 선두를 유지할 것"이라고도 말했다.

독자들이 떠올리듯이 스노 경은 '두 문화와 과학 혁명The Two Cultures and the Scientific Revolution'*을 이야기하면서 "서구 사회 전체의 지적 생활이 점차 두 개의 극단적인 집단으로 분할되어가면서 (…) 한쪽에는 인문적 지식인을 (…) 다른 쪽에는 과학자를 갖게 되었다"고 자신의 고민을 토로한 바 있다. 스노 경은 이 두 집단 사이에 '서로 이해할 수 없는 간극'이 놓여 있음을 한탄하면서 교량이 놓이길 원했다. 그가 이 '교량' 작업을 어떻게 생각하는지는 아주 분명하다. 그가 제시하는 교육 정책의 목표는, 첫째 '국가는 가급적 많은 수의 최상급 과학자들을 배출하고', 둘째 보조 연구, 고급 디자인 개발을 담당할 수 있는 '일급 전문가들을 좀 더 많이' 길러내며, 셋째 기타 '수많은' 과학자와 엔지니어들을 양성하고, 마지막으로 '과학자들이 말하고자 하는 바를 충분히 아는 정치가, 행정가, 공동체'를 육성하는 것이다. 스노 경은 이 중에서 네 번째 목표에 속하는 과학자와 엔니지어가 서로 말하는 바를 충분히 '이

---

* 스노 경의 책 제목이기도 하다.

해'할 수 있을 만큼 교육받는다면 '두 문화'의 서로 이해할 수 없는 간극 사이에 교량이 놓일 수 있다고 주장했다.

오늘날 이러한 교육관은 결코 특별하지 않다. 그러나 이 교육관은 우리에게 정치가와 행정가를 포함하는 보통 사람들이 실제로 그다지 쓸모가 없으며 게다가 낙제생이기 때문에 적어도〔과학기술 분야에서〕무슨 일이 일어나고 있는지, 과학자들이 (스노 경이 예로 들었던 것을 인용하자면) 열역학 제2법칙에 대해 말할 때 그 의미가 무엇인지를 충분히 알 수 있도록 교육받아야 한다는 불쾌한 느낌을 낳는다. 과학자들이 끊임없이 자신들의 작업 성과는 언제나 '중립적'이기에 인간에게 해가 될지 득이 될지는 오로지 작업 성과의 이용 방식에 따라 결정된다고 말하기 때문이다. 그것의 이용 방식을 누가 결정하는가? 과학자와 엔지니어는 교육 과정에서 이런 결정에 대해 조금도 배우지 않는다. 만약 배운다면 과학의 중립성은 어떻게 되겠는가?

오늘날 과학 기술의 진보에서 생겨난 문제들을 처리하는 데 교육의 힘에 의존하는 바가 그렇게 크다면 교육에는 스노 경이 주장하는 것 이상의 그 무엇이 존재해야 한다. 과학 기술은 노하우를 생산하지만 노하우 자체는 아무것도 아니다. 노하우는 목적 없는 수단이자 단순한 가능성이며 완성되지 않은 문장이다. 피아노가 음악이 아니듯 노하우는 문화가 아니다. 교육이 문장을 완성할 수 있게, 즉 가능성을 인간에게 유용한 현실로 전환할 수 있게 우리를 도와줄 수 있는가?

이를 위해서는 교육이 무엇보다도 먼저 가치관, 즉 어떻게 살아야 할 것인가에 대한 관념을 전달해야 한다. 물론 노하우를 전달하는 것도 필요한 일이겠지만 이는 부차적인 문제가 틀림없다. 왜냐하면 어떻게 살아야 할지에 대한 이성적인 관점이 있는지도 확실하지 않은 사람에게 상당한 권력을 넘겨주는 일은 분명히 어리석은 짓이기 때문이다. 오늘날 전 인류가 치명적인 위험에 직면해 있다는 사실은 거의 의심할 나위가 없는데 그 이유는 우리가 과학 기술의 노하우가 부족해서가 아니라 지혜를 결여한 채 이 지식을 파괴적으로 사용하려는 경향이 있기 때문이다. 좀 더 많은 교육은 교육이 좀 더 많은 지혜를 산출할 때만 우리에게 도움을 줄 수 있다.

교육의 본질은 가치를 전달하는 것인데 가치란 자신의 것이 되지 않는 한, 바꿔 말하면 우리 자신의 정신을 구성하는 부분이 되지 않는 한 우리의 인생을 이끌 수 없다. 이는 가치가 공식이나 교리 이상이고, 언제나 우리의 사고와 감정을 따라다니며, 우리가 세상을 바라보고 해석하고 체험하는 데 이용하는 수단 자체라는 것을 의미한다. 사람은 생각할 때 생각만 하지 않는다. 관념과 함께 생각한다. 우리의 정신은 백지상태, 즉 타불라라사tabula rasa가 아니다. 생각하기 시작했다면 이미 생각에 이용되는 온갖 종류의 관념이 정신에 들어 있기 때문에 그렇게 할 수 있는 것이다. 의식적이면서 비판적인 정신이 일종의 검열관이나 보호자로서 〔정신의〕 입구에서 행동할 수 있기 전인 청소년기 내내 관념이 정신에 스며들면서 쌓인다. 아마도 청소년기는 〔관념의〕 상속인에 불과한 암흑시대Dark Ages라고 말할 수 있을 것이며 청소년들은 한참이 지나고 나서야 비로소 상속받은 것을 분류하는 법을 점차 알 수 있을 것이다.

상속받은 것에는 첫째로 언어가 있다. 말은 관념이다. 암흑시대에 우리에게 스며들어온 것이 영국어English라면, 우리의 정신에 축적된 관념 집합은 중국어, 러시아어, 독일어, 또는 심지어 미국어로 표현되는 것과는 상당히 다르다. 말 다음으로 말을 엮어주는 규칙, 즉 문법이 있는데 이 역시 또 다른 관념 체계다. 관념 체계 연구는 몇몇 근현대 철학자를 강하게 매료시켜 이들이 철학 전체를 문법 연구로 환원할 수 있다고 생각할 정도다.

지금까지 모든 철학자와 다른 사람들은 언제나 **사고와 관찰의 결과**로 보이는 관념에 주목했지만 근현대 사회에서는 사고와 관찰에 필요한 도구인 관념 연구가 거의 이루어지지 않았다. 사소한 관념은 경험과 의식적인 사고에 기대어 쉽게 폐기 처분될 수 있지만 좀 더 민감한 관념은 바꾸기가 쉽지 않을 수 있다. 사실상 민감한 관념은 사고의 결과가 아니라 수단이므로 때로는 그것을 알아보는 것도 힘들다. 이는 마치 당신이 당신 밖에 있는 것은 볼 수 있지만 시각 기관인 눈 자체는 쉽게 볼 수 없는 것과 같은 이치다. 설령 알아볼 수 있다 해도 때로는 일상 경험에 기대어 민감한 관념을 판단하는 게 불가능할 수도 있다.

우리는 종종 타인의 정신 속에서 무의식적으로 사고에 **이용**되는 관념, 정도 차이는 있지만 고정된 관념을 발견한다. 우리가 이를 선입관이라 부르는 것은 논리적으로 상당히 타당하다. 왜냐하면 선입관은 정신 속에 스며든 것일 뿐 판단의 결과가 결코 아니기 때문이다. 일반적으로 '선입관'이라는 말은 선입관에 빠진 사람을 제외하면 누구나 분명히 잘못되었다고 인정하는 관념을 지칭하는 데 사용된다. 우리가 생각하기에 대부분의 관념은 여기에 속하지 않는다. 말과 문법에 결합된 관념처럼 진위 판단을 적용할 수 없는 관념도 있으며, 분명히 선입관이 아니라 판단의 결과인 관념도 있고, 좀처럼 인정하기 힘든 암묵적인 가정이나 전제도 있다.

그래서 나는 생각이란 관념을 **전제하거나 이용하는** 것이며 이른바 사고 작용이라 불리는 것은 대개 주어진 상황이나 사실 집합에 기존의 관념을 적용하는 것이라고 주장한다. 예를 들어 정치적 상황을 생각할 때, 우리는 이 상황에 자신의 정치관을 다소나마 체계적으로 적용하여 그를 '이해 가능한' 대상으로 만들고자 노력한다. 다른 경우도 비슷하다. 가치관도 관념에 속하므로 우리는 이 관념에 비추어 상황을 평가하기도 한다.

실제로 우리가 세계를 체험하고 해석하는 방식은 어떤 관념이 우리의 정신을 채우고 있느냐에 따라 크게 달라진다. 그 관념이 주로 작고 약하며 피상적이고 비일관적이라면 생활도 무기력하고 재미없으며 하찮고 혼란스럽게 보일 것이다. 그에 따른 공허감을 감당하기는 힘들다. 그래서 정치적인 것이든 아니든 간에 어떤 거창하면서도 환상적인 개념이 갑작스럽게 나타나 모든 것을 밝게 비추며 삶에 의미와 목표를 부여하는 듯 보이면 너무도 쉽게 정신의 공백을 이 개념으로 채운다. 바로 여기에 우리 시대의 커다란 위험 중 하나가 놓여 있는데 이는 더는 강조할 필요도 없으리라.

사람들이 교육을 요구할 때, 이는 보통 단순한 훈련 이상의 것, 단순한 사실 지식 이상의 것, 단순한 오락diversion 이상의 것을 의미한다. 물론 사람들은 자신들이 찾는 것을 정확히 표현하지 못할 수도 있다. 내가 보기에 이들이 실질적으로 찾고 있는 것은 세계와 자신들의 삶을 이해할 수 있도록 만들어줄 관념이다. 인간은 어떤 것이 이해되면 참여하려 하지만 그렇지 않을 때는 소외감을 느낀다. 누군가 "글쎄, 모르겠는데"라고 말했다면 그 말은 그가 대면하고 있는 세계를 이해할 수 없다는 무기력한 저항이다. 정신이 세계에 강력한 관념 집합, 또는 도구 상자라 말할 수 있는 것을 적용할 수 없다면 그 세계는 정신에 혼돈, 즉 서로 무관한 현상들이나 무의미한 사건들의 덩어리로 다가올 수밖에 없다. 이런 사람은 그 어떠한 종류의 지도나 표지판 또는 안내도 없이 문명의 흔적이 없는 낯선 지역에 놓인 사람과 같다. 그에게는 어떤 것도 중요하지 않으며 이해하도록 도와줄 만한 수단도 없다.

전통적인 철학은 모두 살아가면서 세계를 해석하는 데 이용할 질서정연한 관념 체계를 만들려는 시도다. 쿤Thomas Kuhn 교수는 다음과 같이 말했다.

"그리스인들이 생각한 철학은 인간의 정신이 기호의 세계를 해석하고, 인간을 포함하는 포괄적인 질서인 세계와 인간을 연결하려는 유일한 노력이다."

중세 후기의 고전 기독교 문화는 인간에게 매우 완전하면서도 놀라울 정도로 일관된 기호 해석, 즉 인간, 우주, 우주 내 인간의 위치 따위에 아주 정교한 모습을 제공하는 중요한 관념 체계를 주었다. 그렇지만 이 체계는 부서져 파편화되었으며 그 결과 좌절과 소외감을 남겼는데, 19세기 중엽의 키르케고르Sören Kierkegaard는 이를 다음과 같이 가장 분명하게 표현했다.

사람은 손가락을 대지에 대고 자신이 어떤 땅에 있는지 냄새 맡으려 한다. 나는 손가락을 우리의 존재existence에 대어본다. 그러나 거기서는 어떠한 냄새도 나지 않는다. 나는 어디에 있는가? 나는 누구인가? 어떻게 여기에 왔는가? 세계라 불리는 이것은 무엇인가? 이 세계는 무엇을 의미하는가? 나를 속여 이곳에 데려오고 나서 이토록 방치하는 사람은 누구인가? (…) 나는 어떻게 세계에 들어왔을까? 어째서 나는 내 의사와 무관하게 (…) 유괴범이나 영혼 매매꾼에게 팔린 사람처럼 취급되는 것일까? 어째서 나는 사람들이 현실이라 부르는 이 대기업의 관계자가 되었을까? 그것은 자발적인 관심사가 아닌가? 만일 어쩔 수 없이 그렇게 된 것이라면, 관리인은 어디에 있는가? (…) 나는 어디에 불만을 하소연해야 할 것인가?

아마도 관리인조차 없으리라. 러셀Bertrand Russell은 우주 전체가 "원자들의 우연한 배열"이라고 말하면서 다음과 같이 주장했다. "이런 결론을 이끌어낸 과학 이론들은 약간의 논란이 없는 것은 아니지만 거의 확실한 것이므로 과학 이론을 거부하는 철학은 결코 존립할 수 없다. (…) 앞으로는 오로지 절망에 굴하지 않는 굳건한 태도 위에서만 영혼의 서식처가 안전하게 세워질 수 있다."

천문학자인 호일Fred Hoyle 경은 "우리가 놓인 참으로 무서운 상황"을 언급하면서 "이토록 기이한 우주에는 우리의 존재가 실제로 얼마나 중요한지를 살펴볼 수 있는 실마리조차 거의 없다"

고 말했다.

오늘날 실존주의 철학이나 문학에서 알 수 있듯이 소외는 고독, 절망, '허무와의 만남encounter with nothingness', 냉소주의, 공허한 반항적 태도 따위를 낳는다. 혹은 앞서 언급했듯이 소외는 현실을 괴물같이 단순화해 모든 문제를 해결하는 것처럼 보이는 이상한 가르침에 갑작스럽고도 맹렬히 빠져들게 만든다. 그렇다면 소외의 원인은 무엇인가? 오늘날처럼 과학이 승리한 적은 없었다. 나아가 오늘날처럼 환경을 지배하는 인간의 힘이 완벽한 적도, 인류의 진보가 빨랐던 적도 없었다. 키르케고르 같은 종교학자만이 아니라 러셀이나 호일 같은 선구적인 수학자나 과학자까지 절망으로 몰아넣은 것이 노하우의 부재일 수는 없다. 우리는 많은 것을 할 수 있는 방법을 알고 있다. 하지만 무엇을 해야 하는지도 알고 있는가? 오르테가 이 가세트Ortega y Gasset는 이 상황을 간단하게 정리했다.

"우리는 관념 없이는 인간답게 살 수 없다. 무엇을 해야 하는가는 이 관념에 따라 결정된다. 산다는 것은 다른 일 대신에 어떤 일을 한다는 것 그 이상도 이하도 아니다."

그렇다면 교육이란 무엇인가? 교육은 인간이 어떤 일과 다른 일 사이에서 선택할 수 있도록 해주는, 즉 오르테가의 말을 다시 한번 인용하자면 "무의미한 비극이나 내면적인 수치, 그 이상의 것인 삶을 살아갈 수 있도록 해주는" 관념을 전달하는 것이다.

예를 들어 열역학 제2법칙을 안다는 것이 위와 같은 측면에서 우리에게 얼마나 도움이 될 수 있는가? 스노 경은 지식인들이 '과학자의 무식'을 한탄할 때, 가끔 자신은 "이들 가운데 몇 명이나 열역학 제2법칙을 설명할 수 있는가?"라고 묻는다고 말했다. 그는 질문의 답이 보통 냉담하면서 부정적이라고 덧붙였다. 나아가 "그래, 나는 '셰익스피어의 작품을 읽어본 적이 있는가'라는 질문과 동등한 과학상의 질문을 한 것이다"라고 언급했다. 이러한 발언은 근현대 문명의 전체 토대에 도전하는 것이다. 중요한 것은 우리가 세계를 체험하고 해석하는 데 함께하고 이용하는 관념의 도구 상자다. 열역학 제2법칙은 다양한 유형의 과학적 탐구에 적합한 하나의 작업가설 이상이 아니다. 하지만 셰익스피어의 작품은 이와 다르다. 거기에는 인간 존재의 위대함과 비참함을 보여주는 인간의 내적 발전에 관한 가장 중요한 관념들이 차고 넘친다. 어떻게 이 두 가지를 똑같이 취급할 수 있는가? 만일 내가 열역학 제2법칙을 들어본 적이 없다면 인간으로서 무엇인가를 잃어버린 것인가? 결코 그렇지 않다.[17] 한편 셰익스피어를 알지 못한다면 무엇인가 잃어버린 것인가? 다른 작가에게서 가르침을 받지 않는 한, 간단히 말해 삶을 잃어버린 것이다. 아이들에게 어느 것이나 서로 비슷하게 좋은 것이므로 물리학과 문학을 조금씩이라도 익히라고 말해야 할까? 그러면 어버이의 죄가 3, 4대 자손에게까지 미칠 것이다. 왜냐하면 어느 관념이 탄생하여 새로운 세대의 정신을 채우고 **그것을 이용해서** 정신이 사고할 수 있는 완전한 성숙기에 이르기까지 통상적으로 그만큼 시간이 걸리기 때문이다.

과학은 우리가 살아가는 데 필요한 관념을 생산할 수 없다. 가장 위대한 과학 사상이라 할지라도 특별한 연구 목적에는 유용하지만 삶의 태도와 세계 해석에는 결코 적용할 수 없는 작업가설일 뿐이다. 따라서 인간이 소외감을 느끼고 좌절했기 때문에, 자신의 인생이 덧없고 무의미한 것처럼 보이기 때문에 교육을 찾는다고 할지라도, 그는 자연과학을 탐구하는 것, 즉 노하우를 습득하는 것으로 자신이 원하는 것을 찾을 수 없다. 물론 과학 연구에 독자적인 가치가 있다는 사실을 과소평가할 생각은 없다. 과학은 우리에게 자연계나 공학적인 환경에서 사물이 어떻게 작동하는가에 대해 많은 것을 말해준다. 그러나 과학은 우리에게 삶의 의미에 대해서는 어떤 것도 말해주지 않으며 인간의 소외나 마음속 깊은 곳의 절망감을 결코 치유하지 못한다.

그렇다면 우리는 어디로 눈을 돌려야 하는가? 과학 혁명과 과학의 시대에 살고 있다는 말을 수없이 들었겠지만 이른바 인문학으로 눈을 돌려야 할 듯 보인다. 운이 따른다면 바로 여기서 정신을 충만하게 할 위대하고 중요한 관념, 즉 사고의 도구가 되고 세계, 사회, 인생을 이해 가능한 것으로 만들어줄 관념을 발견할 수 있다. 오늘날 발견할 수 있는 주요 관념에는 무엇이 있는지 알아보자. 완벽한 목록을 만들 수는 없으므로 여기서는 여섯 가지 지배적인 관념을 열거하는 데 그칠 것이다. 이들은 모두 19세기에 생겨났는데, 내가 아는 한 오늘날에도 여전히 '교육받은' 사람들의 정신을 지배하고 있다.

1. 낮은 형태에서 높은 형태로 자연스럽고 자동적인 과정을 거쳐 끊임없이 발전했다는 진화관이 있다. 이 관념은 지난 100여 년 동안 현실의 모든 측면에 예외 없이 체계적으로 적용되었다.

2. 경쟁, 자연 선택, 적자생존에 대한 관념이 있는데 이들은 자연스럽고 자동적인 진화와 발전 과정을 설명한다.

3. 인류의 전체 역사를 계급 투쟁의 역사로 취급하면서 종교나 철학, 예술 따위와 같은 인간 생활의 모든 고도의 표현 형태 higher manifestations(마르크스가 '인간 두뇌 속의 환상'이라고 불렀던)는 '물질적인 생명 과정에 필요한 부속물'일 뿐이며, 경제적 이해관계를 은폐하거나 추진하기 위해 만들어진 상부구조라고 주장하는 관념이 있다.

4. 인간 생활의 모든 고도의 표현 형태에 대한 마르크스주의 해석에 반대하는 관념으로 여겨질 만한 것으로, 문명의 표현 형태를 무의식의 어두운 충동으로 해석하고, 이 충동을 주로 유아기와 사춘기에 충족되지 못한 근친상간 욕망의 산물로 설명하는 프로이트의 해석이 있다.

5. 일반적인 상대주의 관념으로, 이 관념은 모든 절대적인 것을 부정하고 모든 규범과 기준을 해체하며, 마침내 실용주의로 이어지면서 진리의 관념마저 완전히 버리며, 오늘날 수학에도 영향을 미치고 있다. 러셀은 상대주의 관념을 "자신이 말하는 것을 스스로 알지 못하거나 자신이 말하는 것이 진리인지를 스스로 알지 못하는 학문"이라고 정의한 바 있다.

6. 마지막으로 오늘날 승리를 누리는 실증주의 관념이 있다. 실증주의는 타당한 지식은 오로지 자연과학적 방법으로만 확보할 수 있으며, 어떤 지식이든 일반적으로 관찰 가능한 사실에 기반을 두지 않는 한 진리가 아니라고 주장한다. 달리 말해서 실증주의는 '노하우'에만 관심을 보일 뿐 어떠한 종류의 의미나 목적에 대한 객관적인 지식의 가능성은 부정한다.

위의 여섯 가지 '위대한' 관념이 지닌 힘과 영향력은 누구도 부정하지 못할 것이다. 이들은 협소한 경험주의의 산물이 아니다. 사실 탐구를 아무리 많이 하더라도 이들 중 그 어느 것도 검증하지 못한다. 이들은 미지의 세계나 불가지의 세계로 상상력이 엄청나게 도약하는 것을 보여준다. 물론 그 도약은 관찰된 사실이라는 조그마한 출발대에서 시작되었다. 이 관념들이 진리의 중요한 요소를 포함하지 않았다면 오늘날 보여주는 모습처럼 사람들의 정신에 견고하게 뿌리내리지는 못했을 것이다. 그러나 이들 관념의 본질적인 특징은 보편성을 주장한다는 점이다. 진화론은 성운에서 호모 사피엔스에 이르는 물질적인 현상만이 아니라 종교나 언어와 같은 온갖 정신 현상까지 모든 것을 설명하려 한다. 경쟁, 자연 선택, 적자생존도 하나의 관찰 결과가 아니라 보편적인 법칙이라 설명한다. 마르크스는 역사의 일부가 계급 투쟁으로 구성되었다고 말하지 않는다. 오히려 그는 '과학적 유물론scientific materialism'이라는 그다지 과학적이지도 않은 관념을 통한 부분 관찰을 '지금까지 존재한 모든 사회의 역사'에 버금가는 것으로 확장한다. 프로이트 역시 수많은 임상 관찰 결과를 보고하는 데 만족하지 않고, 이를테면 모든 종교를 강박증에 불과하다고 단정하면서 행위 동기에 대한 보편적 이론을 펼쳐 보인다. 물론 상대주의와 실증주의도 순전히 형이상학적인 교리인데 자신을 포함한 모든 형이상학의 타당성을 부정한다는 점에서 독특하면서도 역설적인 특징을 갖는다.

비경험적이며 형이상학적인 성격을 갖는다는 점 말고 여섯 개의 '거대한' 관념에 어떠한 공통점이 있을까? 이들은 모두 높은 차원과 낮은 차원의 구분을 부정하지 않을 때도 이전에 높은 차원이라고 인정되었던 것이 실질적으로는 '낮은 차원'의 것을 좀 더 미묘하게 표현하는 것에 '불과'하다고 주장한다. 그래서 인간은 우주의 다른 존재들처럼 실질적으로 원자의 우연한 배열에 불과한 것이 된다. 인간과 돌의 차이는 기만적인 외모 정도이다. 인간이 만들어낸 최고급 문화도 위장된 경제적 탐욕이거나 성적 억압의 표현일 뿐이다. 어쨌든 인간이 '낮은 차원'보다 '높은 차원'을 지향해야 한다고 주장하는 것은 의미 없는 짓이다. 왜냐하면 '높은 차원'이나 '낮은 차원'같이 순전히 주관적인 용어는 그 의미가 이해되지 않으며 '해야 한다'는 말은 단지 권위주의적 과대망상을 보여주는 기호이기 때문이다.

19세기 선조들의 관념이 20세기 후반을 사는 3, 4대 후손에게로 계승되었다. 창시자에게는 이 관념이 단순히 지적 탐구 과정의 결과였다. 3, 4대 후손에게는 이 관념이 세계를 체험하고 해석하기 위한 수단이자 도구이다. 새로운 관념을 만들어낸 사람들은 그 관념에 거의 통제당하지 않는다. 그러나 3, 4세대가 지난 후, 관념이 언어를 포함하는 거대한 덩어리의 일부가 되어 '암흑시대'의 인간 정신에 스며들면 인간의 삶을 지배하기 시작한다.

오늘날 서구 세계에서 19세기 관념들은 실제로 교육받은 사람이든 그렇지 않은 사람이든 모든 사람의 정신에 견고하게 뿌리를 내리고 있다. 하지만 교육받지 못한 사람들에게는 이 관념들이 여전히 혼란스럽고 불투명하며 세계를 이해 가능한 것으로 만들어줄 만한 힘도 없다. 그렇기 때문에 교육, 즉 우리를 혼란스러운 무지라는 어두운 숲에서 밝은 이해의 빛으로 인도해줄 그 무엇인가를 갈망하는 것이다.

앞서 언급했듯 이 갈망은 순수한 과학 교육만으로 충족되지 않는다. 과학은 노하우에 대한 관념만을 취급하지만 우리는 세상의 모습과 어떻게 살아야 하는가를 탐구할 필요가 있기 때문이다. 특정 과학을 배운다 해도 그 과학은 너무도 특수하고 전문화된 것이어서 우리의 폭넓은 목적에는 적합하지 않다. 그래서 우리는 오늘날 중요한 대관념들을 분명히 파악하기 위해 인문학에 눈을 돌린다. 물론 인문학도 자연과학에서 얻을 수 있는 관념처럼 〔우리의 목적에〕 적합하지 않은 자그마한 관념들을 정신에 공급하는 전문화된 학제에 빠져들 수 있다. 그러나 다행스럽게도 (정말로 운이 좋다면) '우리의 정신을 씻어주고' 여러 가지 관념, 지금까지 우리의 정신 속에 존재한 보편적인 '대'관념을 명쾌하게 설명해주며 세계를 이해 가능한 것으로 만들어줄 스승을 만날 수도 있다.

실로 이러한 과정이 '교육'이라 불릴 만한 것이다. 오늘날 우리는 교육에서 무엇을 얻고 있는가? 하나의 세계관, 즉 세계가 어떠한 의미나 목적도 없는 황무지이고, 그 속에서 인간의 의식은 불행한 우주의 우연이며, 궁극적인 결과는 오로지 불안과 절망뿐이라는 관점이다. 만일 인간이 실질적인 교육으로 오르테가가 '우리 시대의 정상'이나 '우리 시대 관념의 정상'이라 부른 것에 가까스로 도달할 수 있다 하더라도 결국 허무의 심연에 빠질 것이다. 사람들은 다음과 같은 바이런의 시구를 읊조리고 싶을 수도 있다.

지식이 슬픔임을 가장 잘 아는 사람은
지식의 나무가 생명의 나무가 아니라는

그 중요한 진리를 누구보다도 심각하게 애도해야 한다네.

바꿔 말하면 사람들을 우리 시대 관념의 정상으로 이끌어주는 인문학 교육 역시 '기대에 부합되는' 것일 수 없다. 사람들이 정정당당하게 찾는 것은 풍요로운 삶이지 슬픔이 아니기 때문이다.

무슨 일이 일어난 것일까? 어떻게 이런 일이 가능할까?

이런 현상은 19세기의 주도적인 관념들이 형이상학을 폐기처분하라고 주장하지만 사실 그것들 자체가 질이 나쁘고 생명을 파괴하는 유형의 형이상학이기 때문에 생긴다. 우리는 지금 중병을 앓듯이 이들 때문에 고통받고 있다. 지식이 슬픔이라는 건 옳지 않다. 그러나 독성이 강한 오류가 3, 4대 후손에게 무한한 슬픔을 안겨주고 있다. 오류는 과학 자체에 있는 게 아니라 과학이라는 이름으로 제시되는 철학에 있다. 질송Etienne Gilson은 20여 년 전에 다음과 같이 말했다.

이러한 발전은 결코 필연적인 게 아니었다. 그러나 자연과학의 점진적인 성장이 그것을 점점 필연성에 가깝게 만들었다. 사람들이 과학의 실제 결과에 점점 더 관심을 보이는 것 자체는 자연스러우면서도 정당하지만, 사람들이 과학이란 지식이며 실제 결과도 단지 그것의 부산물에 지나지 않는다는 것을 잊어버리도록 만든다는 문제가 있다. (…) 사람들은 과학이 뜻밖에도 물질세계에 대한 결정적인 설명 틀의 발견에 성공하기 전에, 이러한 논증 방식을 포함하지 않는 학문을 모두 경멸하거나 그런 학문을 물리학에 따라 개조하기 시작했다. 그 결과 형이상학과 윤리학은 무시되거나 적어도 새로운 실증과학으로 대체되어야 했다. 둘 중 어느 경우에나 형이상학과 윤리학은 제거되었을 것이다. 사실상 이것은 아주 위험한 움직임이며 오늘날 서구 문화가 위험한 상황에 직면한 이유도 바로 여기에 있다.

그러나 형이상학과 윤리학은 제거되었을 것이라는 말은 틀렸다. 오히려 우리는 사악한 형이상학과 무서운 윤리학을 얻었다.

역사가는 형이상학의 오류가 죽음을 초래할 수도 있다는 사실을 알고 있다. 콜링우드R. G. Collingwood는 다음과 같이 말했다.

기독교 교부들은 형이상학이라는 병 때문에 그리스 – 로마 문명이 붕괴했다고 진단했다. (⋯) 그리스 – 로마 문명을 멸망시킨 것은 이민족의 공격이 아니었다. (⋯) 그 원인은 형이상학이라는 질병이었다. 그들(교부들)에 따르면 그리스 – 로마의 이교도적인 세계는 형이상학적 분석의 결함 때문에 근본적인 확신fundamental convictions에 혼동이 생겼으며, 자신들의 확신조차 유지할 수 없었다. (⋯) 형이상학이 단순한 지적 장식물이었다면 이것이 문제가 되지는 않았으리라.

이 문장은 오늘날의 문명에도 그대로 적용할 수 있다. 우리는 실질적으로 우리의 확신이 무엇인지를 혼동하고 있다. 19세기의 거대한 관념들이 어떤 식으로든 우리의 정신을 채우고 있겠지만 우리의 마음은 그 관념들을 믿지 않는다. 정신과 마음이 서로 싸우는 것이지 흔히 주장하듯이 이성과 신념이 서로 싸우는 것이 아니다. 우리의 이성은 19세기에서 물려받은 환상적이면서 생명을 파괴하는 관념 집합을 비정상적일 정도로 맹목적이고 비이성적으로 믿기 때문에 판단력이 흐려진 상태다. 좀 더 참된 신념을 회복하는 것이야말로 이성의 주요 과제다.

교육이 형이상학에 일정한 역할을 부여하지 않는 한 교육은 우리에게 도움이 될 수 없다. 교과목이 과학이든 인문학이든 교육이 형이상학, 즉 우리의 근본적인 확신에 대한 설명으로 이어지지 않는다면 교과목은 인간을 교육하는 것일 수 없고 따라서 사회에 진정으로 유용한 것이 아니다.

흔히 사람들은 교육의 지나친 전문화가 문제라고 말한다. 하지만 부분적이고 잘못된 진단이다. 전문화 자체는 잘못된 교육 원리가 아니다. 비전문인이 모든 주요 과목을 수박 겉핥기식으로 교육하는 것이·대안일 수 있는가? 아니면 배우고 싶은 것을 가르쳐주지 않은 채, 알고 싶지 않은 과목을 배우면서 시간을 소비하길 강요하는, 오랜 **교양 수업**studium generale이 대안인가? 이는 옳은 답이라고 할 수 없다. 왜냐하면 이러한 교육은 오로지 뉴먼John Henry Newman 추기경이 혹평한 유형의 지식인, 즉 "철학의 모든 주제나 그 시대의 모든 문제에 자신의 '견해'를 갖고 있다고 (…) 인정받는 지식인"을 산출할 뿐이기 때문이다. '자신의 견해'는 지식의 표시라기보다 무지의 표시다. 공자는 이렇게 말했다.

"지식의 의미가 궁금한가? 아는 것을 안다고 모르는 것을 모른다고 인정하는 것, 그것이 바로 지식이다."

잘못된 것은 전문화가 아니라 교육 내용이 일반적으로 깊이가 없다는 점과 형이상학적 각성이 부재하다는 점이다. 오늘날 과학 교육은 과학의 전제 조건, 과학 법칙의 의미와 중요성, 인간 사상의 전체 지형에서 자연과학이 차지하는 위치 따위에 대한 인식 없이 이루어진다. 그 결과 과학의 전제 조건을 흔히 과학이 발견했다고 오해한다. 아울러 경제학 교육은 오늘날 경제 이론의 전제 조건인 인간관에 대한 인식 없이 이루어진다. 실제로 수많은 경제학자가 자신들의 가르침 속에 그러한 인간관이 암묵적으로 포함되어 있으며 인간관이 변하면 경제 이론도 변해야 한다는 사실을 깨닫지 못하고 있다. 정치학에서도 모든 문제를 형이상학적 근원으로까지 거슬러 올라가지 않는다면 어떻게 제대로 가르칠 수 있겠는가? 정치학이 모든 문제에 담긴 형이상학적, 윤리적 문제를 진지하게 연구하기를 계속 거부하는 한 필연적으로 혼돈에 빠져 헛소리로 이어질 수밖에 없다. 이러한 혼돈은 이미 너무도 심각해서 이른바 수많은 인문학 과목을 배우는 게 교육적 가치가 있겠냐고 의심하는 것이 정당할 정도다. 여기서 '이른바'라고 한 것은 인간관을 명시적으로 밝히지 않은 학문은 인문학이라고 부를 수 없기 때문이다.

모든 학문 분야는 아무리 전문화되었다고 해도 하나의 중심과 연결되어 있는데 이는 마치 하나의 태양에서 나오는 빛과 같은 모습이다. 우리의 가장 근본적인 확신, 즉 우리를 움직이게 하는 힘을 실질적으로 가진 관념들이 중심을 구성한다. 다른 말로 하자면 형이상학과 윤리학, 즉 우리가 좋아하든 싫어하든 간에 사실세계를 초월한 관념들이 중심을 구성한다. 이들은 사실 세계를 초월하기 때문에 통상적인 과학적 방법으로는 증명되거나 부정되지 않는다. 그렇다고 해서 그 관념들이 순전히 '주관적'이거나 '상대적인' 또는 단순히 자의적인 고안물이라는 말은 아니다. 이 관념들은 사실 세계를 초월하기는 하지만 현실에 충실해야 하는데 오늘날 실증주의 사상가들에게는 이것이 명백한 역설로 보일 것이다. 현실에 충실하지 않으면 그러한 관념 체계에 집착하는 것이 필연적으로 재앙으로 이어질 수밖에 없다.

'전인whole men'을 양성하는 교육만이 우리에게 도움을 줄 수 있다. 참된 교육을 받은 인간은 모든 것을 조금씩 아는 사람도 모든 것을 상세히 아는 사람도 아니다. 사실상 '전인'은 사실과 이론에 관한 세부적인 지식을 거의 알지 못할 수도 있으며 어쩌면《대영백과사전》을 소중히 여길 수도 있다. 왜냐하면 "대영백과사전은 모든 것을 알아야 하지만 자신은 그럴 필요가 없기" 때문이다. **하지만 중심에 대한 연결 고리는 확실하게 유지하고 있을 것이다.** 전인은 이 근본적인 확신, 즉 인생의 의미와 목적에 대한 자신의 견해는 추호도 의심하지 않을 것이다. 그가 이 문제를 말로 설명할 수는 없을지라도 그의 생활 태도는 내적 확신에서 비롯된 연결 고리의 확고함을 보여줄 것이다.

'중심'이 의미하는 바를 좀 더 살펴보자. 모든 인간의 행위는 선으로 생각되는 것을 향한 노력이다. 이는 동어 반복에 지나지 않지만, 우리는 여기에 힘입어 다음과 같이 제대로 된 질문을 던질 수 있다. "누구를 위한 선인가?" 노력하는 사람을 위한 선이다. 그러므로 그 사람이 다양한 충동, 본능, 욕망을 구분하고 조정하지 않는 한, 〔선을 향한〕 그의 노력은 혼란스럽고 모순적이며 자기 파괴적인 것이 되기 쉬우며, 매우 파괴적인 결과를 초래할지도 모른다. '중심'은 인간이 자신과 세계에 관한 관념들의 질서정연한 체계를 자기 자신을 위해 만들어야 하는 장소이며 이 체계는 다양한 노력의 방향을 규제한다. 물론 인간이 (항시 좀 더 중요한 일로 너무나 바쁘다거나 '겸손한 의미에서' 자신을 불가지론자로 생각하는 것에 자부심을 갖기 때문에) 중심을 조금도 생각하지 않았을 수는 있다. 그러나 그 경우에도 중심이 비어 있는 일은 결코 없다. 오히려 암흑시대에 어떤 식으로든 정신에 스며들어온 중요한 대관념들로 채워져 있을 것이다. 지금까지 이러한 관념들이 오늘날 어떤 모습을 보이는지를 언급한 바, 그것은 바로 관념들이 인간 존재의 의미와 목적을 완전히 부정하여 그 의미와 목적을 믿는 사람들에게 완전한 절망을 안기고 있다는 점이다. 그런데 앞서 말했듯이 다행스럽게도 인간의 마음은 종종 정신보다 현명하여 관념들을 액면 그대로 받아들이지 않는다. 그래서 인간은 절망에서 구출되지만 혼동에서 벗어난 것은 아니다. 근본적인 확신에 혼동이 생긴다면 행위에도 혼동과 불확실성이 나타난다. 의식이라는 등불로 중심을 비추면서 근본적인 확신이라는 문제를 정면으로 파고들기만 한다면 무질서 속에서 질서를 창조할 수 있다. 이것이 바로 인간을 형이상학적 혼동이라는 어둠에서 벗어나게 해준다는 의미에서 '교육'하는 것이라 할 수 있다.

그렇지만 나는 사람들이 자신들의 정신 속에 자리 잡은 (19세기 유산인) 관념들과 거의 정반대인 형이상학적 관념을 비록 일시적으로나마 의식적으로 수용하지 않는 한 그러한 교육이 성공할 수 없다고 생각한다. 세 가지 예를 들어보자.

19세기의 관념들은 우주 내부의 위계제를 부정하거나 제거하지만, 위계질서 개념은 〔우주를〕 이해하는 데 반드시 필요한 수단이다. '존재의 수준들'이나 '의미의 단계들'을 인정하지 않는 한 세계를 이해할 수 없으며 우주에서 우리 인간이 차지하는 위치를 정의할 가능성도 거의 없다. 세계를 하나의 계단으로 보고 그 계단에서 인간의 위치를 파악할 수 있을 때 비로소 이 세상에서 우리의 인생에 부여된 의미심장한 임무를 인식할 수 있다. 아마도 잠재력의 실현 수준을 향상하고 자신에게 '자연스럽게' 다가오는 것보다 존재의 수준이나 '의미의 단계'를 좀 더 높이는 것이 바로 인간의 임무일 것이다. 또는 간단히 인간의 행복이라고 할 수도 있다. 위계 구조의 존재를 인정하지 않으면 이러한 가능성을 탐구조차 할 수 없다. 19세기의 중요한 거대 관념들로 세계를 해석한다면 그만큼 눈이 멀게 되므로 이러한 수준 차이를 볼 수 없다.

그러나 '존재의 수준들'이 있음을 인정하면 즉시 물리학 방법을 정치학이나 경제학 연구에 적용할 수 없는 이유나 아인슈타인이 인정한 것처럼 물리학의 발견이 철학적 의미를 갖지 않는 이유를 이해할 수 있다.

아리스토텔레스가 형이상학을 존재론과 인식론으로 구분한 방식을 수용한다면 존재에 다양한 수준이 있다는 명제는 존재론에 속한다. 나는 여기에 다음과 같은 인식론적 명제를 덧붙이고자 한다. 인간의 사고는 본성상 대립 속에서 사고할 수밖에 없다.

우리는 인간이 살아가면서 논리석으로는 조정할 수 없는 대립을 조정해야 하는 임무에 직면한다는 사실을 아주 잘 알고 있다. 전형적인 삶의 문제는 일상적인 존재 수준에서 해결되지 않는다. 교육에서 자유와 규율이라는 두 가지 요구를 어떻게 조정할 수 있는가? 수많은 어머니와 교사가 실제로 그 일을 해내고 있지만 누구도 그 해답을 기록할 수는 없다. 이들은 [두 요구가 서로] 대립하는 상황에서 그보다 높은 수준에 속하는 힘, 즉 사랑의 힘을 도입하여 그 일을 해낸다.

티렐G. N. M. Tyrell은 논리적으로 해결할 수 있는 문제와 그럴 수 없는 문제를 구분하기 위해 '수렴'과 '발산'이라는 용어를 제시했다. 인생은 계속해서 발산하는 문제들로 이어지는데 이 문제들은 죽음만이 해결할 수 있으므로 [이 문제들을 참고 견디며] '살아가는' 수밖에 없다. 이와 달리 수렴의 문제는 인간의 아주 유용한 창조물이다. 이 문제는 현실 속에 존재하는 게 아니라 추상화 과정을 거쳐 창조되었다. 이 문제가 해결되면 해결 방법이 기록되어 다른 사람에게 전해지며 전달받은 사람은 그 방법을 발견하기 위해 정신적으로 애쓰지 않고도 이를 사용할 수 있다. 그러나 만일 가정생활, 경제학, 정치학, 교육 따위의 영역에서 인간관계가 모두 이런 식이라면 나는 글을 어떻게 끝낼 것인가를 고민해야 할 것이다. 이런 상황에서는 더는 인간관계가 없고 오로지 기계적인 관계만이 있으며 인생은 산송장일 것이다. 반면 발산하는 문제는 인간에게 자신을 좀 더 높은 수준으로 끌어올리라고 강요한다. 발산하는 문제는 좀 더 높은 수준의 힘을 요구하고 이끌어내며 이를 통해 사랑, 미美, 선善, 진실을 인생에 끌어들인다. 좀 더 높은 수준의 힘에서 도움을 얻을 수 있을 때 비로소 현실 상황에서 대립을 조정할 수 있다.

물리학이나 수학은 오로지 수렴하는 문제에만 관심을 보인다. 물리학이나 수학은 누적되면서 진보한다. 앞 세대가 남긴 곳에서 새로운 세대가 곧바로 출발할 수 있는 이유도 여기에 있다. 그러나 그 대가는 심각하다. 수렴하는 문제만을 취급하는 것은 인생으로 다가서는 것이 아니라 인생에서 멀어지는 것이다.

(다윈은 자서전에서 다음과 같이 적고 있다) 나는 서른 살이나 그 이후까지 많은 시에서 커다란 기쁨을 얻었으며 학창 시절에도 셰익스피어, 특히 그의 사극에서 커다란 즐거움을 얻었다. 또한 이전에는 그림에서 상당한 기쁨을 얻었으며 음악에서도 굉장히 큰 기쁨을 얻었다. 그러나 꽤 오래전부터 단 한 줄의 시도 읽을 수 없었다. 최근에 셰익스피어의 책을 읽으려고 시도했지만 견딜 수 없을 만큼 지루해서 구역질이 날 정도였다. 그림이나 음악에 대한 취미도 거의 잃어버렸다. (…) 내 정신은 엄청나게 끌어모은 사실들을 갈아서 일반 법칙을 만들어내는 일종의 기계가 되어버린 듯하다. 그러나 이것이 어째서 전체 뇌 중에서 고상한 취미가 의존하는 부분만을 퇴화시킬 수밖에 없었는지 나는 알 수가 없다. (…) 이러한 취미의 상실은 행복의 상실이며 아마도 지성에도 해를 끼쳤을 것이다. 아울러 본성 중에서 정서적인 부분을 약화시켜서 도덕적인 특성에는 좀 더 많은 해를 끼쳤을 것이다.[18]

만일 우리가 짐솜이 "실증과학을 사회적 사실로까지 확장한 것"이라고 부른 오늘날의 경향을 그대로 허용한다면 다윈이 아주 감동적으로 기술한 퇴화가 우리 문명 전체를 삼켜버릴 것이다. 발산하는 문제는 모두 '환원' 과정을 거쳐 수렴하는 문제로 전환될 수 있다. 그러나 그 결과는 인생을 고귀하게 만드는 높은 수준의 힘이 모두 사라지고 인간의 정서적 본성만이 아니라 다윈이 감지하고 있듯이 인간의 지적, 도덕적 특성까지 손상되는 상황일 것이다. 오늘날 이러한 징후는 어디에서나 찾아볼 수 있다.

정치학, 경제학, 교육, 결혼 따위의 영역에서 진정한 생활 문제는 언제나 대립을 극복하거나 화해시키는 문제다. 그런데 이들은 발산하는 문제이므로 통상적인 의미에서 해결책은 없다. 이 문제는 인간에게 추론 능력을 발휘하는 것만이 아니라 인격 전체를 바치는 것까지 요구한다. 이 경우 언제나 자연스럽게 영리한 처방으로 그럴듯한 해답이 제시되지만 이 해답은 결코 오래가지 못한다. 대립 관계의 한쪽을 무시하여 인생의 특성 자체를 잃어버렸기 때문이다. 경제학은 계획을 고려하지 않은 채 자유에 대한 해답만을 제시할 수 있으며 그 반대일 수도 있다. 정치학은 민주주의 없는 지도력에 대한 해답 또는 지도력 없는 민주주의에 대한 해답을 제시할 수도 있다.

발산하는 문제를 다루어야 한다는 것 자체가 피곤하고 번거로우며 짜증 나는 일이기 쉽다. 그래서 사람들은 여기서 벗어나 멀리 있고자 한다. 바쁜 관리자executive가 종일 이 문제로 씨름하면 귀갓길에 추리 소설을 읽거나 낱말 맞추기 퀴즈를 풀 것이다. 그는 종일 머리를 사용했다. 그런데도 계속해서 머리 쓰는 일을 하는 이유는 무엇인가? 추리 소설이나 낱말 맞추기 퀴즈가 수렴하는 문제여서 긴장을 풀어주기 때문이다. 이들은 모두 약간의 두뇌 노동을, 때로는 어려운 두뇌 노동을 요구하지만 고도의 긴장을 요구하지는 않는다. 이런 긴장은 발산하는 문제, 즉 화해될 수 없는 대립물을 화해시켜야 하는 문제에만 고유하게 따라붙는다. 인생의 실질적인 내용은 오로지 발산하는 문제일 뿐이다.

마지막으로 세 번째 관념을 살펴보자. 이는 실질적으로 형이상학에 속하지만 흔히 윤리학이라는 별개의 영역으로 고려된다.

앞서 언급했듯이 19세기의 가장 강력한 관념들은 '존재의 수준들'이라는 개념과 어느 것이 다른 것보다 높은 위치에 있다는 관념을 부정하거나 적어도 무시했다. 이는 당연히 선과 악을 구별하고 전자가 후자보다 높은 위치에 있다고 주장하는 윤리학을 파괴하는 것이다. 여기서도 어버이의 죄는 오늘날 어떤 종류의 도덕 교육도 받지 못한 채 자라는 3대나 4대 후손에게까지 영향을 미친다.〔19세기에〕'도덕은 헛소리'라는 관념을 인식한 사람들도 실제로는 정신 내부에 도덕 관념을 제대로 갖춘 상태였다. 그러나 3대나 4대 후손들은 더는 정신 내부에 이 관념을 제대로 갖추고 있지 않다. 이들이 제대로 갖추고 있는 것은 바로 19세기에 인식된 관념, 즉 '도덕은 헛소리'이며 좀 더 '높게' 보이는 것도 실질적으로는 평범하고 속된 것에 지나지 않는다는 관념일 뿐이다.

이에 따른 혼동은 형언할 수 없을 정도다. 젊은이들이 자신을 스스로 만들어가고 교육하고자 노력할 때 닮고 싶은 이상형, 즉 독일인이 말하는 모범Leitbild은 무엇일까? 오늘날에는 이런 것이 전혀 없거나 온전한 이상형을 도출하기 힘들 정도로 매우 혼란스러운 이미지만이 존재한다. 문제를 해결하는 것이 임무인 지식인들은 모든 것이 상대적이라거나 어떤 것이든 결과는 똑같다고 주장하느라 허송세월한다. 그렇지 않으면 윤리 문제에 아주 뻔뻔스럽고 냉소적인 태도로 접근한다.

앞서 언급한 것을 다시 한번 인용해보자. 이 말은 오늘날 가장 영향력 있는 인물 중의 하나인 고 케인스 경의 말이기 때문에 의미심장하다.

"적어도 앞으로도 100년 동안은 나쁜 일은 유용하지만 옳은 일은 그렇지 않기 때문에 옳은 일은 나쁘고 나쁜 것이 옳다는 점을 자신을 포함하는 모든 사람에게 알려야 한다. 우리는 아직도 상당 기간 탐욕과 고리대금, 경계심을 신으로 받들어야 한다."

위대하고 재기 넘치는 인물이 이렇게 말하고 있으니, 옳고 그름에 혼동이 생겨나서 세상이 잠잠하면 헛소리가 나타나다가 세상이 좀 거칠어지면 범죄로 이어지는 것에 그리 놀랄 필요는 없다. 케인스에게는 탐욕과 고리대금, 경계심(즉 경제적인 안전)을 신으로 받들어야 한다는 것이 단지 하나의 재치 있는 관념일 뿐이었다. 그에게는 분명히 좀 더 귀중한 신이 있었다. 하지만 이 세상에서 관념은 가장 강력한 것이며 오늘날에는 그가 권유한 신이 권좌를 차지하고 있다고 해도 지나친 말이 아니다.

다른 분야와 마찬가지로 윤리학에서도 우리는 저 위대한 고전기 기독교classical-Christian의 유산을 무모할 정도로, 그리고 의도적으로 폐기해버렸다. 우리는 윤리학에 반드시 필요한 말, 이를테면 덕, 사랑, 절제와 같은 것들을 평가절하하기도 했다. 그 결과 우리는 생각해볼 수 있는 온갖 주제 중에서 가장 중요한 주제〔윤리학〕에서 완전히 무지몽매하고 무식한 지경에 이르렀다. 우리는 생각에 필요한 관념이 없기 때문에 윤리가 생각하는 데 도움이 되지 않는다는 말을 너무도 쉽게 믿어버린다. 오늘날 그 누가 7대 죄악Seven Deadly Sins이나 4대 덕목Four Cardinal Virtues*을 알겠는가? 그 누가 그것들을 제대로 기억이나 하겠는가? 귀중한 옛 관념이 고민해볼 만한 가치도 없다면 이를 대신할 어떤 새로운 관념이라도 존재한단 말인가?

영혼과 생명을 파괴하는 19세기 유산인 형이상학을 무엇으로 대체해야 하는가? 확신하건대, 우리 세대의 임무는 형이상학을 재건하는 것이다. 새로운 것을 창안해야 한다는 의미가 아니다. 과거의 정식으로 돌아가야 한다는 의미도 아니다. 우리의 임무이자 모든 교육의 임무는 오늘날의 세계, 즉 우리가 살아가면서 선택하는 이 세계를 이해하는 것이다.

교육의 문제는 우리 시대의 가장 어려운 문제를 그대로 반영한다. 이 문제는 조직이나 관리 또는 돈으로 해결할 수 없다. 물론 이들의 중요성을 부인하는 것은 아니다. 우리는 형이상학적인 병으로 고통받고 있으므로 치료법도 형이상학적일 수밖에 없다. 우리의 근본적인 확신을 명확하게 제시하지 못하는 교육은 단순한 훈련이거나 방종이다. 왜냐하면 오늘날 혼란에 빠진 것은 우리의 근본적인 확신 자체이며 또 현재의 반형이상학적인 분위기가 지속되는 한 이 혼란은 더욱 악화될 것이기 때문이다. 그렇다면 교육은 인류의 최대 자원이기는커녕 '최고의 것이 부패하면 최악corruptio optimi pessima'이라는 원리에 따라 파괴의 도구가 될 것이다.

---

* 기독교에서 7대 죄악은 오만, 질투, 분노, 탐욕, 탐식, 음탕함, 게으름을 말하며, 4대 덕목은 지혜, 용기, 절제, 정의를 가리킨다.

적절한 토지 이용

7장

물질적인 자원 중에서 가장 큰 것은 의심할 나위 없이 토지다. 사회가 토지를 활용하는 방식을 알면 그 사회의 미래에 대해 상당히 믿을 만한 결론을 도출할 수 있다.

토지의 표토에는 인간을 포함하여 아주 다양한 생명체가 살고 있다. 경험이 풍부한 생태학자 데일Tom Dale과 카터Vernon Gill Carter는 1955년에 《표토와 문명Topsoil and Civilisation》이라는 책을 출판했는데 이 책의 앞부분이 본 장의 목적에 가장 적합하여 인용하고자 한다.

문명인은 거의 항상 주변 환경의 일시적인 지배자가 되었다. 문명인의 주된 고통은 자신의 일시적인 지배권이 영구적이라고 오해하는 데서 생겨났다. 자연의 법칙을 완전히 이해하지도 못하면서 자신을 '세계의 지배자'로 여겼다.

문명인이든 미개인이든 인간은 자연의 자식이지 자연의 지배자가 아니다. 인간이 주변 환경에 대한 지배권을 유지하고자 한다면 당연히 자연법칙에 맞게 행동해야 한다. 인간은 자연의 법칙을 벗어나고자 시도할 때, 대체로 자신을 지탱해주던 자연환경을 파괴한다. 아울러 주변 환경이 급속히 파괴되면 인간의 문명도 쇠퇴한다.

어떤 사람은 역사를 간략하게 설명하면서 "문명인은 지구의 표면을 이동하면서 황무지에 자신의 발자취를 남겼다"고 말했다. 이는 약간 과장된 말이긴 하지만 근거가 없는 것은 아니다. 문명인은 자신이 오랫동안 산 토지의 대부분을 파괴했다. 진보적인 문명이 이곳에서 저곳으로 옮겨간 주요 이유가 여기에 있다. 오래된 거주지에서 문명이 쇠퇴한 주요 원인도 여기에 있다. 이것이 바로 역사의 모든 경향을 결정하는 지배적인 요인이다.

역사학자들은 토지 이용의 중요성을 거의 주목하지 않았다. 이들은 인간이 만든 제국과 문명 대부분의 운명이 주로 토지 이용 방식에 따라 결정되었다는 사실을 인식하지 못한 듯하다. 이들은 환경이 역사에 미치는 영향을 인정할 때도 인간이 대체로 주변 환경을 변화시키거나 파괴했다는 점을 깨닫지 못했다.

문명인은 어떤 방식으로 이토록 유익한 환경을 파괴했는가? 주로 자연 자원을 고갈시키거나 파괴하는 방식이었다. 숲이 우거진 구릉 지대와 계곡에서 유용한 목재의 대부분을 베거나 불태웠다. 가축에게 먹이를 제공하는 초지를 지나치게 이용하여 벌거숭이로 만들었다. 대부분의 야생동물을 죽였으며 물고기와 다른 수서水棲 생명체들도 수없이 죽였다. 자신의 농경지에서 생산적인 표토가 유실되는 침식을 방치했다. 침적토가 강물을 막고 저수지, 관개운하, 항구에 쌓이도록 내버려 두었다. 대체로 쉽게 채굴할 수 있는 금속이나 기타 필요한 광물질 대부분을 이용하고 낭비했다. 결국 그들의 문명은 자신의 창조물이 파괴되는 과정에서 쇠퇴하거나 아니면 새로운 땅으로 이주했다. 이처럼 파괴된 문명만 해도 10~30개 정도다(그 숫자는 문명을 분류하는 사람에 따라 다르다).[19]

'생태계 문제'는 흔히 주장하듯이 새로운 문제는 아니다. 그러나 여기에는 두 가지 결정적인 차이가 존재한다. 오늘날 지구는 인구 밀도가 옛날보다 훨씬 더 높지만 일반적으로 이주할 만한 신천지가 없다는 점이 그 하나라면, 변화 속도가 (특히 지난 사반세기 동안에) 너무도 빨라졌다는 점이 다른 하나다.

그러나 과거의 문명이 어떠했든지 간에 근현대 서구 문명이 자신을 자연에 대한 의존에서 해방했다는 믿음은 오늘날에도 여전히 지배적이다. 《핵 과학자 회보Bulletin of Atomic Scientists》의 편집장인 라비노비치Eugene Rabinowitch는 이 믿음을 다음과 같은 말로 대변했다.

(그는 1972년 4월 29일 〈타임스〉 기고문에서 말하기를) 지구의 생명체 중 사라졌을 때 인간의 생물학적 존속을 위협하

는 것은 인간의 몸속에 사는 박테리아뿐이다. 다른 생명체에게는, 설령 인류가 지구의 유일한 생명체가 되었다 하더라도, 인류의 생존을 위협할 만한 증거가 없다! 무기물을 합성해서 식품을 얻는 경제적인 방법을 개발한다면, 이는 조만간 가능할 듯한데, 인간은 현재 식품 원료로 이용하는 식물에 의존하지 않고도 살아갈 수 있을 것이다. (…) 나 자신과 아마도 대부분의 사람은 그러한 생각(동식물이 없는 생활에 대한 생각)에 두려움을 느낀다. 하지만 오늘날에도 뉴욕, 시카고, 런던, 도쿄와 같은 '정글 도시'에서 사는 수백만 명의 시민들은 실제로 (쥐, 바퀴벌레 따위의 비위생적인 생명체를 제외하면) '생명체가 없는' 환경에서 일생을 보낸다.

라비노비치는 이런 말을 분명히 '합리적으로 타당하게' 여긴다. 그러면서 "최근에 자연 생태계의 신성함, 생태계의 내적 안정성과 인간의 간섭이 갖는 위험성에 대해 합리적으로 타당하지 못한 주장들을, 심지어 저명한 일부 과학자들까지 그런 주장을 하고 있다"고 한탄한다.

무엇이 '합리적'이고 '신성한' 것인가? 인간은 자연의 지배자인가, 자식인가? 만일 무기물을 합성해서 식품을 얻는 일이 '경제적'이라면, 그것이 '조만간 가능해 보인다'면, 그리하여 식물에 의존하지 않을 수 있다면 표토와 문명의 관계는 붕괴할 것이다. 과연 그렇게 될까? 이러한 의문은 '적절한 토지 이용'이 기술적이거나 경제적인 문제가 아니라 형이상학적인 문제를 제기하고 있음을 암시한다. 분명히 말하건대 이 문제는 위의 두 인용문에서 제시한 것보다 높은 수준의 합리적 사고에 속한다.

우리가 하는 일 중에는 언제나 그것 자체가 목적인 것과 다른 목적을 위한 것이 있다. 어느 사회에서나 목적과 수단을 구별한 후 일관된 관점을 갖고 합의를 도출하는 일은 가장 중요한 과제다. 토지는 단순히 생산 수단인가 아니면 그 이상, 즉 목적 자체인가? 여기서는 '토지'를 그 위에 서식하는 생명체까지 포함하는 의미로 사용하겠다.

그 자체가 목적인 행위는 공리주의적 계산을 허용하지 않는다. 예를 들어 대부분의 사람은 자기 몸을 상당히 깨끗하게 하려고 한다. 이유가 뭘까? 단순히 위생상의 이유로? 아니다. 위생은 부차적이다. 우리는 청결을 가치 자체로 인식한다. 우리는 청결의 가치를 계산하지 않으므로 여기에 경제적 계산이 끼어들 여지는 전혀 없다. 씻는다는 행위를 비경제적으로 볼 수도 있다. 시간과 돈이 들어가지만 청결함 말고는 그 어떤 것도 생산하지 않기 때문이다. 이렇게 완전히 비경제적인 행동은 많지만, 그들은 모두 그 자체를 목적으로 하여 이루어진다. 경제학자들은 이러한 행동을 간단히 다루는 방법을 알고 있다. 바로 인간의 모든 행동을 '생산'과 '소비'로 나누는 것이다. '생산' 항목에 포함되는 것은 경제 계산에 종속되지만 '소비' 항목에 포함되는 것은 그렇지 않다. 그러나 실제 삶을 이렇게 분류하기는 어렵다. 왜냐하면 생산자로서의 인간과 소비자로서의 인간은 사실상 생산과 소비가 항시 **동시에** 이루어진다는 점에서 동일한 인간이기 때문이다. 심지어 노동자도 공장에서 흔히 '노동 조건'이라고 불리는 '쾌적함'을 소비하며 이 '쾌적함'에서 불충분함이 나타나면 일을 계속하지 않거나 포기한다. 아울러 물과 비누를 소비하는 사람들조차 청결함을 생산하는 존재로 볼 수도 있다.

우리는 '소비자'로서 어느 정도의 쾌적함과 편안함을 얻기 위해서 생산한다. 그러나 만일 누군가 자신이 '생산'에 종사하는 동안에 쾌적함과 편안함을 요구한다면 그는 이것이 비경제적이고 비효율적인 일이며 사회가 그러한 비효율을 허용하지 않는다는 말을 들을 것이다. 바꿔 말하자면 인간이 생산자로서 요구하느냐 소비자로서 요구하느냐에 따라 모든 것이 달라진다. 만일 생산자로서의 인간이 열차의 일등 객실을 이용하거나 고급 승용차를 사용하면 낭비한다는 말을 듣지만 동일한 인물이 소비자가 되어 똑같은 일을 하면 높은 생활 수준을 보여준다는 말을 듣는다.

이 이중성은 토지를 이용하는 데서 가장 뚜렷하게 나타난다. 농부는 단순히 가능한 방법을 이용해서 비용을 줄이고 효율성을 높여야 하는 생산자로 여겨질 뿐이다. 이 과정에서 그가 소비자로서 토양의 건강성과 아름다운 경관을 파괴하며 그 결과로 인구를 토지에서 몰아내고 도시의 과밀화를 초래한다고 할지라도 말이다. 오늘날에는 대농, 원예업자, 식품 제조업자, 과수원 운영자처럼 자신의 생산물을 소비한다고 결코 생각할 수 없는 사람들이 존재한다. 이들은 "다행스럽게도 충분한 돈이 있으므로 유독 물질을 이용하지 않고 유기농법으로 생산된 제품을 구입할 수 있다"고 말한다. 그런데 농부에게 왜 유기농법을 채택해서 유독 물질의 이용을 피하지 않느냐고 묻는다면 이들은 그럴 정도의 경제적 여유는 없다고 대답한다. 여기서 생산자로서의 인간이 할 수 있는 일과 소비자로서의 인간이 할 수 있는 일은 서로 다르다. 그러나 양자는 동일한 인간이므로 인간(또는 사회)이 실질적으로 무엇을 할 수 있느냐는 문제는 끝없는 혼동을 야기한다.

토지와 그 위에 사는 생명체를 오로지 '생산 요소'로**만** 취급 하는 한 이러한 혼동에서 벗어날 길은 없다. 물론 이들은 생산 수 단, 즉 목적을 위한 수단이다. 그러나 이들에게 생산 요소로서의 특성은 부차적이지 일차적이지 않다. 무엇보다 토지와 생명체는 목적 자체다. 이들은 메타경제학적인 것이므로 어떤 의미에서는 하나의 사실 명제로서 신성하다고 말해도 이성적으로 타당하다. 인간은 토지와 생명체를 만들지 못한다. 자신이 만들지도 못하고 만들 수도 없으며 한번 파괴되면 재창조할 수도 없는 것을 자신이 만든 것과 똑같은 방식과 정신으로 취급하는 것은 비합리적인 행 동이다.

고등 동물은 자신의 효용 때문에 경제적 가치를 갖지만 그 자 체로 메타경제학적 가치도 갖는다. 만일 내가 인간이 만든 제품인 차를 갖고 있다면 차를 이용하는 최상의 방법은 유지를 고민하지 않고 단순히 쓰다가 버리는 것이라고 주장해도 지나친 게 아닐지 모른다. 실제로 이것이 가장 경제적인 이용 방법이라는 점을 계산 해낼 수도 있을 것이다. 그 계산이 정확하다면 누구도 그러한 행 동을 근거로 나를 비판할 수 없다. 왜냐하면 자동차처럼 인간이 만든 것에는 신성함이 없기 때문이다. 그러나 만일 내가 동물(그 게 소든 닭이든 간에)을, 즉 감각적인 피조물인 하나의 생명체를 갖 고 있다면 이들을 단순히 효용으로만 취급하는 것이 가능할까? 그것을 쓰다가 버릴 수 있을까?

이러한 의문에 과학적인 해답을 찾는 것은 쓸모없는 짓이다. 이는 형이상학적인 의문이지 과학적인 의문이 아니다. 효용 측면에서 '자동차'와 '동물'의 가장 근본적인 차이, 즉 '존재 수준'의 차이를 보지 못한 채 양자를 효용 계산에 따라 같게 취급하는 것은 형이상학적인 오류이며 현실적으로도 아주 심각한 결과를 낳을 가능성이 높다. 비종교적인 시대는 선조들이 형이상학적인 진리를 파악하는 데 도움을 주었던 성스러운 구절을 대수롭지 않게 여긴다. '하나님이 인간을 에덴동산에 데려다주고' 게으름 피우지 말고 '이를 경작하고 지키라고 하셨다.' '그리고 인간에게 바다의 물고기와 하늘의 새, 육지에서 움직이는 모든 생명체를 다스릴 권리를 부여하셨다.' 하나님이 '뭍짐승과 가축, 육지를 기어다니는 모든 것을 각각 종류별로' 만드셨을 때, 당신께는 그것들이 '좋아' 보였다. 하나님은 당신이 만드신 모든 것(오늘날 용어로 생명권 biosphere)을 보시고 '보기에 너무도 좋다'고 말씀하셨다. 하나님의 최고의 창조물인 인간은 '다스릴 권리'를 부여받은 것이지 파괴하고 초토화시키는 전제권을 부여받은 게 아니다. 높은 신분에는 도덕적 의무가 따른다는 원칙noblesse oblige을 수용하지 않은 채 인간의 존엄성을 언급하는 것은 쓸모없는 짓이다. 어느 전통이든 인간이 동물, 특히 오랫동안 사육해온 동물과 잘못된 관계를 맺는 것을 항상 끔찍스러우면서도 위험한 일로 여겼다. 서유럽의 역사나 그 밖의 어느 나라 역사에서도 모든 현자와 종교인은 결코 동물을 학대하지도, 효용으로**만** 취급하지도 않았다. 아울러 열등한 생명체를 사랑하는 일을 행복만이 아니라 신성함으로까지 연결하는 전설과 신화가 이루 헤아릴 수 없을 정도로 많다.

사람들은 과학이라는 이름으로 인간이 실제로는 벌거벗은 원숭이나 심지어 원자의 우연한 배열에 **불과하다**고 말한다. 아주 흥미로운 일이다. 레더버그Joshua Lederberg 교수는 이렇게 말했다.

　　"오늘날 우리가 인간을 적어도 유전형 차원에서 정의한다면 그는 탄소, 수소, 산소, 질소, 인 따위의 원자가 특정한 분자 배열을 이룬 6피트짜리 존재다."[20]

　　사람들은 이토록 자신을 '낮게' 생각하기 때문에 인간의 욕구를 위해 쓰이는 동물들은 훨씬 더 '낮게' 생각하고 그들을 기계처럼 취급한다. 그러나 덜 세련된 사람들(또는 덜 타락한 사람들?)은 이와 다른 태도를 보인다. 홀H. Fielding Hall은 버마에 대해 다음과 같이 보고했다.

　　그(버마인)에게 인간은 인간이며, 동물은 동물이고, 인간은 동물보다 훨씬 높은 존재다. 그렇지만 인간은 우월함으로 동물을 학대하거나 죽여도 된다고 결론짓지는 않는다. 오히려 정반대다. 그에게 인간은 동물보다 훨씬 높은 존재이므로, 동물을 최대한 신경 써서 관찰할 수 있고 관찰해야 하며, 동물에게서 최대한의 동정심을 느낄 수 있고 느껴야 하며, 할 수 있는 모든 방식으로 동물에게 선행을 베풀 수 있고 베풀어야 하기 때문이다. 버마인의 좌우명이야말로 높은 신분에는 도덕적 의무가 따른다는 원칙임이 분명하다. 그는 이 말은 모를지라도 그 의미는 잘 알고 있다.[21]

《구약성서》의 〈잠언〉에는 올바른 사람은 자기 가축을 돌보지만 사악한 사람은 잔인하게 대한다는 구절이 있다. 아울러 토마스 아퀴나스는 "동물에게 사랑을 베푸는 사람은 친구에게서 좀 더 많은 사랑을 느낄 것이 분명하다"고 말했다. 지금까지 그 누구도 이러한 확신에 따라 살아가는 게 **가능**한지를 질문한 적이 없었다. 그 자체가 목적인 가치 차원에서는 '가능함'이 문제되지 않는다.

토지 위에 사는 동물에게 적용되는 것은 대지 자체에도 똑같이 적용되는데 여기에는 그 어떠한 감상sentimentality도 개입하지 않는다. 비록 무지와 탐욕이 계속해서 모든 문명의 토대인 토지 비옥도를 파괴했지만 전통적인 가르침은 언제나 '너그러운 대지'의 메타경제학적 가치와 중요성을 간파했다. 전통적 가르침을 지킨 곳에서는 농업만이 아니라 그 밖의 모든 문명의 요소들도 건강성과 건전성을 갖추었다. 반대로 사람들이 토지를 소중히 여기면서 자연에 맞서지 않고 협력하는 것이 '가능'하지 않다고 생각한 곳에서는 토지가 병들면서 그 밖의 모든 문명의 요소까지 병들어버렸다.

오늘날 토지에 대한 주요 위험, 나아가 농업을 비롯한 문명 전체에 대한 주요 위험은 도시 주민이 농업에 산업industry*의 원

---

* 이 단어는 맥락에 따라 산업이나 제조업, 공업으로 다양하게 옮길 수 있는데 대체로 산업으로 옮겼다. 지사가 이 책에서 근현대 '산업' 문명을 비판한다고 판단했기 때문이다. 다만 산업으로 옮기기 힘든 경우에는 제조업이나 공업으로 옮겼다.

리를 적용하기로 결정한 데서 비롯되었다. 이런 움직임을 가장 전형적으로 보여주는 인물이 유럽경제공동체EEC의 부위원장으로서 유럽 농업을 위한 만스홀트 계획Mansholt Plan for European Agriculture을 추진한 만스홀트Sicco L. Mansholt 박사다. 그는 농민이 "아직도 급격한 사회 변화를 간파하지 못한 집단"이라고 보았다. 그에 따르면 대부분의 농민은 농업을 버리고 도시의 제조업 노동자가 되어야 한다. 왜냐하면 "공장 노동자, 건설 노동자, 사무 노동자들은 주 5일 근무에 연 2주일의 휴가를 이미 확보하고 있기" 때문이다. 머지않아 이들은 주 4일 근무에 연 4주일의 휴가를 확보할지도 모른다. 그런데 농민은 **일주일에 5일만 젖이 나는 젖소는 아직 만들어지지 않았으므로 휴일도 없이 일주일 내내 일해야 한다.**[22] 만스홀트 계획은 인간이 보여줄 수 있는 최대한의 속도로 소규모 가족 농가를 공장처럼 운영할 수 있는 대규모 농업 단위로 결합해서 농업 인구를 최소한으로 줄이기 위해 고안되었다. "젊은 농민만이 아니라 나이 든 농민도 농업에서 벗어날 수 있도록"[23] 보조금도 제공한다.

만스홀트 계획을 토론하는 과정에서 농업은 대체로 유럽의 '산업' 가운데 하나로 취급되었다. 이 과정에서 농업이 실제로 하나의 산업인가 아니면 산업과 **본질적으로** 다른 것인가 하는 의문이 제기되었다. 그런데 경제학자들은 이와 같은 의문을 한 번도 제기한 적이 없는데 이는 너무도 당연한 일이다. 왜냐하면 이 질문이 형이상학적인, 즉 메타경제학적인 의문이기 때문이다.

농업의 기본 '원리'는 생명, 즉 살아 있는 존재를 취급하는 것이다. 농업의 생산물은 생명 과정의 결과이며 농업의 생산 수단은 살아 있는 토지다. 비옥한 토지는 세제곱센티미터당 수십억 개의 생명체를 포함하는데 인간의 능력으로 이 모든 것을 알아낼 수는 없다. 이와 달리 근현대 산업의 기본 '원리'는 인간이 만든 과정을 취급하는데 이 과정은 오로지 인간이 만든 무생명체에 적용할 경우에만 신뢰할 만하다. 산업의 이상은 생명체를 배제하는 것이다. 천연 원료보다 인공 원료를 더 좋아하는 이유는 원하는 크기로 만드는 것과 완벽한 품질 관리에 후자가 유리하기 때문이다. 인간이 만든 기계는 인간과 같은 생명체보다 좀 더 신뢰할 만하며 예측한 대로 움직인다. 산업의 이상은, 심지어 인간까지 포함하여, 살아 있는 요소를 배제하고 생산 과정을 기계에 맡기는 것이다. 화이트헤드Alfred North Whitehead가 생명을 "우주의 반복적인 메커니즘에 대항하는 하나의 공격"으로 정의했듯이 우리는 근현대 산업을 '인간을 포함하여 살아 있는 자연의 예측 불가능성, 시간적인 부정확성, 전반적인 변덕스러움, 심술에 대항하는 하나의 공격'이라고 정의할 수 있다.

다시 말해서 농업과 공업은 근본 '원리'가 서로 양립하기는커녕 대립하는 게 틀림없다. 현실 생활은 꼭 필요하지만 서로 대립하는 두 요소의 양립 불가능성이 빚어내는 긴장으로 구성되며 죽음이 없으면 삶이 의미 없듯이 산업이 없으면 농업도 의미가 없을 것이다. 하지만 변함없는 진실은 농업이 기본이고 산업은 부차적이라는 점인데 이는 인간이 산업이 없으면 살 수 있지만 농업이 없으면 살 수 없다는 사실을 의미한다. 그러나 인산의 문명 생활은 이 두 원칙 사이의 **균형**을 요구한다. 사람들이 농업과 산업의 본질적인 차이(삶과 죽음만큼이나 큰 차이)를 깨닫지 못하고 농업을 단순히 또 다른 산업으로 취급할 때, 이 균형은 필연적으로 파괴된다.

물론 이러한 논의는 새롭지 않다. 이미 국제적으로 저명한 전문가 집단이 《유럽 농업의 미래*A Future for European Agriculture*》라는 책에서 다음과 같이 간결하게 밝힌 바 있다.

> 전 세계는 지역마다 상이한 기후, 토질, 노동 비용에 따라 특정 생산물의 생산과 관련된 우열 관계도 크게 달라진다. 모든 국가는 각기 생산성이 제일 높은 농산물에 생산을 집중할 수 있는 분업으로 이익을 볼 것이다. 그 결과는 농업 소득의 상승과 경제 전체, 특히 산업의 비용 하락일 것이다. 여기서 농업 보호주의를 기본적으로 정당화해줄 만한 근거는 찾을 수 없다.[24]

만일 그렇다면 역사적으로 농업 보호주의가 예외가 아니라 일반적인 현상이었다는 사실을 이해하기 어려워진다. 대부분의 국가가, 대부분의 역사에서 위와 같이 간단한 처방에서 놀랄 만한 수입을 얻지 않는 이유는 무엇일까? 정확히 말하면 '농업 생산'에는 소득 산출과 비용 절감 이상의 무언가가 포함되어 있기 때문이다. 인간과 자연의 모든 관계, 사회의 모든 생활 방식, 인간 거주지의 아름다움만이 아니라 인간의 건강, 행복, 조화 같은 것들 말이다. 전문가들이 이 모든 것을 무시한다면 이는 곧 인간 자체를 무시하는 것이다. 물론 이들도 공동체가 정책의 '사회적 결과'에 비용을 부담해야 한다고 주장하여 사후적으로는 인간을 고려하긴

하지만 말이다. 전문가들은 만스홀트 계획을 두고 "대담한 독창력을 보여준다. 이 계획은 한 가지 기본 원칙의 수용을 전제한다. 농업 인구가 빠르게 줄어들면, 농장 규모가 경제적으로 생존 가능한 선까지 빠르게 확대되면 비로소 농업 소득이 유지될 수 있다는 것이다"[25]라고 평했다. 전문가들은 계속해서 다음과 같이 말했다. "적어도 유럽에서 농업은 본질적으로 식량 생산을 지향한다. (⋯) 식량 수요가 실질 소득보다 상대적으로 느리게 증가한다는 점은 이미 잘 알려진 사실이다. 그렇기 때문에 농업에서 벌어들인 총소득은 산업에서 벌어들인 소득보다 느리게 증가한다. 그러므로 (농업의) 1인당 소득 증가율을 (산업과) 같아지도록 만드는 길은 오직 농업 인구를 적절하게 줄이는 것밖에 없다."[26] "결론은 분명한 듯 보인다. 다른 선진국들이 정상적인 상황이라면 공동체*는 현재 농민 수의 3분의 1만으로도 식량 수요를 충족할 수 있다."[27]

우리가 이 전문가들처럼 가장 조잡한 물질주의의 형이상학을 수용한다면 위와 같은 발언에 제대로 반대할 수 없다. 왜냐하면 여기서는 화폐로 평가한 비용과 소득이 인간 행위의 궁극적인 판단 기준이자 결정 요인이며 **생명체 세계가 착취 공간 이상의 의미를 갖지 않을 것**이기 때문이다. 그러나 좀 더 폭넓은 관점에서 본다면 토지는 값을 매길 수 없을 정도로 귀중한 자산이며 토지를 '경작하고 지키는' 것은 인간의 임무이자 행복이기도 하다. 우리

---

*   유럽공동체를 의미하는 듯하다.

는 인간의 토지 관리가 무엇보다도 건강, 아름다움, 영속성이라는 세 가지 목표를 지향해야 한다고 말할 수 있다. 그렇다면 네 번째 목표인 생산성(전문가들은 이것만을 목표로 인정한다)도 부산물로 달성할 수 있다. 조잡한 물질주의는 농업이 '본질적으로 식량 생산을 지향'한다고 본다. 그러나 좀 더 폭넓은 관점에서 본다면 농업은 적어도 다음과 같은 세 가지 과제를 충족해야 한다.

- 인간이 아주 허약한 부분으로 속한 살아 있는 자연과 인간의 관계를 유지하고,
- 넓은 의미의 인간 서식지를 인간화하고 고귀하게 만들며,
- 적당한 생활에 필요한 식량 및 기타 원료를 생산하는 것.

나는 이 중 세 번째 과제만을 인정하면서 이를 무자비할 정도로 폭력적인 방법으로 추구하는, 다른 두 과제를 무시할 뿐만 아니라 체계적으로 반대하는 문명이 장기적으로 존속하리라고 믿지 않는다.

오늘날 우리는 농업 인구 비율이 이미 큰 폭으로 떨어졌으며 계속해서 떨어진다는 사실에 자부심을 느낀다. 영국에서는 식량 수요의 약 60퍼센트가 생산되지만 노동 인구에서 농업 인구가 차지하는 비중은 3퍼센트에 지나지 않는다. 미국에서는 농업 노동자의 비중이 1차 세계대전이 끝났을 때는 27퍼센트나 되었지만 2차 세계대전이 끝났을 때는 14퍼센트였다. 1971년에는 겨우 4.4퍼센트일 것으로 추정된다. 농업 노동자 비중의 감소는 일반적으로 대규모 이주 및 도시의 급성장과 연결된다. 그러

나 동시에 다음과 같이 허버Lewis Herber*가 말한 상황도 나타나고 있다.

> 대도시의 생활은 심리적으로나 경제적으로, 생물학적으로 붕괴하고 있다. 수백만 명의 사람들이 이 사실을 발의 움직임으로 보여주고 있다. 그들은 가재도구를 챙겨 도시를 떠나간다. 대도시와 모든 관계를 단절할 수는 없겠지만 최소한 그렇게 하고자 노력하는 것이다. 이런 움직임은 사회적인 징후로 중요한 의미를 지닌다.[28]

허버는 근현대 대도시의 시민들이 농촌에 거주한 선조들보다 더 고립된 채 살아간다고 말했다. "근현대 대도시 시민들은 역사상 유례가 없는 수준의 익명성, 사회적 원자화, 정신적 고립을 겪는다."[29]

대도시 시민들은 어떻게 행동하는가? 이들은 교외로 이사하고 그곳에서 출근한다. 농촌 문화가 무너졌기 때문에 농촌 사람이 토지를 버리는 상황이다. 그런데 한편으로 대도시의 생활도 붕괴하므로 도시 주민은 도시에서 달아나는 상황이다. 만스홀트 박사의 말처럼 "그 누구도 비경제적으로 사치할 만한 여유가 없으므로"[30] 엄청난 부자들을 제외한다면 어디에서나 생활이 견디기 힘

---

* 사회생태학 또는 에코 아나키즘의 대표자로 알려진 머레이 북친Murray Bookchin의 필명.

들게 바뀌고 있다.

나는 "인간이 자연 세계와 화해하는 것이 이제는 단순히 바람직한 선에서 그치는 것이 아니라 필연적인 일이 되었다"는 허버의 주장에 동의한다. 이 화해는 여행이나 관광, 기타 여가 활동으로 확보할 수 없다. 오히려 농업 구조를 만스홀트 박사가 제안했고 앞서 인용한 전문가들도 동의한 방향과 정반대로 변화시킬 수 있을 때 비로소 확보할 수 있다. 다시 말해서 이농을 촉진하는 방안을 찾는 것 대신에 농촌 문화를 재건하고, 좀 더 많은 사람에게 보람 있는 일터(그 자리가 상근직full-time이든 비상근직part-time이든)로서 토지를 개방하며, 토지 위에서 인간의 모든 행위가 건강, 아름다움, 영속성이라는 세 가지 이상을 지향하는 정책을 모색해야 한다.

대규모 기계화와 화학 비료 및 농약의 대량 사용이 빚어낸 (그리고 흔히 여기서 정당성을 획득했다고 여겨지는) 농업의 사회 구조는 인간이 살아 있는 자연과 진정으로 접촉하는 일을 불가능하게 만든다. 게다가 이 구조는 사실상 폭력, 소외, 환경 파괴와 같은 근현대의 가장 위험한 경향을 지지한다. 여기서는 건강, 아름다움, 영속성을 거의 진지하게 논의하는 일조차 없는데 이는 인간적인 가치가 무시되는 또 다른 사례(인간적인 가치를 무시한다는 것은 곧 인간을 무시하는 것이다)로 경제주의라는 우상 숭배의 필연적인 산물이다.

'아름다움이 진리의 광채'라면, 농업이 자연의 생명 과정에서 드러나는 진리를 충실하고 부지런하게 따르지 않는 한, 농업은 넓은 의미의 인간 서식지를 인간화하고 고귀하게 만들어야 한다는 두 번째 과제를 달성할 수 없다. 그 진리의 한 가지가 순환 법칙이며 또 다른 것으로 단일 경작monoculture과 반대인 다양화와 분산화가 있다. 분산화는 결코 합리적일 수 없는 열등한 자원인 장거리 운송조차 나름대로 유용하게 쓰이도록 한다. 여기서도 현실의 움직임이나 전문가의 충고는 모두 농업의 산업화와 비인간화, 집중화와 전문화, 노동을 절약할 수 있는 자원 낭비 등 반대 방향을 가리킨다. 그 결과 넓은 의미의 인간 서식지가 인간의 농업 활동으로 인간화되고 고귀해지기는커녕 권태로울 정도로 표준화되거나 심지어 추할 정도로 열악해지고 있다.

이 모든 일은 생산자로서의 인간이 '비경제적으로 사치'할 만한 여유가 없고, 소비자로서의 인간이 가장 간절하게 원하는 바로 그 필수적인 '사치품'(건강, 아름다움, 영속성)을 만들어낼 수 없기 때문에 나타난다. '사치품'을 생산하기에는 너무나 큰 비용이 필요하며 부유해질수록 그 비용을 감당할 '여유'가 점점 더 없어진다. 위에 언급한 농업 전문가들의 계산에 따르면 여섯 개 EC 회원국*이 농업을 유지하는 데 따르는 '부담'은 '국민 총생산의 3퍼센트 정도'에 이를 정도로 '무시할 수 없는' 규모다. 어떤 사람은 국민 총생산이 연간 3퍼센트 이상 성장하므로 이 정도의 '부담'이야 어렵지 않게 감당할 수 있다고 생각할지 모른다. 그러나 전문가들은 다음과 같이 말한다.

"국가의 자원은 주로 개인 소비, 투자, 공공 서비스에 이용되

---

* EC 창립국인 벨기에, 프랑스, 서독, 이탈리아, 룩셈부르크, 네덜란드를 말한다.

므로 (…) 농업이든 산업이든 사양 업종을 지탱하기 위해 그렇게 큰 비율(3퍼센트)의 자원을 사용해버리면 EC는 (…) 필요한 개선책을 실시할 기회를 잃는다."[31]

　이제 모든 것이 분명해졌다. 수익성이 없는 농업은 '사양 업종'이다. 왜 농업을 지원하는가? '필요한 개선책'은 토지가 아니라 오로지 농민의 소득에 대한 것일 뿐이며 이마저도 농민의 숫자가 줄어들어야만 가능하다. 그러나 이는 도시인, 즉 살아 있는 자연에서 유리된 채 자신들의 우선순위를 고집하면서 경제적인 의미에서 더는 '여유'가 없다고 주장하는 사람들의 철학이다. 사실상 어떤 사회든 토지를 건강하고 아름답게, 오래도록 보존할 만한 여유가 충분하다. 기술적인 어려움이 있는 것도, 적절한 지식이 부재한 것도 아니다. 우선순위가 문제라면 경제 전문가에게 자문할 필요는 없다. 오늘날 토지 관리, 가축 관리, 식량의 저장과 가공, 분별없는 도시화 따위의 영역에서 나타나는 각종 남용을 변명하기에 우리는 이미 생태계를 너무 많이 알고 있다. 우리가 이런 남용을 허용한다면 그 이유는 생태계 남용을 막을 수 없을 정도로 가난하기 때문이 아니라 사회에 메타경제학적 가치에 기반한 신념이 존재하기 위한 확고한 기반이 없다는 사실 때문이다. 이 신념이 없을 때, 경제 계산이 우리를 지배한다. 이는 필연이다. 어찌 다른 상황이 나타날 수 있겠는가? 흔히 이야기하듯이 자연은 진공을 싫어하므로 이용 가능한 '정신의 공간'이 무언가 높은 동기로 채워지지 않는다면 필연적으로 열등한 동기(경제 계산이라는 형태로 합리화되는 비열하고 타산적인 생활 태도)로 채워지게 된다.

　내가 보기에 토지와 거기에 사는 동물을 향한 냉담한 태도는 상당히 많은 다른 태도로 이어진다. 이를테면 급격한 변화에 열광하거나 기술이나 조직, 화학, 생물학 따위의 분야에서 나타나는 새로운 일에 사로잡혀서 장기 결과를 미약하게나마 이해하기도 훨씬 전에 이를 적용하길 고집하는 태도 말이다. 혹은 이런 태도가 나타날 틀림없는 징후로 독해할 수도 있다. 우리가 인간 다음으로 소중한 자원인 토지를 어떻게 다루어야 할지의 문제는 단순하지만 우리의 생활 방식 전체를 담고 있다. 그러므로 우리는 토지 정책을 실질적으로 변경하기 전에 종교는 아닐지라도 철학만큼은 크게 고쳐야 한다. 이는 우리가 어떤 일을 할 여유가 있느냐의 문제가 아니라 어떤 일을 선택해서 돈을 쓸 것이냐의 문제다. 메타경제적 가치를 넓은 마음으로 수용하는 쪽으로 돌아갈 수 있다면 풍광이 다시금 건강하고 아름다워질 것이며 인간의 존엄성도 회복될 것이다. 나아가 사람들은 자신이 동물보다 높은 존재라는 사실을 알면서도 높은 신분에는 도덕적 의무가 따른다는 원칙을 결코 잊지 않을 것이다.

산업 자원[32]

8장

근현대 산업에서 가장 놀라운 점은 곳곳에서 그 필요성을 언급하지만 그 성과가 너무도 작다는 사실이다. 근현대 산업은 상상할 수 없을 정도로 비효율적으로 보인다. 지금까지 근현대 산업의 비효율성이 눈에 띄지 않은 것은 이 때문이다.

　오늘날 산업이 가장 발달한 국가는 의심할 나위 없이 미국이다. 미국의 인구는 약 2억 700만 명으로 세계 인구의 5.6퍼센트를 차지한다. 인구 밀도는 평방 마일당 겨우 57명(전 세계 평균은 70명이 넘는다)으로 국토 전체가 북반구에 위치하고 세계에서도 인구 밀도가 낮은 지역으로 꼽힌다. 세계 전체 인구를 미국에 옮겨놓더라도 인구 밀도는 단지 오늘날 영국 수준일 것으로 추정된다. 이것이 '불공정'하다고 생각할지도 모르겠다. 그러나 영국 전체*를 고려하더라도 인구 밀도가 미국의 열 배 이상이라는 점을 알 수 있다(이는 미국이 세계 총인구의 절반 이상을 받아들여야만 인

144

구 밀도가 영국 전체 수준에 도달할 수 있음을 의미한다). 아울러 인구 밀도가 이보다 훨씬 높은 산업국도 많다. 소련을 제외한 유럽 전체의 인구 밀도는 평방 마일당 242.7명, 즉 미국의 4.25배다. 이런 비교에 비추었을 때, 미국이 너무 인구가 많거나 너무 좁아서 불리하다고 말할 수는 없다.

또한 미국의 국토에 자연 자원이 부족하다고 말할 수도 없다. 오히려 인류 역사상 이처럼 훌륭한 자원을 풍성하게 가진 넓은 영토를 개척한 적이 없었다. 그동안 많은 것을 채굴하고 파괴했지만 아직도 풍성하다.

그렇지만 미국의 산업 체계는 국내 자원만으로 존속할 수 없기에 미국은 원료 공급지를 확보하기 위해 전 세계에 촉수를 뻗칠 수밖에 없었다. 왜냐하면 미국에 사는 전 세계 5.6퍼센트의 인구가 전 세계 1차 자원의 40퍼센트 정도를 필요로 하기 때문이다. 앞으로 10년이나 20년 또는 30년 후의 상황을 예측하면 언제나 미국 경제가 점점 더 해외 원료에 의존할 것이라는 결론이 나온다. 예를 들어 국가석유심의회NPC는 미국이 1985년경에 원유 수요의 57퍼센트를 수입에 의존할 것으로 추정했는데, 이 규모는 8억 톤 정도로 현재 서유럽과 일본이 중동과 아프리카에서 수입하는 원유의 규모를 크게 웃도는 수준이다.

세계 인구의 6퍼센트도 안 되는 사람들을 위해 세계 1차 자원의 40퍼센트를 소비하는 산업 체계가 효율적이라고 할 수 있는

---

*   영국은 잉글랜드, 스코틀랜드, 웨일스, 북아일랜드로 구성된 연방 국가다.

경우는 오로지 그것이 인간의 행복, 복지, 문화, 평화, 조화 측면에서 놀랄 만큼 훌륭한 성과를 올렸을 때뿐이다. 미국의 체계가 이런 일을 해내지 못하고 있다거나 그럴 조짐조차 보이지 않는다는 사실을 굳이 설명할 필요는 없다. 이런 일은 오로지 더 높은 생산 증가율(필연적으로 세계의 유한한 자원을 더욱더 요구하는 상황과 맞물린)에 도달할 때만 가능하기 때문이다. 미국대통령경제자문위원회의 전임 의장 헬러Walter Heller 교수는 다음과 같이 말했는데 이는 대다수 근현대 경제학자들의 견해를 반영하는 게 틀림없다.

국민의 소망을 충족시키려면 팽창이 필요하다. 완전 고용과 고도성장을 확보한 경제는 저성장 경제보다 토지, 공기, 물을 보호하고 소음 공해와 싸우기 위해 공공 자원과 민간 자원을 활용하는 데 유리한 조건을 갖고 있다.

헬러 교수는 "성장 없이는 성공적인 경제를 생각할 수 없다"고 말했다. 하지만 미국 경제가 계속해서 빠르게 성장해야만 성공이라고 생각한다면, 그 성장이 다른 국가들에서 자원을 점점 더 많이 도입할 수 있는 능력에 달렸다면, 미국보다 훨씬 '뒤처진' 전 세계 94.4퍼센트의 인구는 어떻게 해야 하는가?

고도성장의 산물처럼 보이는 오염과 싸우는 데 또다시 고도성장이 요구된다면 이런 악순환에서 벗어날 희망은 어디에 있는가? 어찌 되었든 문제는 지구상에 그토록 많이 소비하면서도 성과는 아주 적은 산업 체계가 계속해서 발전할 수 있을 만큼 많은 자원이 존재하는지에 의문을 던질 필요가 있다는 점이다.

오늘날 그렇지 않다고 주장하는 목소리가 계속해서 늘고 있다. 인류의 위기에 관한 로마클럽의 보고서인《성장의 한계*The Limits to Growth*》를 집필한 MIT 연구 집단의 견해는 아마도 이 가운데 가장 대표적인 사례일 것이다. 보고서에는 세계적으로 이미 알려진 자원 매장량을 보여주는 흥미로운 표가 실렸다. 보고서에는 현재와 같은 소비 규모라면 이미 알려진 매장량으로 몇 년을 버틸 수 있는지, 소비 규모가 기하급수적으로 증가한다면 몇 년을 버틸 수 있는지, 아울러 매장량이 이미 알려진 수준의 다섯 배로 증가한다면 점증하는 소비를 몇 년 동안 충족할 수 있는지에 대한 추정치가 담겼다. 이 추정치는 모두 산업 사회에서 아주 중요한, 재생할 수 없는 19가지 자연 자원을 대상으로 했다. 여기서 특히 '전 세계 총소비에서 미국이 차지하는 비중'을 보여주는 표의 마지막 부분이 흥미롭다.

알루미늄	42%	크롬	19%	석탄	44%	코발트	32%	구리	33%
금	26%	철	28%	납	25%	망간	14%	수은	24%
몰리브덴	40%	천연가스	63%	니켈	38%	석유	33%	백금	31%
은	26%	주석	24%	텅스텐	22%	아연	26%		

이 중 미국이 자국 제품으로 국내 소비를 충족할 수 있는 자원은 한두 가지에 불과하다. 저자들은 일정한 전제 조건 아래서 이 자원들이 언제 고갈될 것인가를 계산한 후 조심스럽게 일반적

인 결론을 제시했다.

현재와 같은 자원 소비율과 그 증가율을 전제한다면 오늘
날 재생할 수 없는 중요한 자원들 대부분이 100년 후에는
굉장히 비싸질 것이다.

사실상 저자들은 '원료 공급을 위해 산출국과 맺은 국제 협정
에 크게 의존하는' 근현대 산업이 머지않아 전례 없는 위기에 직
면하리라고 믿는다.

각종 자원이 엄청나게 비싸지면 다양한 산업의 존립에 관
련된 경제적 난제가 발생하는 데 그치지 않고, 남은 자원이
특정 지역에만 집중되면서 산출국과 소비국 사이에서 상
상조차 할 수 없는 정치 문제가 나타날 것이다. 최근 남미
지역의 광산 국유화나 중동의 유가 인상 압력은 궁극적인
경제 문제가 생겨나기 훨씬 전에도 정치 문제가 나타날 수
있음을 시사한다.

MIT 연구 집단이 그토록 정밀한 가설적인 계산을 해낸 것이
유용할지는 몰라도 그다지 본질적이지는 않다. 결국 이 집단의 결
론은 가정에서 파생한 것이다. 유한한 세계에서 물질적 소비를 무
한히 증대하는 일이 불가능하다는 점을 깨닫기 위해서는 통찰력
을 간단히 작동시키는 것으로 충분하다. 또한 그 시간이 멀지 않
다는 결론을 얻기 위해 수많은 제품과 그것들의 추세, 피드백 고

리 feedback loop, 체계역학 system dynamics 따위까지 검토할 필요도 없다. 근현대 세계가 컴퓨터와 사실 집합을 신봉하고 단순성을 거부한다는 이유에서 지적인 사람이라면 봉투 뒷면을 이용하여 **간단히 계산**할 수 있는 결과를 얻고자 컴퓨터를 이용하는 것도 의미 있는 일이리라. 하지만 악마를 몰아내기 위해 악마의 우두머리인 바알세불 Beelzebub을 이용하는 일은 언제나 위험하며 대체로 자기 파괴적이기도 하다.

왜냐하면 MIT 연구 집단은 자원 대부분이 희소해질 가능성과 가격 상승에 그토록 주목하지만 근현대 산업 체계가 이런 요인으로 심각하게 위협받지는 않기 때문이다. 세계적인 자원 고갈을 언급하는 것이 의미 있으려면, 지구상에 이러한 자원이 얼마나 많이 존재하며 끊임없이 개선되는 기술로 얼마나 많이 채굴할 수 있는지, 바다에서 얼마나 많은 것을 얻어낼 수 있으며 재생할 수 있는 것은 얼마인지를 알아야 한다. 그러나 그 누가 이를 알 수 있겠는가? 사실상 필요는 발명의 어머니이므로 근현대 과학의 엄청난 지원을 받는 산업의 창조력이 이러한 분야에서 쉽게 패배하리라고 보이지는 않는다.

MIT 연구 집단이 이용 가능성이 다른 모든 것들의 전제 조건이면서 **재생**할 수도 없는 한 가지 물질적 요인인 에너지를 집중적으로 분석했더라면 사태를 정확히 인식하는 데 훨씬 도움이 되었을 것이다.

이미 앞장에서 에너지 문제를 언급한 바 있다. 이 문제에서 벗어나는 것은 불가능하다. 에너지 문제의 중요성은 아무리 강조해도 지나치지 않다. 에너지와 역학 세계의 관계는 의식과 인간 세계의 관계와 마찬가지라고 말할 수도 있다. 에너지가 부족하면 어떤 일도 할 수 없다.

1차 에너지가 충분히, 그것도 받아들일 만한 가격으로 존재하는 한, 그 어떤 1차 원료의 부족이 심각한 상황을 초래하리라고 믿을 만한 근거는 없다. 이와 달리 1차 에너지가 부족하면 다른 1차 제품 대부분의 수요가 줄어들어서 이들의 공급 부족 문제는 거의 생겨나지 않을 것이다.*

이는 기본적 사실로 완전히 명백하지만 아직 충분히 인정받지 못하고 있다. 지금도 근현대 경제학의 **수량**에만 집중하는 태도에 기대어 에너지 공급 문제를 단순히 수많은 문제 중 하나로 취급하려는 경향이 있는데 사실상 MIT 연구 집단이 한 일도 여기에 속한다. 수량에 집중하는 태도는 질적 이해를 가로막으며, 심지어 '크기 순서orders of magnitude'의 질조차 파악하지 못하게 만든다. 게다가 사실상 근현대 산업 사회의 에너지 공급 전망에 대한 논의가 일반적으로 현실성이 없는 이유도 대체로 여기에 있다. 예를 들면 '석탄이 고갈되고 있으며 석유로 대체될 것이다'라고 말하는 사람에게 그렇게 되면 이미 알려졌거나 예상되는(즉 아직은 발견되지 않은) 원유 매장량이 빠르게 줄어들 것이라고 지적하면, 그

---

* 1차 에너지는 나무, 석유, 석탄처럼 자연에서 처음 얻어낸 에너지를 지칭하며 1차 원료는 면화나 양모처럼 자연에서 처음 얻어낸 산업 원료를 의미한다. 이 것을 가공 처리한 것이 1차 제품이고, 이를 다시 가공 처리한 것이 2차 제품이다. 이를테면, 두부는 콩이라는 1차 원료를 가공 처리한 1차 제품이며, 두부찌 개는 두부라는 1차 제품을 원료로 이용한 2차 제품이다.

사람은 '아주 빠르게 원자력 시대로 넘어가고 있기에' 걱정할 필요가 없다고, 특히 화석 연료의 보전은 조금도 걱정할 필요가 없다고 시큰둥하게 답변한다. 국가기구와 국제기구, 위원회, 연구소 따위에서 헤아릴 수 없을 만큼 많은 연구가 이루어지는데, 이들은 모두 치밀한 계산을 거듭한 끝에 서유럽의 석탄 수요가 줄어들고 있으며 앞으로도 급속히 줄어들 것이므로, 광부들을 충분히 빠르게 줄이는 방법을 찾는 것이 유일한 과제라고 주장한다. 이들 연구의 저자들은 예나 지금이나 충분히 예측할 수 있는 전체 상황을 살피지 않고 거의 항상 이 상황의 수많은 구성 부분들을 살펴보지만, 이 중 그 무엇도 개별적으로 예측할 수 없다. 왜냐하면 전체를 이해하지 않으면 부분도 이해할 수 없기 때문이다.

한 가지 사례만 들어보자. 유럽석탄철강공동체는 1960~1961년에 이루어진 정교한 연구에서 1975년까지 EC의 연료와 에너지에 관해 사람들이 알고 싶어 할 만한 모든 질문에 명확한 숫자를 제시하면서 대답했다. 이 보고서가 발표된 직후 쓴 논평 일부를 인용한다.[33]

누군가 15년 후 자기 나라 광부의 임금과 생산성의 변화를 예측할 수 있다면 아주 놀라운 일이리라. 그가 미국산 석탄의 가격과 대서양 운송료까지 예측한다면 더욱더 놀라운 일이리라. 이 보고서의 저자들은 어느 정도 양질의 미국산 석탄 가격이 북해 연안의 자유 무역항에서 1970년에는 '톤당 약 14.5달러'에 이를 것이며 1975년에는 이를 '약간 상회'할 것이라고 말한다. 그리고 '약 14.5달러'라는 말을

'13.75달러와 15.25달러 사이에 있는 것', 즉 ±5퍼센트인 1.5달러의 오차를 가진 것으로 이해해야 한다고 말한다.

(실제로 유럽의 여러 항구에서 미국산 석탄의 c.i.f. 가격*은 1970년 10월에 맺은 신규 계약 때문에 톤당 24~25달러로 인상되었다!)

〔이 저자들은〕 천연가스와 원자력에 다양한 추정치를 제시하면서도 원유 가격은 위와 비슷하게 톤당 17~19달러 선이 될 것이라고 예상한다. 저자들은 자신들이 이러한 (그리고 수많은 다른) '자료들'을 갖고 있으므로, 1970년에 EC에서 어느 정도 석탄이 생산될 때 경쟁력이 있는가를 쉽게 계산할 수 있으며, 그 해답은 '약 1억 2,500만 톤, 즉 현재 생산량의 절반을 약간 넘는 수준'이라고 말한다.

오늘날 우리는 흔히 미래를 위해 아무것도 안 하는 것보다 추정치라도 제시하는 게 낫다고 생각한다. 현재 미지의 것에 대한 추정치를 만드는 방법은 어떤 것을 추측(이른바 '전제'라 불리는)한 다음에 여기서 복잡한 계산을 거쳐 추정치를 도출하는 것이다. 이 추정치는 과학적 추론의 산물로 단순한 어림짐작보다 월등하게 좋다고 여겨진다. 그러나 이는 오직 엄청나게 큰 계획적인 오류planning errors로 이

---

* 운임 및 보험료carriage, insurance, freight를 포함하는 가격, 즉 구매자가 실제로 물품을 수령할 때 지불하는 가격을 지칭한다.

어질 뿐인 치명적인 행동이다. 왜냐하면 실제로 사업가의
판단이 필요한 문제에 거짓 대답을 제시하는 것이기 때문
이다.

이 보고서는 수많은 자의적인 전제를 세운 후에 이를 이른
바 계산기에 넣어 '과학적인' 결론을 도출했다. 단순히 결
론을 가정하는 편이 좀 더 저렴하고 정직한 방법이다.

실제로 '치명적인 행동'은 계획적인 오류를 극대화했다. 서
유럽 석탄 산업의 능력은 EC에서만이 아니라 영국에서도 이전의
절반 수준으로 줄어들었다. 1960년부터 1970년 사이에 EC에서
는 수입 연료 의존도가 30퍼센트에서 60퍼센트 이상으로 상승했
으며 영국에서는 25퍼센트에서 44퍼센트로 뛰어올랐다. 1970년
이후에 나타날 수 있는 전체 상황을 예상하는 일이 완벽하게 가능
했지만 서유럽 각국의 정부들은 대다수 경제학자의 뒷받침 아래
석탄 산업의 절반 정도를 의도적으로 파괴했다. 이는 마치 석탄이
수익성이 있으면 생산하지만 수익성이 없으면 포기해도 되는 수
많은 상품 중 하나에 불과하다는 태도였다. **장기적으로** 국내 석탄
공급을 무엇으로 대체할 것인가라는 질문에 다른 연료가 '예측 가
능한 미래에' 저가로 풍부하게 공급될 것으로 확신한다는 답변이
돌아왔지만 이 확신은 희망 사항일 뿐이었다.

당시(혹은 오늘날)에 정보가 부족한 것도, 정책 입안자들이
중요한 사실을 간과한 것도 아니었다. 오히려 완벽하게 적절한 정
보가 있었으며 미래 경향도 완벽하게 추론해서 현실에 걸맞게 추
정한 것이 존재했다. 그런데 정책 입안자들은 맞는다고 생각하는

것에서 정확한 결론을 이끌어낼 수 없었다. 예측 가능한 미래에 심각한 에너지 부족 현상이 일어날 수 있다고 지적한 사람들의 주장은 주목받거나 반대 논증으로 반박당하지 않고 단순히 비웃음을 받거나 무시되었다. 먼 미래에 원자력이 어떻게 되든지 간에 이번 세기 동안에는 무엇보다도 원유가 세계 산업의 운명을 좌우하리라는 점을 깨닫는 것은 그리 어려운 문제가 아니었다. 10여 년 전에는 원유의 미래를 어떻게 말했을까? 아래는 내가 1961년 4월에 강연한 내용이다.

이미 30년이나 50년 전에 누군가가 원유 공급이 머지않아 고갈되리라고 예측했을 수도 있지만 오늘날 실제로는 그렇지 않다는 사실 때문에 원유의 장기 이용 가능성을 전망하는 것이 썩 내키지는 않는다. 놀랄 정도로 많은 사람이 오래전에 누군가가 한 빗나간 예측을 지적하면서, 연간 산출고가 아무리 빠르게 증가하더라도 원유는 결코 고갈되지 않을 것이라고 한 주장이 어느 정도 입증된 듯 보인다. 원자력과 마찬가지로 미래의 원유 공급에서도 많은 사람이 이성조차 침투할 수 없는 무한한 낙관론을 선택한다. 나는 원유 전문가들oil people의 정보에 기대어 판단하고 싶다. 이들은 원유가 곧 고갈될 것이라고 말하지 않는다. 반대로 이들은 앞으로도 지금까지 발견된 것보다 훨씬 더 많은 양의 원유가 발견될 것이며, 적절한 비용으로 채굴할 수 있는 전 세계 원유 매장량이 오늘날 연간 산출고의 약 200배인 2,000억 톤 정도에 이를 것이라고 말한다. 오늘날 이른바 '이미 확인된' 원유 매장량은 약 400억 톤으로 알려졌는데 이를 매장량의 전부로 여기는 초보적인 실수를 저지르는 사람은 분명히 아무도 없다. 오히려 사람들은 앞으로 몇십 년 동안에 1,600억 톤이라는, 거의 상상하기 힘들 정도로 많은 원유가 더 발견되리라는 주장을 믿으면서 행복해한다. [그러나 이 주장이 실현되리라고] 거의 상상하기 힘든 이유는 무엇인가? 최근 사하라 사막에서 발견된 커다란 (원유에 대한 많은 사람의 미래 전망을 근본적으로 변화시켰다고 믿을 정도로 커다란) 유전도 이 숫자에는 좀체 영향을 미치지 못하기 때문이다. 현재 전문가들은 이 사하라 유전의 매장량이 10억 톤 정도에 이른다고 본다. 이는 프랑스의 현재 연간 원유 수요량과 비교한다면 상당히 큰 규모다. 그러나 예측 가능한 미래에 발견될 것이라고 여겨지는 1,600억 톤과 비교한다면 조족지혈이다. 내가 '거의 상상하기 힘들다'고 말한 이유도 여기에 있다. 사하라 유전 같은 규모의 유전을 160개나 발견한다고 상상하는 것은 실제로 어려운 일이기 때문이다. 그렇지만 그런 일이 실현될 수 있고 실현될 것이라고 가정해보자.

그렇다면 현재의 소비율을 유지하더라도 이미 확인된 원유 매장량으로는 40년 동안 충분하고 총매장량으로는 200년 동안 충분할 것처럼 보인다. 그러나 불행하게도 소비율은 안정된 것이 아니며 역사를 보면 매년 6~7퍼센트씩 상승하고 있다. 실제로 지금부터라도 이 상승세가 멈춘다면 석탄을 사회적 권리로 대체해도 문제될 것이 없다.

그런데 사람들은 누구나 원유가 계속해서 일정 비율로 증가(여기서는 전 세계 차원에서 말하고 있다)할 것이라고 확신하는 듯하다. 전 세계를 휩쓸고 있는 산업화는 주로 원유의 힘에 의존한다. 이 과정이 갑자기 정지되리라고 상상할 수 있는가? 그렇지 않다면 순수하게 산술적인 맥락에서 그것이 얼마나 오랫동안 지속될 수 있는지를 살펴보는 것도 의미 있는 일이리라. 여기서 제안하는 것은 예측이 아니라 단순한 실험적 계산, 즉 엔지니어들이 실현 가능성 연구feasibility study라고 부르는 것이다. 매년 7퍼센트씩 성장한다는 것은 10년이면 두 배가 된다는 것을 의미한다. 그러므로 1970년에는 전 세계 원유 소비가 연간 20억 톤이 될 것이다(실제로는 22억 7,300만 톤이었다). 10년 동안 신규 확인량은 대략 150억 톤 정도일 것이다. 이미 확인된 매장량을 400억 톤으로 유지하려면 10년 동안에 대략 150억 톤 정도가 새롭게 확인되어야 한다. 이는 역으로 현재 확인된 매장량은 연간 산출고의 40배이지만 후자가 두 배 늘어나면 전자도 20배 늘어나야 한다는 의미다. 이러한 추론에서 내부적으로 이치에 맞지 않거나 불가능한 것은 없다. 그러나 연료 공급 문제를 논할 때, 10년은 너무도 짧은 기간이다. 그러므로 1980년경까지 또 다른 10년을 생각해보자. 소비가 계속해서 매년 약 7퍼센트씩 늘어난다면 1980년에는 그 규모가 약 40억 톤에 이른다. 이 10년 동안 신규 확인량은 대략 300억 톤이 될 것이다. 이미 확인된 매장량의 '수명'을 20년(감가상각을 감안해서 적어도

20년을 내다볼 수 없을 때 대규모 투자를 감행하려는 사람은 거의 없다)으로 본다면 300억 톤의 산출량을 보충하는 것만으로는 충분하지 않다. 오히려 확인된 매장량을 800억 톤(40억 톤의 20배)까지 늘려야 한다. 그렇다면 이 10년 동안에 700억 톤 이상이 새롭게 발견되어야 한다. 이러한 숫자는 이미 비현실적이다. 게다가 그때(1980년)까지 우리는 원래 보유한 2,000억 톤 중에서 약 450억 톤을 써버릴 것이다. 1980년의 소비율을 그대로 유지하더라도 나머지 1,550억 톤(이미 발견된 것과 아직 발견되지 않은 것을 합한)을 소비하는 데 40년도 안 걸릴 것이다. 그렇다면 1980년 이후에는 고도성장을 지속하는 것이 거의 불가능할 것이라는 점을 깨닫는 데 산술적 증명이 더는 필요하지 않은 셈이다.

이것이 '실현 가능성 연구'의 산물이다. 선도적인 원유 지질학자들이 밝힌 원유 매장량 추정치에 조금이라도 진실이 있다면, 원유 산업이 앞으로 10년 동안은 기존의 성장률을 틀림없이 유지할 수 있겠지만, 20년 동안 계속할 수 있을지는 상당히 의심스러우며, 1980년 이후에는 고도성장을 지속할 수 없다는 게 거의 확실하다는 점이다. 1980년이나 그해 전후에 원유 소비량은 최고조에 이를 것이며 이미 확인된 매장량도 절대적인 규모에서 최고가 될 것이다. 전 세계 원유 자원이 바닥을 보이리라고 말하는 것은 아니다. 원유 소비의 증가세oil growth가 끝날 거라는 의미다. 여담이지만 미국의 천연가스는 오늘날 이미 이런 상태에 도달한 듯 보인다. 소비가 최고조에 도달했지만 현재의 산출량과 남은 매장량을 비교해볼 때, 이제 더는 소비 증가가 불가능한 상태다.

원유 소비율이 높은 선진 산업 국가지만 국내 공급처가 없는 영국에서 원유 위기는 세계적으로 원유 자원이 고갈될 때가 아니라 원유 공급의 증가세가 멈추었을 때 나타날 것이다. 우리의 실험적 계산에 따르면 그 시점은 대략 20년 후다. 그때는 이미 산업화가 전 세계로 확산해 여전히 격심한 빈곤에 시달리고 있을 저개발국마저 생활 수준을 향상시키려는 열망에 사로잡혀 있을 것이며 그 결과는 원유 공급을 확보하려는 강렬한 투쟁, 심지어 무력 투쟁으로까지 이어질 수 있다. 이런 상황에서는 [원유에 대한] 욕구는 크지만 국내 공급처가 거의 없는 국가들이 취약한 위치에 놓일 수 있다.

독자들이 원한다면 기본 가정의 50퍼센트까지 변화시키면서 실험적 계산을 좀 더 정교하게 해볼 수도 있겠지만 결과가 별로 변하지 않는다는 점을 알게 될 것이다. 독자들이 좀 더 낙관적인 쪽으로 기울고 싶다면 성장이 극대화되는 시점을 1980년이 아닌 몇 년 뒤로 미룰 수도 있다. 그렇게 한다고 해서 문제될 게 있겠는가? 우리나 우리의 자식들이 단지 몇 살 더 나이를 먹을 뿐이다.

이 모든 것은 영국 석탄 자원의 수탁자trustee인 석탄공사가 한 가지 결정적인 임무와 책임을 지니고 있음을 의미한다. 세계적인 원유 확보 경쟁이 나타났을 때 석탄을 충분히 공급할 수 있어야 한다는 임무와 책임 말이다. 석탄공사가 온갖 종류의 일시적인 원인 때문에 발생한 현재의 원유 과잉과 저유가를 빌미로 석탄 산업 전체나 이 산업의 상당 부분을 청산한다면 임무와 책임을 이행할 수 없을 것이다.

1980년에 석탄의 지위는 어떻게 될 것인가? 모든 지표에 비추어볼 때, 영국의 석탄 수요는 현재보다 증가할 것이다. 원유는 여전히 풍성하겠지만 분명히 모든 수요를 충족시킬 만큼 충분하지는 않을 것이다. 전 세계적으로 원유 확보 경쟁이 나타나면서 아마도 원유 가격이 상당히 높아질 것이다. 우리는 영국석탄공사가 앞으로 나타날 어려운 시기를 대비해서 석탄 산업을 안전하게 유지하면서 연간 200억 톤 정도의 석탄을 효율적으로 생산하는 능력을 가급적 유지해주기를 원한다. 때로는 석탄을 줄이고 원유 수입을 늘리는 게 일부 소비자나 경제 전체에 좀 더 경제적이거나 편리한 것처럼 보일 수도 있다. 그러나 그렇다고 해도 국가의 연료 정책은 장기 전망에 따라 결정해야 한다. 그리고 이 장기 전망은 인구 증가나 산업화와 같은 세계적인 변화 요인을 고려해야 한다. 각종 지표에 비추어볼 때, 1980년대까지 세계적으로 인구는 지금보다 적어도 3분의 1 정도 늘어나고, 산업 생산은 2.5배 증가할 것이며, 연료 사용량도 두 배 이상으로 증가할 것이다. 연료의 총소비량이 두 배로 승가하려면 원유 산출량과 수력 발전량은 각각 네 배와 두 배 늘려야 하고, 천연가스 생산은 적어도 현재 수준으로 유지해야 하며, (아직은 적은) 원자력 이용 규모

를 상당히 늘려야 한다. 석탄 생산도 20퍼센트 정도 증가
시켜야 한다. 물론 앞으로 20년 동안 지금은 예상할 수 없
는 일들이 많이 생길 수 있다. 상황에 따라 석탄 수요가 늘
어나거나 줄어들 수도 있다. 아직 알지 못하거나 예상할 수
없는 일에 기대어 정책을 수립할 수는 없다. 예상할 수 있
는 일에 기대어 정책을 수립하는 일은 석탄 산업을 보호하
는 정책이지 포기하는 정책은 아닐 것이다.

60년대에 이와 같은 경고나 발언이 수없이 나타났지만, 이들
은 모두 1970년에 연료 공급 부족 현상이 일반화될 때까지 주목
받지 못했을 뿐만 아니라 심지어 비웃음과 경멸의 대상이기도 했
다. 유전이나 가스전이 새롭게 발견될 때마다 '모든 미래의 전망
을 근본적으로 변화시킬' 대사건으로 환대받았다. 마치 위에서 제
시된 분석 유형은 매년 새로운 대발견이 이루어질 것이라는 점을
감안하지 않았다는 듯이 말이다. 오늘날 1961년의 실험적 계산을
비판할 수 있다면 주로 모든 추정치를 약간 과소평가했다는 점이
문제될 것이다. 내가 10년이나 12년 전에 예상한 것보다 상황이
빠르게 변하고 있다.

오늘날에도 예언자들은 여전히 아무런 문제가 없다고 주장
한다. 1960년대에 원유 회사들이 (자신들의 입장을 옹호하기 위해)
제시한 자료들은 이들의 입장을 완전히 부정하는 것이었지만 부
드러운 태도로 약속을 남발한 쪽은 주로 이 회사들이었다. 오늘
날은 서유럽 석탄 산업이 설비의 절반 정도와 채굴 가능한 탄광
의 절반 이상을 이미 폐기 처분한 상태이므로 예언자들의 말이 달

라지고 있다. 이전에는 아랍 국가들이 비아랍 국가들과의 관계에서는 말할 것도 없고 내부에서도 합의를 도출할 수 없을 것이므로 석유수출국기구 OPEC이 결코 영향력을 행사하지 못할 것이라고 했다. 그런데 오늘날 OPEC은 분명히 지금까지 보지 못한 가장 강력한 독점체다. 이전에는 원유 수입국이 수출국에 의존하고 있는 만큼 수출국도 수입국에 의존한다고 했다. 하지만 오늘날 이는 단지 희망 사항일 뿐이다. 왜냐하면 원유 소비국의 욕구가 너무나 크고 그 수요도 비탄력적이므로 원유 수출국들은 행동을 통일해서 간단히 산출량을 줄이는 방법만으로도 실제로 수입을 늘릴수 있기 때문이다. 원유 가격이 너무 오르면(그것이 무엇을 의미하든지 간에) 원유가 터무니없이 비싼 가격 때문에 시장에서 사라질 것이라고 주장하는 사람들이 아직도 존재한다. 그러나 양적으로 원유를 곧바로 대체할 만한 것이 없기 때문에 실제로 원유가 터무니없이 비싼 가격 때문에 시장에서 사라지는 일은 결단코 없을 것이다.

한편 산유국들은 돈만으로 국민에게 새로운 삶의 원천을 제공할 수는 없다는 점을 깨닫고 있다. 여기에는 돈 외에 많은 노력과 상당히 긴 시간이 필요하다. 원유는 '사라질 자산'이므로 원유의 소비 속도가 빨라질수록 새로운 경제적 생활 기반을 구축하는 데 필요한 시간은 점점 더 짧아진다. 결론은 명백하다. 원유의 '수명'을 가능한 연장하는 것이야말로 원유 수출국과 수입국 모두에게 실질적으로 장기적 이익을 제공한다는 점 말이다. 전자에게는 새로운 생활 원천을 개발하는 데 시간이 필요하며, 후자에게는 원유가 희소해져서 굉장히 비싸지는 상황(우리 대부분이 살아 있는 동안에 틀림없이 나타날)에 대비해서 원유에 의존하는 경제를 조정할 시간이 필요하다. 양자에게 가장 위험한 것은 세계적으로 원유의 생산과 소비가 급속히 늘어나는 움직임이 지속되는 상황이다. 원유와 관련된 파국을 피하는 길은 오로지 [원유 수입국과 수출국이라는] **두 집단의 국가들이 근본적으로 일치하는 장기 이해관계를 가졌다**는 점을 완전히 깨닫고 연간 원유 소비량을 안정화하면서 점차 줄여나가도록 행동을 통일하는 길뿐이다.

원유 수입국 중 문제가 아주 심각한 국가는 분명히 서유럽과 일본이다. 두 지역은 원유 수입 경쟁에서 '낙오자'가 될 위험이 있다. 이 명백한 현실을 보여주는 데 컴퓨터를 이용한 정교한 연구까지 필요하지는 않다. 최근까지 서유럽은 '한없이 저렴한 에너지의 시대로 접어들고 있다'는 기분 좋은 환상 속에서 살고 있으며 누구보다도 저명한 과학자들은 미래에 '에너지가 흔해 빠진 상품이 될 것'이라는 견해를 타당하다고 인정했다. 1967년 11월에 발행된《영국 연료 정책 백서 *The British White Paper on Fuel Policy*》는 다음과 같은 주장을 담았다.

북해에서 천연가스가 발견된 것은 영국의 에너지 공급사에서 하나의 대사건이다. 이 사건은 원자력이 잠재적인 주요 에너지원으로 부상하던 시기에 뒤이어 곧바로 나타났다. 이 두 가지 요인이 미래의 에너지 수급 양상을 근본적으로 변화시킬 것이다.

그로부터 5년이 지난 현재, 영국은 전보다 더 많이 수입 원유에 의존한다고 말할 뿐이다.* 1972년 2월에 환경부 장관에게 제출된 보고서는 에너지 관련 항목을 다음과 같이 시작했다.

우리가 받은 미래의 에너지 자원에 대한 보고 자료들에 따르면 영국과 세계 전체가 모두 불안감에 휩싸여 있음을 알 수 있다. 화석 연료의 고갈 시점이 언제인가에 대한 평가는 다양하지만 화석 연료의 수명은 제한이 있으므로 만족할 만한 대안을 찾아내야 한다는 인식이 점차 확산하고 있다. 개발도상국의 거대한 [개발] 초기 욕구, 인구 증가, 일부 에너지 자원이 결과 고려 없이 계속해서 소비되고 있다는 점, 앞으로 자원 이용 비용은 점점 더 높아질 수밖에 없을 것이라는 신념, 원자력이 가져올지 모르는 위험 따위의 요인들이 점점 더 관심을 불러일으키고 있다.

유감스럽게도 영국 탄광의 거의 절반 정도가 '비경제적'이라는 이유로 폐기(일단 폐기되면 영원히 사라진 것이나 진배없다)된 1960년대에도 '점점 더 관심을 불러일으키는' 것은 없었다. 게다가 놀랍게도 영향력이 큰 인사들은 [위와 같은 요인들이] '점점 더 관심을 불러일으키는' 상황에 아랑곳하지 않고 '경제적'인 이유로 폐광 작업을 지속해야 한다고 끊임없이 압력을 넣었다.

---

* 현재 영국은 북해 유전을 보유하고 있는 산유국이지만, 이 유전은 70년대 이후 개발된 것이다.

원자력은 구원인가, 저주인가?[34]

9장

미래의 에너지 공급에 안도감을 준 것은 무엇보다도 사람들이 적절한 때에 나타났다고 느끼는 원자력의 등장(지금은 점차 그 효력이 약화되고 있지만)임이 분명하다. 그러나 사람들은 원자력이 어떤 상태에 도달했는지는 거의 탐구하지 않았다. 그저 새롭고도 놀라운 것이자 진보였으며, 저렴할 것이라는 약속마저 어려움 없이 보장받은 것으로만 여겼다. 조만간 새로운 에너지가 필요하다면 당장 원자력을 이용하지 않을 이유가 있겠는가?

나는 6년 전에 당시로서는 굉장히 이단적이었던 견해를 다음과 같이 밝힌 바 있다.

개선이 확실한지 알 수 없는 변화는 의심스러운 축복이다. 하지만 경제학이라는 종교는 이러한 기본적인 진리를 무시한 채 급격한 변화라는 우상을 숭배하라고 권한다. 입증

책임은 '생태학적 입장'에 서 있는 사람들에게 전가된다. **이들**이 인간에게 분명히 폐해를 끼친다는 증거를 제시할 수 없는 한 변화가 지속될 것이다. 그러나 상식이 시사하는 바에 따르면 입증 책임은 변화를 원하는 사람에게 있다. 그러므로 그들은 원자력이 절대로 해롭지 않다는 점을 입증해야 한다. 그러나 이는 오랜 시간이 걸린다는 점에서 비경제적이다. 사실상 생태학은 최소한의 균형을 회복시키는 데 유용할 수도 있다는 점에서, 전문가와 비전문가를 막론하고 모든 경제 연구자들의 필수 과목으로 지정해야 한다. 왜냐하면 생태학은 다음과 같이 주장하기 때문이다.

"환경은 수백만 년 이상 변화해온 것으로 어떠한 장점을 가진 존재로 취급해야 한다. 지구는 150만 종 이상의 동식물이 서식하면서 토양과 공기의 똑같은 분자를 계속해서 사용하고, 그러면서도 대체로 균형이 잡힌 상태로 공존할 정도로 너무도 복잡한 행성이므로, 목적도 없는 섣부른 지식으로 개선될 수 없다. 복잡한 메커니즘에 변화가 나타나면 언제나 어느 정도 위험을 동반하므로 가능한 모든 자료를 신중히 검토한 후에야 비로소 변화를 시도해야 한다. 큰 변화에 앞서 먼저 작은 것부터 시험 삼아 시도해야 한다. 정보가 불완전하다면 변화는 아주 오랫동안 생명을 뒷받침해왔다는 사실을 누구도 부인할 수 없는 자연 과정에 가까운 상태로 그쳐야 한다."[35]

6년 전에 내가 제기한 주장은 다음과 같은 것이었다.

인간이 자연 세계에 도입한 변화 중 대규모 핵분열이야말로 가장 위험하고 심각한 게 틀림없다. 그 결과 전리 방사선ionising radiation이 가장 심각한 환경 오염원이자 인류의 생존을 위협하는 가장 큰 요인이 되었다. 앞으로 원자 폭탄이 또다시 사용되지 않을 가능성은 최소한의 정도로만 존재한다. 하지만 보통 사람들이 여기에만 관심을 보이는 것은 그리 놀랄 만한 일이 아니다. 핵에너지의 평화적 이용이 인류에게 훨씬 더 큰 위험을 가져올 수도 있다. 사실상 이 사회를 지배하는 경제학의 독재를 이만큼 잘 보여주는 사례는 없다. 석탄이나 석유를 사용하는 전통적인 발전소를 건설할 것인가 아니면 원자력 발전소를 건설할 것인가 하는 문제가 경제적 근거에 따라 결정되고 있다. 이 과정에서 너무도 성급하게 석탄 산업을 축소할 때 나타날지도 모르는 '사회적 악영향'은 대수롭지 않게 취급되는 듯 보인다. 그러나 핵분열이 인간의 생명에 믿기 힘들 정도의, 비교 대상이 없을 정도의 독특한 위험을 지녔다는 것은 조금도 고려되지 않으며 심지어 언급조차 된 적도 없다. 위험을 판단하는 것이 본업인 보험 회사는 세계 어디에서나 원자력 발전소를 제3자의 위험에 대한 보험 대상으로 취급하길 원하지 않으므로 특별법을 제정해서 국가가 거대한 채무를 부담해야 한다.[36] 그러나 보험 가입 여부와 무관하게 위험은 상존한다. 정부나 국민이 모두 '수익성'에만 관심을 보이는 이유는 바로 경제학이라는 종교에 사로잡혔기 때문이다.

권위 있는 사람들의 경고가 없는 것은 아니다. 알파선, 베타선, 감마선 따위가 살아 있는 세포에 어떤 영향을 미치는지는 이미 완벽하게 알려졌다. 방사능 입자는 탄환처럼 조직을 파괴하는데 파괴 정도는 주로 그 양과 세포 유형에 따라 달라진다.[37] 일찍이 1927년에 미국의 생물학자인 멀러H. J. Muller는 X선에 노출된 데서 비롯한 유전자 변이에 관한 유명한 논문을 발표했으며[38] 1930년대 초 이후에는 비유전학자들도 X선 노출이 유전자에 끼치는 위험성을 인정하기 시작했다.[39] X선 노출은 방사능에 직접 영향을 받은 사람들뿐만 아니라 그 자손들까지도 위험에 빠뜨린다는 점에서 분명히 지금까지 경험해보지 못한 '차원'의 위험이었다.

오늘날 인간은 방사능 물질을 만들 수 있고 실제로 만들고 있지만 일단 만들고 난 후 방사능을 줄일 능력은 없는데 이 역시 새로운 '차원'의 문제다. 일단 방사능 폐해가 나타나면 그 강도를 약화하는 길은 의학적 처방이나 물리적 조작이 아니라 그저 시간이 흐르길 기다리는 것뿐이다. 탄소 14$^{Carbon-14}$는 반감기가 5,900년이다. 이는 방사능이 반으로 줄어드는 데 거의 6,000년이 걸린다는 것을 의미한다. 스트론튬 90$^{Strontium-90}$의 반감기는 28년이다. 하지만 일부 방사능은 반감기가 얼마든 거의 무한히 지속되기에 방사성 물질을 안전한 장소에 보관하는 것만이 유일한 대책이다.

그러나 원자로가 배출한 대규모 방사능 폐기물을 두고 어디가 안전한 장소라고 말할 수 있는가? 지구상에 안전하다고 여겨질 만한 장소는 없다. 한때는 심해에 어떤 생명체도 살지 않는다는 가정 아래 폐기물을 그곳에 버리면 안전하다고 생각한 적도 있다.[40] 그러나 이 생각은 소련의 심해 탐사로 부정되었다. 방사능 물질은 생명체가 있는 곳이라면 어디에서나 먹이 사슬에 흡수된다. 방사능 물질을 물에 넣고 몇 시간이 지나면 이 중 상당 부분이 살아 있는 유기체 속에서 발견된다. 플랑크톤과 조류algae, 수많은 바다 동물은 방사능 물질을 1,000배, 때에 따라서는 1만 배까지 농축할 힘을 갖고 있다. 생명체는 다른 생명체를 먹고 살아가므로 방사능 물질은 먹이 사슬 꼭대기까지 이어지면서 인간에게 돌아온다.[41]

아직 폐기물 처리를 다루는 국제 협정은 체결되지 않은 상태다. 1959년 11월에 모나코에서 국제원자력기구회의가 열렸지만 합의안 도출에 실패했다. 대부분의 국가가 폐기물을 바다에 버리는 미국과 영국에 강하게 반대했기 때문이다.[42] '고준위high level' 폐기물은 계속해서 바다에 버려지고 있지만 이른바 '중준위' 폐기물과 '저준위' 폐기물은 하천에 버려지거나 땅속에 묻히고 있다. 미국정부원자력위원회A.E.C.는 한 보고서에서 액체 상태의 폐기물이 "방사능의 전부, 혹은 일부(이런!)를 화학적으로나 물리적으로 토양에 남긴 채, 조금씩 지하수에 스며들고 있다"고 간결하게 밝혔다.[43]

물론 가장 거대한 폐기물은 용도 폐기된 원자로 자체다. 원자로를 둘러싼 사소한 경제 문제 토론, 즉 원자로의 사용 연한이 20년인가, 25년인가, 아니면 30년인가에 대한 토론은 많이 진행되었다. 그러나 그 누구도 원자로가 해체되거나 옮길 수 있는 게 아니라 수백 년이나 수천 년 동안 그 자리에 그대로 방치될 수밖에 없으므로 그 사이에 소리도 없이 공기, 물, 토양 속으로 방사능이 유출되면서 모든 생명체에게 해를 끼친다는, 그래서 인간에게도 치명적인 문제라는 점은 논의하지 않는다. 그 누구도 앞으로 무자비하게 늘어날 이 악마의 공장의 개수와 위치는 고민하지 않는다. 물론 그 누구도 지진을 예상하지 않는다. 전쟁이나 내전, 미국 사회에서 종종 나타나는 폭동도 마찬가지다. 그러나 사용할 수 없는 원자력 발전소는 흉물스러운 기념물로 남아, 인류의 미래에는 평온함만이 존재하며 설령 그렇지 않더라도 현재 조금이나마 경제적 이익을 얻는 것에 비하면 아무것도 아니라는 가정을 흔들 것이다.

한편 정책 당국은 각종 방사성 물질의 '최대 허용 농도maximum permissible concentrations, MPCs'와 '최대 허용 수준maximum permissible levels, MPLs'을 결정한다. 최대 허용 농도는 인체 내 축적을 허용할 수 있는 방사능 물질의 양을 결정하려는 취지에서 나왔다. 하지만 **아무리 적은** 양이라도 축적되면 생물학적 폐해를 끼친다는 점은 이미 알려진 사실이다. 미국해군방사능연구소U.S. Naval Radiological Laboratory는 "우리는 이 효과를 완전히 제거할 수 있는지 알지 못하기 때문에 사람이 견딜 수 있는 정도, 즉 '수용'할 수 있거나 '허용'할 수 있는 한도를 자의적으로 결정(과학적인 판단이 아니라 행정상의 결정)할 수밖에 없다"고 설명했다.[44] 그러니 슈바이처와 같이 뛰어난 지성과 인품을 가진 사람이 이러한 행정상의 결정을 잠자코 받아들이지 않고 "누가 그런 권한을 주었는가? 누가 그러한 허용선을 결정할 자격을 주었단 말인가?" 하고 반발하는 것은 지극히 당연한 일이다.[45] 이러한 결정이 나타나기까지 과정을 살펴보면 아무리 좋게 보려 해도 심기가 불편해진다. 약 12년 전에 영국의료연구심의회British Medical Research Council는 다음과 같이 지적했다.

국제방사선방호위원회International Commission on Radiological Protection가 승인한 인체 내 스트론튬 90의 최대 허용 수준은 칼슘 1그램당 10억 분의 1큐리(=1,000SU)다. 그런데 이는 특정 직업에 종사하는 성인의 최대 허용 수준이므로 방사선에 훨씬 더 민감한 일반 국민이나 아이들에게 이 기준을 적용하는 것은 타당하지 않다.[46]

얼마 후에 일반 국민의 스트론튬 90 최대 허용 농도를 100SU로 낮추었다가 또다시 3분의 1을 떨어뜨려 67SU로 하향 조정했지만 원자력 공장 노동자의 최대 허용 농도는 2000SU로 상향 조정했다.[47]

우리는 이 문제와 관련된 복잡한 논쟁에 휘말리지 않도록 신중해야 한다. 문제의 초점은 '원자력의 평화적 이용'이 오늘날 생존한 사람들만이 아니라 모든 미래의 후손들에게까지 심각한 위험을 불러일으킨다는 점이다. 지금까지 원자력 에너지를 통계적으로 의미 없을 정도만 이용했는데도 말이다. 아직 본격적인 움직임은 나타나지 않았지만 그 규모는 상상을 초월할 것이다. 원자력이 본격적으로 이용되면 방사능 물질은 '뜨거운' 화학 공장과 원자력 발전소 사이를 끊임없이 움직일 것이다. 발전소에서 폐기물 처리 공장으로, 다시 폐기장으로 말이다. 운반이나 생산 과정에 심각한 사고가 발생하면 대참사로 이어질 것이다. 아울러 전 세계의 방사능 수준은 시간이 흐를수록 엄청나게 높아질 것이다. 모든 유전학자가 틀린 게 아니라면 (물론 약간 지체될 수는 있겠지만) 해로운 돌연변이의 발생 횟수도 마찬가지로 엄청나게 높아질 것이다. 오크리지연구소Oak Ridge Laboratory의 모건K. Z. Morgan은 그 피해가 운동성, 생식 능력, 감각 능력 같은 온갖 종류의 유기체 특질을 약화하는 아주 미묘한 결과로 이어질 수 있다고 역설했다.

"소량의 방사능이라도 유기체 생명 주기의 어느 단계에나 영향을 미칠 수 있다면 이런 영향이 반복될 때 대규모 방사능에 단 한 번 노출되는 것보다 심각한 피해가 나타날 수 있다. (…) 마지막으로 방사능에 오염된 개인이 생존하는 과정에서 명시적인 효과가 나타나지는 않더라도 돌연변이의 발생 빈도에 압력stress과 변화가 생겨날지도 모른다."[48]

뛰어난 유전학자들은 모든 노력을 다해서 돌연변이 발생률의 상승을 피해야 한다고 경고한다.[49] 뛰어난 의사들은 무엇보다도 아직 미흡한 방사선 생물학radiation biology 연구에 따라서 원자 에너지의 미래를 결정해야 한다고 주장한다.[50] 뛰어난 물리학자들은 "원자로를 (…) 건설하는 일보다 덜 과감한 수단"으로 (현재는 심각하지 않은) 미래의 에너지 공급 문제를 해결하도록 노력해야 한다고 말한다.[51] 뛰어난 전략 및 정치 문제 연구자들은 "아이젠하워 대통령이 1953년 12월 8일에 '평화를 위한 원자력 제안'으로 화려하게 주창한" 것처럼 플루토늄 생산 능력이 증가하면 원자 폭탄의 확산을 막을 수 있다는 희망이 현실적으로 존재하지 않게 된다고 경고했다.[52]

그러나 이렇게 묵직한 견해들은 거대한 '2차 원자력 계획'에 즉시 착수해야 하는가 아니면 (찬반이 나뉘겠지만 완전히 새로우면서도 계산할 수 없는 위험을 수반하지 않는) 전통적인 연료를 좀 더 오랫동안 고집해야 하는가를 논쟁하는 데 조금도 영향을 미치지 못한다. 그러한 견해들은 언급된 적도 없다. 인류의 미래에 중대한 영향을 미칠 수도 있다는 주장은 당장의 이익 앞에서 무시되는데 이는 마치 헐벗고 굶주린 상인 두 명이 할인 폭을 흥정하는 상황과 비슷하다.

　전리 방사선 때문에 대기, 물, 토양 따위가 오염되는 것과 매연 때문에 공기가 더럽혀지는 것을 비교하면 어떠한가? 나는 기존의 대기 오염이나 수질 오염 같은 해악을 경시하려는 게 결코 아니다. '차원의 차이'를 인정해야 한다는 것이다. 방사능 오염은 지금까지 인류가 알고 있는 그 어떠한 것과도 비교가 안 될 정도로 심각한 해악이다. 어떤 사람은 심지어 다음과 같이 질문할지도 모른다. 대기가 방사능 입자를 포함하고 있는데 깨끗한 대기를 주장한다는 것이 무슨 의미가 있는가? 대기를 보호할 수 있다고 해도 토양과 물이 오염되고 있다면 무슨 의미가 있겠는가?

　심지어 경제학자들은 다음과 같이 질문할지도 모른다. 후손들을 기형으로 만들 수도 있는 물질 때문에 우리의 유일한 지구가 오염되고 있다면 경제적 진보, 즉 이른바 높은 생활 수준이 무슨 의미가 있겠는가? 탈리도마이드thalidomide*의 비극에서 어떤 것도 배우지 못했는가? 이렇게 근본적인 문제를 뻔한 확인이나 "(이러저러한 기술 혁신이) 어떤 식으로든 해롭다는 점이 입증되지 않

---

*　수면제이자 진정제로 독성이 적어 입덧을 멎게 하는 약으로 임산부들에게 애용되었는데, 1960년대 초반부터 이 약을 복용한 임산부가 잇따라 기형아를 출산하자 시판이 중지되었다.

172

는 상황에서, 대중을 놀라게 만드는 일은 무책임의 극치다"[53]라는 정부의 설명에 따라 처리해도 되는가?

> 비턴Leonard Beaton은 핵무기의 확산을 두려워하는 사람들이 온갖 수단을 동원해 이를 가능한 한 오래 저지하려 노력하리라고 생각할지 모른다고 말한다. 미국, 소련, 영국이 엄청난 돈을 투입해서, 이를테면 기존의 연료가 에너지원으로서 과소평가되었음을 입증하고자 노력할 것이라고 기대할지 모른다. (…) 그러나 실제로 (이 국가들이) 보여준 노력은 역사상 가장 이해할 수 없는 정치적 환상 중의 하나로 평가해야 한다. 오직 사회학자들만이 역사상 가장 무서운 무기(핵무기)를 손에 넣은 사람들이 이를 생산하는 데 필요한 산업을 확장하려고 노력한 이유를 설명할 수 있으리라. (…) 다행스럽게도 (…) 아직 원자로 개수는 아주 적다.[54]

이를 두고 미국의 저명한 핵물리학자인 와인버그A. W. Weinberg는 다음과 같이 설명했다.

"단순히 원자 에너지의 부정적인 측면이 너무도 강하다는 이유로 선의의 사람들이 원자 에너지의 긍정적인 측면을 부각하고자 노력하는데 이는 이해할 만한 일이다."

그러나 그는 여기에 덧붙여 경고하기를 "핵 이론가에게는 자신들이 세계에 미칠 영향을 말하면서 어쩔 수 없이 낙관적인 태도를 보여야만 하는 개인적인 이유가 있다. 누구나 핵이라는 파괴 수단에 몰두하는 자기 자신을 정당화해야 한다(아울러 원자로 관

계자들도 죄책감에 시달린다. 핵무기 관계자들보다 그 정도만 약할 뿐이다).”⁵⁵

자기 보존 본능이 죄책감에 시달리는 과학자의 낙관론이라는 감언이설이나 경제적 이익이라는 증명되지 않은 약속에서 우리를 보호해주리라고 생각할 수도 있다. 그러나 최근 미국의 어떤 평론가는 “과거의 결정을 재검토해서 새로운 것을 결정할 시간은 충분하다”고 말했다. 〔그에 따르면〕 “적어도 당분간은 선택 가능성이 존재한다.”⁵⁶ 일단 핵 발전소가 점점 더 늘어나면 우리는 위험 대처 능력과 무관하게 더는 선택할 수 없을 것이다.

지난 30년 동안 과학 기술이 발전했고 지금도 여전히 발전하고 있다는 점은 분명한 사실이다. 이와 아울러 감내하기 힘든 위험이 생겨났다는 점도 그러하다. 1960년 9월에 열린 4차 미국암 콘퍼런스에서 캘리포니아주 보건국의 브레슬로^{Lester Breslow}는 서부의 여러 부화장에서 수만 마리 송어가 갑자기 간암에 걸린 사실을 보고하면서 다음과 같이 말했다.

환경에 영향을 미치는 신기술이 빠른 속도로, 별다른 통제 없이 도입되는 상황에서 아직 인간이 송어에게 전염병처럼 번진 암에 걸리지 않았다는 게 신기할 지경이다.⁵⁷

이러한 상황 변화를 언급하면 틀림없이 과학과 기술, 진보에 반대한다는 비난에 직면한다. 나는 결론적으로 미래의 과학 연구에 몇 마디를 추가하고자 한다. 인간은 자연을 거스르면서 살아갈 수 없듯이 과학 기술 없이도 살아갈 수 없다. 그러나 과학 연구의 방향은 무엇보다도 신중하게 판단해야 한다. 이는 과학자만의 문제가 아니다. 아인슈타인도 지적했듯이[58] "대부분의 과학자는 경제적으로 완전히 의존적인 존재"이며 "사회적 책임감을 간직한 과학자도 아주 드물기" 때문에 연구 방향을 독자적으로 결정하지 못한다. 아인슈타인 발언의 후반부는 의심할 바 없이 모든 전문가에게 해당하므로 방향을 결정하는 임무는 식자층intelligent layman, 즉 '깨끗한 공기를 위한 전국 협회'나 이와 유사한 다른 자연 보전 단체 회원들이 맡아야 한다. 이들은 여론에 영향을 미쳐 여기에 의존하는 정치가들이 경제주의라는 굴레에서 벗어나 실질적으로 중요한 문제에 전념할 수 있도록 해야 한다. 앞서 언급했듯이 여기서 문제되는 연구 방향은 폭력이 아니라 비폭력을 지향하는 것이다. 나아가 자연과 대립하기보다 조화로운 협조 관계를 유지하길 원해야 하고, 오늘날의 과학처럼 소란스럽고 에너지를 많이 사용하면서도 잔인하고 비경제적이며 복잡한 게 아니라 조용하고 에너지 소비가 적으면서도 우아하고 경제적인 방법을 통상적으로 자연에 적용하는 것이어야 한다.

과학이 점점 더 폭력적인 방향으로 진보하면서 마침내 핵분열에 도달하고 핵융합으로 나아가는 상황은 앞으로 인류가 멸망할지도 모른다는 공포를 낳는다. 그러나 이 방향이 운명처럼 주어진 것은 아니다. 인생을 좀 더 활기차게 고양할 가능성도 존재하는 바, 그것은 바로 신에게서 물려받은 거대하면서도 경이롭고 이해하기 힘든 자연 체계(인간은 자연 체계의 일부일 뿐, 결코 이를 만든 존재가 아니다)와 협동할 수 있는 온갖 비폭력적이면서 조화롭고 조직적인 방법을 의식적으로 탐구하고 개발하는 것이다.

나는 1967년 10월에 '깨끗한 공기를 위한 전국 협회'에서 위와 같은 내용을 담은 강연을 한 바 있다. 당시 상당한 분별력을 지닌 청중들에게서는 진심 어린 박수를 받았지만, 곧바로 '무책임의 극치'라는 당국의 격렬한 비난을 들었다. 압권은 당시 나를 '꾸짖을' 필요가 있다고 느낀 동력부 장관Minister of Power 마시Richard Marsh의 비난이었다. 그는 내 강연이 **당시 벌어지던 원자력과 석탄의 비용에 관한 논쟁 중에서 가장 엉뚱하고 공헌도가 적은 것 중 하나**라고 평가했다(〈데일리 텔레그래프Daily Telegraph〉, 1967년 10월 21일).

하지만 시대는 변하는 법이다. 정부가 임명한 연구팀이 1972년 2월에 환경부 장관에게 제출한 오염 통제에 관한 보고서가 정부 출판국Her Majesty's Stationery Office에서 《오염: 불쾌함인가 재앙인가?Pollution: Nuisance or Nemesis?》라는 제목으로 출간되었는데 여기에는 다음과 같은 구절이 있다.

주요 고민거리는 미래와 국제적인 상황이다. 세계의 경제적인 번영은 원자력과 연결된 듯 보인다. 현재 전 세계 발전량에서 원자력이 차지하는 비중은 1퍼센트에 불과하다. 하지만 현재의 계획이 그대로 추진된다면 2000년까지는 그 비율이 50퍼센트 이상으로 높아질 것이며 매일 500메가와트의 원자로(이는 스노도니아Snowdonia에 있는 트로스피니드Trawsfynydd 발전소와 같은 규모다)가 두 개씩 새롭게 건설될 것이다.[59]

176

원자로의 방사능 폐기물을 두고는 다음과 같이 말했다.

미래의 가장 큰 고민거리는 수명이 긴 방사능 폐기물을 보관하는 일이다. (⋯) 다른 오염 물질과 달리 방사능을 제거할 방법은 없으며 (⋯) 영원히 저장하는 것 말고는 다른 대안이 없다. (⋯) 현재 영국에서는 스트론튬 90을 컴벌랜드주Cumberland 윈즈케일Windscale의 거대한 스테인리스 탱크에 액체 상태로 보관하고 있다. 이 탱크는 계속해서 물로 냉각시켜야 하는데, 그렇지 않으면 방사능에서 방출되는 열이 온도를 비등점 이상으로 상승시키기 때문이다. 더는 원자로를 만들지 않는다 하더라도 이 탱크를 냉각시키는 일은 앞으로도 여러 해 동안 지속해야 한다. 그러나 앞으로 스트론튬 90이 훨씬 더 많이 이용될 것으로 예상되는 바, 문제가 훨씬 더 어려워질 수도 있다. 게다가 앞으로는 고속 증식로로 대체될 것이 예상되는데 고속 증식로는 수명이 훨씬 더 긴 방사능 물질을 대량으로 방출할 것이므로 상황을 더욱더 악화시킬 것이다.
사실상 우리가 의식적으로, 그리고 심사숙고한 끝에 독성 물질을 저장하는 이유는 언젠가 이를 제거할 수 있으리라는 기대 아닌 기대 때문이다. 이는 결국 우리가 해결할 수 없는 문제를 미래 세대에게 전가하는 셈이다.

마지막으로 이 보고서는 아주 분명하게 경고한다.

인간이 해결책이 존재하지 않는다는 사실을 알아채기도 전에 원자력에 운명을 맡겨버렸는지도 모른다. 그리고 이는 위험이 분명하다. 여기에는 방사능 위험을 무시한 채 이미 건설한 원자로를 계속해서 사용하도록 부추긴 강력한 정치적 압력이 존재했을 것이다. 폐기물 처리 문제를 해결할 때까지 원자력 계획의 실행을 늦추는 것이야말로 유일하게 신중한 태도이다. (…) 책임을 통감하는 수많은 사람은 좀 더 나아가기도 한다. 이들은 폐기물 통제 방법을 알 때까지 원자로를 건설해서는 안 된다고 생각한다.

그렇다면 점점 더 증대하는 에너지 수요를 어떻게 충족할 것인가?

원자력이 없다면 이미 계획된 전력 수요를 충족할 수 없으므로 책임을 통감하는 수많은 사람은 전력을 포함하는 온갖 에너지 형태를 지나치게 사용하지 않는 사회를 만들어야 한다고 생각한다. 게다가 이들은 이러한 방향 전환을 즉시 이뤄야 하는 시급한 과제로 여긴다.

그 누구도 '안전'을 보장할 방법을 알지 못할 뿐만 아니라 오랫동안, 심지어 지질 시대를 바꿀 만한 시간 동안 모든 생명체에게 헤아릴 수 없을 만큼 큰 위험을 불러올 수도 있는 맹독성 물질을 대량으로 저장하는 행위는 그 어떠한 번영 수준으로도 정당화할 수 없다. 이는 생명 자체에 대한 도전이다. 인간에게 가해진 그 어떠한 범죄보다도 훨씬 심각한 도전이다. 문명이 이러한 도전에 기대어 성립될 수 있다는 생각은 윤리와 정신, 형이상학 측면에서 끔찍하다. 이는 마치 인간은 조금도 중요하지 않다는 전제하에 인간의 경제 영역을 작동시키는 꼴이다.

인간의 얼굴을 한 기술[60]

10장

근현대 세계는 근현대 형이상학의 산물이다. 이 형이상학은 근현대 교육을 틀 지었으며 이 교육은 다시 과학과 기술을 산출했다. 그러므로 형이상학이나 교육까지 언급하지 않더라도 근현대 세계를 만드는 것은 기술이라고 말할 수 있다. 그런데 이 세계는 끊임없이 위기에 시달리는 중이다. 재앙을 예언하는 말들이 여기저기서 나오고 있으며 실제로도 그런 징후가 나타나고 있다.

기술로 만들어진, 앞으로도 이런 추세가 지속될 세계가 병에 걸린 듯 보인다면 기술 자체를 검토해보는 것이 현명한 일인지도 모른다. 기술이 점점 더 비인간적으로 변해간다고 판단한다면 좀 더 좋은 기술, 즉 인간의 얼굴을 한 기술이 될 수 있는지를 살펴보는 것이 좋을지도 모른다.

이상하게도 기술은 당연히 인간의 산물이지만 지금까지 독자적인 법칙과 원리로 발전해왔다. 이 법칙과 원리는 인간 본성이나 생명체 일반을 규정하는 것과 너무도 다르다. 말하자면 자연은 항상 언제 어디서 멈춰야 할지 알고 있다. 자연의 성장도 신비롭지만 성장을 멈추는 자연은 더 신비롭다. 자연 세계의 모든 것에는 규모, 속도, 힘의 측면에서 한계가 있다. 그 결과 인간을 포함하는 자연 체계는 자기 균형 능력을 보이면서 자신을 스스로 조절하고 정화하는 움직임을 보여준다. 그러나 기술은 그렇지 않다. 아니, 기술과 전문화에 지배당하는 인간은 그렇지 않다고 말해야 할지도 모른다. 기술은 규모, 속도, 힘 측면에서 스스로를 제한하는 원리를 인정하지 않는다. 기술에는 자기 균형, 자기 조절, 자기 정화의 미덕이 없다. 미묘한 자연 체계에서 기술, 특히 근현대 세계의 거대 기술super-technology은 낯선 물건처럼 작동하는데 오늘날에는 이에 따른 수많은 거부 반응이 나타나고 있다.

근현대 기술이 만들어낸 세계는 갑작스럽게, 그렇다고 놀랄만한 일은 아니지만, 세 가지 위기에 동시에 직면했다. 첫째 위기는 인간 본성이 그동안 자신을 질식시키고 쇠약하게 만든 비인간적인 기술, 조직, 정치 유형에 반발하고 있다는 점이다. 둘째 위기는 인간 생명의 토대인 살아 있는 환경이 병들어 신음하면서 부분적인 붕괴의 징후를 드러내고 있다는 점이다. 셋째 위기는 이미 몇몇 사람은 잘 알고 있겠지만 세계의 재생할 수 없는 자원, 특히 화석 연료가 파괴되면서 머지않아 그 공급이 심각할 정도로 줄어들거나 고갈될 수도 있다는 사실이 분명하다는 점이다.

이 세 가지 위기나 질병은 모두 치명석일 수 있다. 이 중 어느 것이 직접적인 붕괴 원인이 될지 모른다. 그러나 물질주의에 기반을 둔 생활 양식, 즉 유한한 환경에서 항시 무한한 팽창주의를 추구하는 방식은 오래 지속될 수 없으며 팽창주의가 성공하면 할수록 환경의 기대 수명이 점점 더 짧아진다는 사실은 매우 분명하다.

지난 25년 동안 전 세계 산업의 폭풍우 같은 질주가 우리를 어디로 이끌고 왔는지를 질문한다면 그 대답은 다소 실망스럽다. 어디에서나 문제점이 해결책보다 빠르게 증가하는 듯 보인다. 이는 빈국만이 아니라 부국에서도 똑같이 나타나는 현상이다. 주지하다시피 지난 25년 동안 근현대 기술이 전 세계 빈곤을 개선하는 데 실질적으로 도움을 주었다고 볼 만한 증거는 아무것도 없다. (수많은 개발도상국에서 이미 30퍼센트에 육박했고 오늘날에는 수많은 부국에서도 나타나는) 실업 문제는 더 말할 필요도 없다. 어쨌든 지난 25년 동안 이룩한, 겉으로는 분명하지만 실제로는 환상에 불과한 성공이 더는 반복될 수 없다. 앞서 언급한 세 가지 위기가 이를 허용하지 않을 것이다. 그러므로 우리는 기술 문제를 직시해야 한다. 기술로 무엇을 할 수 있으며 무엇을 해야 하는가? 문제를 해결하는 데 실질적으로 도움이 될 만한 기술, 즉 인간의 얼굴을 한 기술을 개발할 수 있는가?

기술의 주요 임무는 인간이 생명을 보전하고 잠재력을 개발하는 데 필요한 일의 부담을 덜어주는 것이리라. 기계 작동을 살펴보면 과학 기술이 이 목적을 완수했다는 것을 쉽게 확인할 수 있다. 이를테면 컴퓨터는 점원, 심지어 수학자조차 끝내는 데 오랜 시간이 걸리는 일을 몇 초 안에 해치운다. 그러나 이런 단순한 명제의 진리가 사회 전체에도 적용된다고 보기는 힘들다. 처음으로 세계를 여행하면서 부국과 빈국을 방문했을 때, 나는 경제학의 첫 번째 법칙을 다음과 같이 정의하고 싶은 충동에 사로잡히곤 했다. '한 사회가 향유하는 실질적인 여가의 양은 그 사회가 이용하는 노동 절약적 기계의 양에 반비례하는 경향이 있다.' 경제학 교수라면 이 명제를 시험 문제로 출제하여 학생들이 논의해보도록하는 것도 괜찮을 성싶다. 어찌하든지 간에 증거는 너무도 분명하다. 편안하게 여행할 수 있는 영국에서 독일이나 미국으로 건너가보면 사람들이 영국에서보다 훨씬 더 긴장한 채로 생활하고 있음을 발견할 수 있다. 아울러 산업 발전 수준이 거의 바닥에 가까운 버마 같은 나라를 방문하면 사람들이 실질적으로 상당한 여가 시간을 갖고 즐겁게 생활하고 있음을 발견할 수 있다. 물론 버마에는 사람들을 도와줄 노동 절약적인 기계가 훨씬 적기 때문에 우리보다 훨씬 적은 '성과'를 보인다. 그러나 이것은 다른 문제다. 버마인들에게는 생활의 부담이 우리보다 훨씬 가볍다는 사실이 중요할 뿐이다.

그러므로 기술이 인간을 위해 실제로 해줄 수 있는 일이 무엇인지를 탐구해볼 필요가 있다. 기술은 분명히 어떤 종류의 일을 대폭 줄여주지만 다른 종류의 일을 늘린다. 근현대 기술에 힘입어 가장 크게 줄어들었거나 심지어 사라지기까지 한 것은 인간의 손이 이러저러한 재료와 접촉하는 과정에서 보여주었던 숙련된 생산 활동이다. 선진 산업 사회에서는 숙련된 생산 활동이 엄청나게 줄어들었기 때문에 이를 통해 남부럽지 않은 생활을 영위하기가 불가능해졌다. 오늘날 신경증의 대부분은 아마도 여기서 비롯된 것인지도 모른다. 토마스 아퀴나스가 인간을 머리와 손을 가진 존재로 정의했듯이 우리는 누구나 자기 손과 머리를 모두 사용해 창조적이면서 유용하고 생산적이기도 한 일에 참여하는 데서 가장 큰 즐거움을 얻기 때문이다. 오늘날에도 인간에게는 이렇게 단순한, 그렇지만 아주 사치스러운 즐거움을 향유할 권리가 있다. 이를 위해 인간은 충분한 공간과 훌륭한 도구를 제공받아야 하며 좋은 스승을 만나서 배우고 연마할 수 있도록 충분한 자유 시간을 누려야 한다. 아울러 취직하지 않아도 될 만큼 충분히 풍족해야 한다. 왜냐하면 위와 같은 측면에서 만족할 만한 일자리는 실제로 아주 적을 것이기 때문이다.

근현대 기술이 인간의 수작업을 대체한 정도는 다음과 같이 예증해볼 수 있다. '총 사회적 시간', 즉 모든 개인이 가진 하루 24시간의 총합 가운데 실질적인 생산real production에 실제로 이용되는 시간이 얼마인지 생각해보자. 영국에서는 돈벌이하는 사람이 전체 인구의 절반 이하이며 이 가운데 3분의 1 정도가 농업, 광업, 건설업, 제조업에 종사하는 실제 생산자actual producer라고 평가된다. 여기서 타인에게 할 일을 지시하는 사람, 회계 담당자, 기획 담당자, 타인이 생산한 것을 유통하는 사람은 실제 생산자에 포함되지 않는다. 다른 말로 하면 전체 인구의 6분의 1 이하가 실제 생산에 참가하는 사람들이다. 이들은 평균적으로 각자 자신을 제외한 다섯 명을 부양하는데 이 중에서 두 명은 실질적인 생산이 아닌 영역에서 돈벌이를 하지만, 세 명은 돈벌이를 하지 않는다. 정규직 노동자가 휴가나 질병, 기타 사유로 결근할 수 있다는 점을 감안한다면 자신의 총시간 가운데 맡은 바 업무에 이용하는 부분은 5분의 1 정도다. 이렇게 볼 때 (내가 정의하고 있는 좁은 의미에서) '총 사회적 시간' 중에서 실제 생산에 이용되는 부분은 대략

2분의 1의 3분의 1의 5분의 1, 즉 약 3.5퍼센트라는 결론이 나온다. '총 사회적 시간'의 나머지 96.5퍼센트는 다른 방식으로 이용되는데 여기에는 취침, 식사, 텔레비전 시청, 직접적으로 생산적인 것은 아닌 일, 인간이면 반드시 해야 하는 일 따위가 포함된다.

이상의 추정치를 액면 그대로 받아들일 필요야 없겠지만 이는 우리에게 기술이 의미하는 바를 보여주는 데 아주 적절하다. 즉 기술이 가장 기본적인 의미에서 생산에 실제로 이용되는 시간을 총 사회적 시간의 아주 적은 부분으로 축소하자, 가장 기본적인 의미에서 생산은 의미 없는 것으로 전락했으며 명예는커녕 실질적인 중요성마저 잃어버렸다. 산업 사회를 이런 방식으로 고찰한다면 총 사회적 시간의 96.5퍼센트를 소비하도록 도와주는 사람들, 주로 연예인이나 파킨슨의 법칙Parkinson's law*을 몸소 실천하는 사람에게 명예를 부여한다는 사실에 그리 놀랄 이유가 없다. 실제로 누군가가 '근현대 산업 사회에서 인간에게 부여되는 명예는 실제 생산에 가까운 정도에 반비례한다'는 명제를 사회학도들에게 제시할지도 모르겠다.

여기에는 또 다른 이유가 존재한다. 생산 시간을 총 사회적 시간의 3.5퍼센트로 축소하는 과정은 필연적으로 작업 시간에서 모든 인간적인 기쁨이나 만족감을 앗아가는 결과를 초래했다. 진

---

* 영국의 역사학자이자 경영 연구가인 파킨슨이 사회를 풍자적으로 해석하면서 제창한 사회생태학적 법칙으로, '공무원의 수는 언제나 해야 할 일이나 일의 경중과 상관없이 상급 공무원으로 출세하기 위해 부하의 수를 늘리려는 필요성 때문에 일정한 비율로 증가한다'는 내용이다.

실로 모든 실질적인 생산이 인간성을 풍요롭게 하기는커녕 이를 고갈시키는 비인간적인 잡무로 변해버렸다. 많은 이가 '죽은 물질은 작업장에서 개선되어 나오지만 인간은 작업장에서 부패하고 타락한다'고 이야기한다.

그러므로 우리는 근현대 기술이 인간에게서 가장 즐겁게 할 수 있는 일과 손과 머리를 모두 이용하는 창조적이며 유용한 일을 앗아갔다고, 그 대신에 인간이 조금도 즐거워하지 않는 것이 대부분인 파편화된 작업을 제공했다고 말할 수 있다. 후자는 생산적인 일이라 해도 오로지 간접적인 방식이나 '우회적인' 방식으로만 그럴 수 있으며, 전근대적인 기술 체계에서라면 대부분 필요하지도 않았을 일을 하느라 엄청나게 바쁜 사람들을 크게 양산해냈다. 마르크스는 "사람들이 유용한 것만을 생산하길 원하지만 유용한 것을 너무 많이 생산하면 쓸모없는 인간을 많이 양산하는 결과로 이어질 것이라는 점을 잊고 있다"고 서술했다. 마르크스는 이미 위에서 말한 점을 상당 부분 예상한 것처럼 보인다. 우리는 여기에 생산 과정이 재미없고 지루하면 특히 그러하다는 말을 덧붙일 수 있다. 이 모든 것에 비추어볼 때 발전했고, 발전하고 있으며, 발전해나갈 근현대 기술의 방식은 점점 더 비인간적인 얼굴일 것이며, 기술 자산을 재검토하면서 목표를 재고하는 편이 현명할지도 모른다는 우리의 의심이 타당하다는 사실을 알 수 있다.

기술 자산을 검토하면, 우리에게는 새로운 지식과 이를 더욱더 증대할 훌륭한 과학 기술이 엄청나게 축적되었으며, 응용 분야에서도 수많은 경험이 쌓였음을 알 수 있다. 이 모든 것은 특정 종류의 진리다. 이러한 타당한 지식 자체가 우리에게 거대주의 기술, 초음속 기술, 폭력 기술, 인간적인 일의 기쁨을 파괴하는 기술 따위를 안기지는 않는다. 지금까지 우리는 가능한 방법 중에서 오직 한 가지로만 지식을 이용해왔는데 오늘날 점점 더 명백해지고 있듯이 이는 대체로 어리석고 파괴적인 이용 방법이었다.

우리 사회에서 직접적인 생산 시간은 이미 총 사회적 시간의 약 3.5퍼센트로 축소되었으며, 근현대 기술의 전반적인 발전도 이를 더욱 줄이는 쪽으로 이루어지면서 점근선*처럼 0에 다가가고 있다. 이와 반대로 직접적인 생산 시간을 여섯 배 늘려〔총 사회적 시간의〕20퍼센트로 확대하려는 목표를 설정한다고 생각해보자. 그러면 머리와 손, 당연히 성능 좋은 도구까지 사용하여 물건을 실제로 생산하는 일에 총 사회적 시간의 20퍼센트가 이용될 것이다. 이 얼마나 믿기 힘든 생각인가! 노인들은 물론이고 어린아이들조차 유용한 일을 할 수 있을 것이다. 오늘날 생산성의 6분의 1 수준으로도 현재만큼 생산할 수 있을 것이다. 하고 싶은 일을 하는 시간이 여섯 배나 늘어날 것이며, 이는 그 일을 실질적으로 좋은 일로 만들고, 즐기면서 질 좋은 것을 생산하도록 하며, 심지어 훨씬 더 아름답게 만들 것이다. 실질적인 일real work의 치료 효과와 그 교육 효과를 생각해보라. 그러면 그 누구도 노동 시장에서 사람들을 줄일 목적으로 교육 기간을 연장하거나 퇴직 연령을 낮추는 방법에 동의하지 않을 것이다. 누구에게나 도움의 손길은

---

* 수학에서 어느 곡선에 계속해서 접근하지만 유한한 거리 안에서는 곡선과 만나지 않는 선.

환대받을 것이다. 오늘날 자기 손과 머리를 이용해서 자신이 원하는 시간에 원하는 속도로, 성능 좋은 도구와 함께 유용하면서 창조적으로 일을 할 기회는 아주 희소한 특권에 가깝지만, 이 특권이 누구에게나 주어질 것이다. 이것이 노동 시간을 대폭 확대한다는 의미일까? 그렇지 않다. 이렇게 일하는 사람은 일과 여가의 차이를 알지 못한다. 잠을 자거나 밥을 하거나 때로는 아무 일도 하지 않겠다고 선택한 경우가 아니라면 이들은 언제나 흔쾌히 생산적인 일에 참여할 것이다. 수많은 임금 노동on-cost jobs이 간단히 사라질 것이다. 이를 확인하는 일은 독자들의 상상에 맡기고자 한다. 경박한 오락이나 약물도 거의 필요하지 않고 의심할 바 없이 환자도 크게 줄어들 것이다.

어떤 사람은 이것이 낭만적이거나 공상적인 견해라고 말할지도 모르겠다. 물론 그렇다. 오늘날 근현대 산업 사회의 모습은 위에서 언급했듯이 낭만적이지 않으며 분명히 공상적이지도 않다. 이 사회는 아주 심각한 고통에 빠져 있으며 존속 가능성도 없다. 살아남길 원한다면, 아울러 자손들에게도 생존 기회를 제공하길 원한다면, 원대하게 꿈을 꾸는 용기를 가져야 한다. 단순히 과거처럼 살아간다면 앞서 언급한 세 가지 위기에서 벗어날 수 없다. 이 위기는 우리가 인간성에 대한 실질적인 욕구, 살아 있는 자연의 건강함, 세계의 부존자원 따위와 공존하는 새로운 생활 양식을 개발할 때까지 계속될 것이다. 만일 그렇게 하지 못하면 점차 악화해 궁극적으로 재앙을 초래할 것이다.

이것은 실제로 지나친 주문이다. 이렇게 중요한 요구 조건과 사실에 대처할 새로운 생활 양식을 구상할 수 없기 때문이 아니라, 현재의 소비 사회가 마약 중독과 같아서 아무리 비참한 느낌이 들더라도 벗어나기 힘들기 때문이다. 이러한 관점에서 볼 때, 물론 다른 수많은 요인도 아울러 고려해야겠지만 세계의 문제아는 부유한 사회이지 가난한 사회가 아니다.

우리처럼 부국의 사람들이 적어도 마음속으로나마 제3세계를 생각하고 이 세계의 빈곤을 덜어주기 위해 노력한다는 것은 신의 뜻에 따른 축복과 거의 유사하다. 여러 동기가 혼합되어 있으며 착취 관행이 지속되지만 최근에 부유한 사람들의 관점이 변하고 있는 것은 훌륭한 일이라고 생각한다. 그리고 이 변화가 우리〔부국의 사람들〕를 구해줄 수도 있다. 왜냐하면 빈국의 사람들은 빈곤 때문에 어쨌든지 간에 우리의 기술을 제대로 받아들일 수 없기 때문이다. 물론 이들도 종종 받아들이려고 노력하겠지만 그러려면 대량 실업, 대규모 이농, 농촌 붕괴, 견디기 어려운 사회적 긴장 따위의 비참한 결과를 감내해야 한다. 빈국에 진정으로 필요한 것은 바로 다른 종류의 기술, 즉 인간의 얼굴을 한 기술이며 이는 또한 우리에게도 필요하다. 이 기술은 인간의 손과 머리를 쓸모없는 것으로 만들지 않고 이전에 존재한 그 어떤 것보다도 인간이 생산적으로 일하도록 도와준다.

간디가 말했듯이 대량 생산이 아니라 오로지 대중의 생산만이 세계의 가난한 사람들을 도와줄 수 있다. 사람들은 대량 생산 체계가 풍요롭다고 가정한다. 왜냐하면 이 체계가 정교하면서도 매우 자본 집약석이고, 에너지 의존 비율이 높으면서도 매우 노동 절약적인 기술에 기대어 성립되므로, 작업장 하나를 만드는 데 상당한 자본 투자가 요구되기 때문이다. 대중의 생산 체계는 누구나 가진 아주 귀중한 자원, 즉 현명한 머리와 능숙한 손을 활용하며 여기에 일차적인 도구가 이용된다. 대량 생산 기술은 본질적으로 폭력적이고, 생태계를 파괴하고 재생할 수 없는 자원을 낭비하며, 인성을 망쳐놓는다. 대중의 생산 기술은 근현대의 지식과 경험을 가장 잘 활용하고, 분산화를 유도하며, 생태계의 법칙과 공존하고, 희소한 자원을 낭비하지 않으며, 인간을 기계의 노예로 만드는 대신 인간에게 유용하도록 고안되었다. 나는 이 기술이 과거의 원시적인 기술보다 훨씬 우수하지만, 부자들의 거대 기술에 비하면 훨씬 소박하고 값싸며 제약이 적다는 의미에서 **중간 기술intermediate technology**이라 명명한 바 있다. 어떤 사람은 이것을 자조의 기술, 민주적 혹은 민중의 기술이라 부를 수도 있다. 다시 말해서 이 기술은 누구나 사용할 수 있으며 부자와 권력자들을 위한 게 아니다. 이는 이후에 좀 더 상세히 논의할 것이다.

비록 우리가 모든 적절한 지식을 보유하고 있다고 해도, 이 기술이 작동할 수 있고 일반화되어 누구나 이용할 수 있는 기술이 되려면 아직도 체계적이고 창조적인 노력이 필요하다. 내 경험에 따르면 기술을 좀 더 정교하면서도 복잡하게 발전시키는 것보다 기술의 직접성과 단순성을 회복하는 일이 훨씬 더 어렵다. 복잡성을 높이는 일은 삼류 엔지니어나 연구자도 할 수 있지만 다시금 간단하게 만들기 위해서는 어느 정도의 통찰력이 필요하다. 실질적인 생산 현장에서, 스스로 균형을 회복하는 자연 체계(자신의 한도를 언제나 인정하는)에서 멀어진 사람은 이 통찰력을 쉽게 확보할 수 없다. 자기 통제 원리를 인정하지 못하는 모든 행동은 악마의 활동이다. 우리는 개발도상국과 작업하면서 적어도 빈곤의 한계는 인정할 수밖에 없었다. 그래서 이 작업은 우리 모두가 진정으로 타인을 돕고자 노력하는 동안 스스로를 구제하는 방법에 대한 지식과 경험을 얻은 뜻깊은 학교와 같았다.

인류의 미래를 결정할 두 가지 대립하는 태도가 있다. 한쪽에는 현재의 방식을 좀 더 밀고 나가기만 한다면 세 가지 위기를 해결할 수 있다고 생각하는 사람들이 보이는데 나는 이들을 돌진파 the forward stampede라 부른다. 다른 쪽에는 새로운 생활 방식을 탐색하면서 인간과 인간 세계에 관한 기본 진리를 회복하고자 노력하는 사람들이 있는데 이들은 귀향파home-comers라 부른다. 돌진파는 악마와 마찬가지로 가장 아름다운 곡조나 적어도 가장 인기 있고 친숙한 곡조를 들려준다는 점을 인정하자. 이들은 다음과 같이 말한다. 정지할 수 없다. 정지하면 넘어지므로 전진해야 한다. 근현대 기술은 잘못된 것이 아니라 아직 불완전할 뿐이다. 그러므로 근현대 기술을 완성하자. 아마도 유럽경제공동체의 가장 뛰어난 지도자 중 한 사람인 만스홀트 박사를 이 집단의 전형으로 볼 수 있다. 그는 '더 많이, 더 멀리, 더 빨리, 더 풍족하게'가 '근현대 사회의 슬로건'이라고 말한다. '다른 대안이 없으므로' 사람들이 여기에 적응하도록 도와주어야 한다고 생각한다. 이것이 바로 돌진파의 진정한 목소리다. 이는 도스토옙스키의 〔《카라마조프의 형제들》에 나오는〕 대심문관Grand Inquisitor이 "우리를 방해하러 온 이유가 무엇인가?"라고 말할 때와 아주 흡사한 분위기를 풍긴다. 돌진파는 인구 폭발과 세계적인 기아의 가능성을 지적한다. 분명히 우리는 전진해야 하며 나약한 마음을 가져선 안 된다. 민중이 저항하고 반발한다면 경찰을 늘리고 그 장비도 개선해야 한다. 환경 문제가 있다면 좀 더 엄격한 오염 규제법을 제정하여 오염 방지 비용을 확보하기 위한 경제 성장을 촉진할 필요가 있다. 자연 자원에 문제가 생긴다면 합성 기술synthetics로 눈길을 돌려야 한다. 화석 연료에 문제가 있다면 원자로를 저속 원자로slow reactor에서 고속 증식로fast breeder로 교체해 핵분열에서 핵융합으로 이동해야 한다. 해결할 수 없는 문제는 **없다.** 돌진파의 슬로건은 '하루에 한 가지씩 해결하면 위기를 피할 수 있다'는 메시지로 매일 신문의 헤드라인을 장식하고 있다.

다른 쪽은 어떠한가? 이 집단은 기술 발전이 잘못된 방향으로 나아가고 있으므로 그 방향을 전환할 필요가 있다고 굳게 믿는 사람들로 구성된다. 당연히 '귀향파'라는 용어에는 종교적인 함의가 들어 있다. 왜냐하면 한 시대를 지배하는 유행에 '아니오'라고 말하면서 전 세계를 장악할 것처럼 보였던 문명의 전제 조건을 의심하기 위해서는 상당한 용기가 필요하며 여기에 필요한 힘은 굳건한 믿음에서만 비로소 생겨날 수 있기 때문이다. 단순히 미래에 대한 불안에서 나온 것은 결정적인 순간에 사라져버리기 쉽다. 진정한 '귀향파'에게는 듣기 좋은 곡조가 없지만 복음서에 못지않은 성서가 있다. 이들이 보기에 돌아온 탕아의 우화만큼 현 상황, 즉 우리의 상황을 간결하게 언급한 것은 없다. 이상한 말이긴 하지만 우리는 산상수훈에서 생존의 경제학으로 이끄는 관점을 건설하는 방법에 관한 상당히 정확한 시사점을 얻을 수 있다.

자신이 가난함을 알고 있는 사람은* 복 받을지니,
천국이 그들의 것이다.

슬퍼하는 사람은 복 받을지니,

위로받을 것이다.

온유한 사람은 복 받을지니,

땅을 차지할 것이다.

옳은 일에 주리고 목마른 사람은 복 받을지니,

만족하게 될 것이다.

평화를 위하여 일하는 사람은 복 받을지니,

하나님의 아들이 될 것이다.

이 '행복'을 기술 및 경제 문제에 연결하는 것이 무모하게 보일 수도 있다. 하지만 오늘날 우리가 어려움에 빠진 이유는 바로 너무도 오랫동안 이렇게 연결하는 데 실패했기 때문이 아닐까? 오늘날 우리에게 이 '행복'이 의미하는 바를 판별하는 일은 그리 어렵지 않다.

- 우리는 가난하지만, 반신반인demigods이 아니다.

- 우리에게는 슬픈 일이 많으므로, 황금시대에 들어선 것은 아니다.

- 우리에게는 온유한 태도와 비폭력적인 정신이 필요하며

---

*   원문은 'those who know that they are poor'이다. 성경에서는 '심령이 가난한 자'로 번역되었지만 여기서는 슈마허가 개발도상국의 빈곤 문제를 말하고 있음을 고려해 '자신이 가난함을 알고 있는 사람'으로 옮겼다.

작은 것이 아름답다.

- 우리는 정의에 몰두하고 올바름을 찾아야 한다.
- 이 모든 것, 아니 이런 것들만이 우리에게 평화를 제공해
  준다.

귀향파는 돌진파와 다른 인간관에 기반을 둔다. 후자가 '성장'을 신뢰하고 전자는 그렇지 않다고 말한다면 너무도 피상적인 평가다. 어떤 의미에서는 누구나 성장을 신뢰하며 성장이 생명의 본질이므로 이 평가는 옳은 측면이 있다. 그렇지만 전반적인 요점은 성장의 개념을 질적인 의미로 정의하는 것이다. 항상 성장해야 마땅한 것도 많지만 줄어들어야 마땅한 것도 많다.

이와 마찬가지로 귀향파가 모든 생명의 본질적인 특징으로 여겨질 수 있는 진보를 믿지 않는다고 말하는 것 역시 너무나 피상적인 평가다. 문제의 핵심은 무엇이 진보를 구성하는가를 결정하는 데 있다. 귀향파는 근현대 기술이 지금까지 보여주었으며 앞으로도 계속해서 추구할 방향, 즉 모든 자연계의 조화 법칙을 무시한 채 좀 더 큰 규모, 좀 더 빠른 속도, 좀 더 큰 폭력을 지향하는 방향이 진보에 대립한다고 믿는다. 그래서 현황을 파악해서 새로운 방향을 찾으라고 요구한다. 현황을 파악하면 인간이 자신의 생존 기반을 파괴하고 있다는 사실을 알 것이므로 방향 전환은 인간의 삶이란 무엇인가를 되짚어보는 데서 시작해야 한다.

누구나 이 거대한 갈등에서 어느 한쪽을 선택해야 한다. '전문가에게 맡기는 것'은 돌진파 편에 서는 것이다. 널리 알려졌듯이 전문가에게 맡기기에는 정치가 너무도 중요하다. 오늘날 정치

의 핵심은 경제고 경제의 핵심은 기술이다. 정치를 전문가에게 맡길 수 없다면 경제나 기술도 그러하다.

희망이 있다면 보통 사람들이 종종 전문가들보다 폭넓으면서도 '인간주의적인' 관점을 가질 수 있다는 사실이다. 오늘날 보통 사람들은 완전한 무력감에 빠지곤 한다. 하지만 이들의 힘은 새로운 행동을 시작하는 데 있다기보다 이미 행동을 시작한 소수파에게 공감하면서 지원하는 데 있다. 이에 대해서는 두 가지 사례가 적절하다. 하나는 아직도 지구상에서 인간이 보여주는 단일 행동 중 가장 큰 부분인 농업과 관련이 있고, 다른 하나는 산업 기술과 관련이 있다.

근현대 농업은 토지와 동식물에 화학 제품을 점점 더 많이 투입하기 때문에 장기적으로 토지 비옥도와 건강에 어떤 영향을 미칠지 심각하게 생각할 수밖에 없다. 이를 문제 삼는 사람들은 흔히 '독약이나 굶주림' 중에서 선택하는 길만이 존재한다는 반론에 직면한다. 하지만 성공한 농민들, 즉 이러한 화학 물질에 의지하지 않을 뿐만 아니라 장기적 토지 비옥도나 건강과 관련해서도 의심받지 않으면서 상당한 수확고를 보여주는 농민들을 여러 나라에서 찾아볼 수 있다. 지난 25년 동안 자발적인 민간단체인 토양협회Soil Association*는 토지, 동물, 식물, 인간 사이의 근본적인vital 관계를 탐구하는 일에 참여해서 적절한 연구를 스스로 떠맡거나

---

* 슈마허는 1950년 이후로 토양협회 일에 관여했으며 1970년에는 회장으로 선출되었다.

도와주었으며 그 성과를 널리 알리고자 노력했다. 하지만 성공한 농민이나 토양협회 모두 정부에서 지지받거나 인정받지 못했다. 이들은 일반적으로 '쓸모없고 이상한 사람들'이라고 무시당했는데 근현대 기술 진보의 주류에서 분명히 벗어나 있다는 사실 때문이었다. 이들의 방법은 비폭력과 자연 체계의 미묘한 조화를 존중하는 태도를 보여주는데 이는 근현대 세계의 생활 양식과 대립한다. 그러나 오늘날의 생활 양식이 우리에게 치명적인 위험을 안기고 있음을 깨닫는다면, 우리 사이에서 이러한 선구자들을 무시하거나 비웃는 대신 그들을 지지하거나 그들과 함께 행동하려는 마음을 발견할 수 있을 것이다.

산업 영역에는 중간기술개발집단Intermediate Technology Development Group*이 존재한다. 이 집단은 사람들의 자립을 도와주는 방법을 체계적으로 연구한다. 이 일은 주로 제3세계에 기술 원조를 제공하는 것과 관련되는데 연구 결과는 부유한 사회의 미래에 관심이 있는 사람들에게서도 점차 주목받고 있다. 왜냐하면 이 집단이 중간 기술, 즉 인간의 얼굴을 한 기술이 실제로 존재할 수 있고, 지속 가능하며, 능숙한 손과 창조적인 두뇌를 지닌 인간을 생산 과정에 재통합할 수 있음을 보여주었기 때문이다. 중간 기술은 **대량 생산**이 아니라 **대중의 생산**에 기여한다. 토양협회와 마찬가지로 중간기술개발집단도 대중의 지지에 의존하는 자발적인 민간단체다.

---

* 1966년 런던에서 슈마허의 주도로 설립된 모임이다.

나는 기술 발전에 새로운 방향을 제공할 수 있다고 확신한다. 그 방향은 기술을 인간의 실질적인 욕구에 맞게 재편하는 것이며 **인간의 실제 크기에 맞추는 것**이기도 하다. 인간은 작은 존재이므로 작은 것이 아름답다. 거대주의 추구는 자기 파괴로 나아간다. 그러면 방향 전환 비용은 얼마나 될까? 생존 비용을 계산하는 것이 정도를 벗어나는 일이라고 생각할지 모르겠다. 분명히 말해서 가치 있는 일에는 언제나 비용이 수반된다. 기술이 인간을 파괴하는 대신에 인간에게 봉사하도록 방향을 전환하려면 무엇보다도 상상력에 힘입어 두려움을 떨치려고 노력하는 자세가 필요하다.

3부

제3세계

발전[61]

11장

몇 년 전에 영국 정부가 발간하는《해외 개발 백서》가 대외 원조 목적을 다음과 같이 규정한 바 있다.

> 우리가 할 수 있는 범위에서 개발도상국을 도와 개발도상 국이 국민에게 능력을 발휘할 수 있는 물질적 기회를 제공 하고, 이를 통해서 국민이 충실하고도 행복하게 생활하면 서 자신들의 몫을 향상할 수 있도록 하기 위한 것.

오늘날에도 이와 똑같이 낙관적인 발언이 가능할지 의문이 지만 기본 철학은 변함없이 유지 중이다. 아마도 일부는 환상에 서 깨어나 이 임무가 생각한 것보다 훨씬 어렵다는 점을 깨달았을 것이다. 신생 독립국들에서도 이와 비슷한 생각이 나타난다. 특 히 대량 실업과 대규모 인구의 도시 이주라는 두 가지 현상이 전 세계적인 관심을 불러일으키고 있다. 세계 인구의 3분의 2에게는 점차로 자신들의 몫을 향상해줄 '충실하고 행복한 생활'이라는 목표가 여전히 요원한 듯 보인다. 그러므로 우리는 전반적인 문제를 새롭게 검토해볼 필요가 있다.

오늘날 많은 사람이 〔대외 원조를〕 새롭게 검토하고 있으며 그중 몇 사람은 원조가 너무 적은 게 문제라고 말하기도 한다. 이 사람들은 〔대외 원조에〕 건전하지 못한 교란 요인이 많다는 점을 인정하면서도 원조를 좀 더 늘려서 이를 충분히 보상할 수 있어야 한다고 주장한다. 모든 나라에 충분할 정도로 원조를 늘릴 수 없다면 성공 확률이 가장 높아 보이는 국가에 집중해야 한다고도 말한다. 이러한 제안은 많은 사람에게서 인정받지 못했는데 이는 놀랄 만한 일이 아니다.

두 가지 생활 방식이 서로 다른 두 세계라고 여겨질 만큼 분리된 채 공존하는 '이중 경제'(그것도 점점 더 악화하는 중인)의 등장은 거의 모든 개발도상국에서 나타나는 건전하지 못한 교란 요인에 속한다. 이중 경제는 공통의 생활 방식 아래 통합된 부유한 사람과 가난한 사람의 구분 문제가 아니다. 오히려 한쪽 집단의 최하층 사람이 다른 쪽 집단의 가장 근면한 사람이 벌어들이는 소득의 몇 배나 되는 돈을 매일 사용할 정도로 이질적인 두 가지 생활 방식이 병존하는 문제다. 이중 경제에서 파생되는 사회적, 정치적 긴장은 너무도 명백해서 굳이 설명할 필요도 없다.

전형적인 개발도상국의 이중 경제를 살펴보면 인구의 15퍼센트가 주로 한두 개 도시에 집중된 근현대 부문(공업)에 종사하며, 나머지 85퍼센트는 농촌 지역과 소도시에 살고 있음을 알 수 있다. 이는 개발 노력이 대부분 대도시에 집중되어 인구의 85퍼센트가 대체로 무시당하고 있음을 의미한다. 이들은 어떻게 될 것인가? 단순히 대도시의 근현대 부문이 전체 인구의 대부분을 흡수할 때까지 성장할 것이라고 생각한다면 이는 너무도 비현실적인 판단이다. 물론 이것은 많은 선진국에서 실제로 나타난 현상이다. 하지만 오늘날 가장 부유한 국가들조차 이토록 불균등한 인구분포가 야기할 수밖에 없는 문제로 고통받는 실정이다.

근현대 사상의 모든 분야에서 '진화' 개념은 중심 역할을 담당한다. 그러나 개발경제학에서는 그렇지 않다. '개발'과 '진화'가 거의 같은 의미로 보이는 데도 말이다. 때에 따라 진화론의 장점이 어떻게 나타나든지 간에 지금까지 경제와 기술이 발전해온 과정은 이것을 분명히 보여준다. 근현대 산업 시설, 이를테면 거대한 정유소를 방문한다고 가정해보자. 거대한 공장을 돌아다니면서 환상적으로 복잡한 시설을 살펴본다면 이게 과연 인간의 정신이 고안해낸 것일까 하는 의문을 당연히 품게 된다. 얼마나 많은 지식과 발명, 경험이 이러한 설비에 집약되었겠는가! 어떻게 이러한 일이 가능한가? 이에 대한 정답은 그것이 특정 개인의 정신에서 이미 만들어진 채로 생겨난 게 아니라 진화 과정을 거치면서 이루어졌다는 점이다. 처음에는 아주 단순했지만 이러저러한 것들이 추가되고 개량되면서 전체가 점점 복잡해진 것이다. 우리가 실제로 정유소에서 관찰한 것들조차 빙산의 일각에 불과할지 모른다.

둘러보기만 했을 때는 볼 수 없는 것이 볼 수 있는 것보다 훨씬 많다. 이를테면 우리는 원유를 정유기에 넣어 수많은 정제품을 만들고, 용기에 넣어 상표를 붙인 다음, 아주 정교한 유통 체계를 이용해서 헤아릴 수 없이 많은 소비자에게 보내기까지, 그 거대하면서도 복잡한 구조를 볼 수 없다. 또한 계획하고 조직하며 자금을 조달하고 판매하는 활동 배후에서 이루어지는 지적인 작업도 볼 수 없다. 이 모든 것의 전제인 거대한 교육 배경, 즉 초등학교에서 대학, 전문 연구 기관에 이르는 과정(이들이 없었다면 우리가 실제로 본 것조차 존재할 수 없었을 것이다)도 볼 수 없다. 앞서 언급했듯이 방문자는 빙산의 일각만을 볼 뿐이다. 다른 어디에 열 배나 큰, 그렇지만 그가 볼 수 없는 것이 존재하며, 이 '열 배'나 큰 부분이 없다면 그가 본 '일각'마저 의미가 없어진다. 만일 정유소가 있는 국가나 사회가 이 '열 배'나 큰 부분을 공급하지 못한다면 그 정유소는 작동하지 않거나 외국에 의존해서 생명을 부지하는 낯선 물건foreign body이 되어버린다. 그런데 이러한 일은 쉽게 간과된다. 왜냐하면 근현대 사회는 단순히 눈에 보이는 것만을 보거나 의식할 뿐, 눈에 보이는 것을 존립하게 하고 존속시키는 눈에 보이지 않는 것은 망각하는 경향이 있기 때문이다.

원조가 비교적 실패했다거나 적어도 우리가 그 효과에 실망했다는 사실은 우리에게 성공의 가장 중요한 조건(일반적으로 눈에 보이지 않는)을 무시하도록 부추긴 물질주의 철학과 어떤 관련이 있지 않을까? 이 조건을 완전히 무시하지는 않는다 해도 우리는 이를 물질적인 것, 즉 어떤 포괄적인 개발 계획에 따라 기획되며 돈으로 살 수 있는 것과 똑같이 취급하는 경향을 보인다. 다른 말로 하자면 우리는 개발을 창조 과정으로 이해할 뿐, 진화 과정으로 생각하지는 않는다.

204

과학자들은 우리에게 주변의 모든 것이 자연 선택으로 걸러진 자그마한 변이에 따라 진화한다고 끊임없이 말한다. 전능한 존재조차도 복잡한 것을 창조할 수 없다. 복잡한 것은 모두 진화의 산물이라고 간주된다. 그러나 우리의 개발 계획자들은 자신들이 전능한 존재보다 잘할 수 있다고, 이른바 계획 과정을 거쳐 가장 복잡한 것을 단숨에 창조할 수 있다고 생각하는 듯 보인다. 마치 완전 무장한 아테네 여신의 휘황찬란하면서도 뚜렷한 모습이 제우스의 머리가 아니라 무無에서 만들어졌다는 듯*이 말이다.

물론 때로는 비정상적이고 어울리지 않는 일이 벌어질 수도 있다. 여기저기서 개발 프로젝트가 성공할 수도 있다. 전근대 사회에 초현대적인 작은 섬을 건설하는 일은 언제나 가능하다. 그러나 이러한 섬은 성처럼 지켜야 하고 아주 먼 거리에서부터 헬리콥터가 물자를 보급해야 한다. 그렇지 않으면 바닷물이 넘치는 사태가 나타날 것이다. 어떤 일이 벌어지든, 즉 그 섬이 잘 있든 그렇지 않든지 간에, 여기서는 앞서 언급한 '이중 경제'가 생겨날 것이다. 이 섬은 주변 사회에 통합될 수 없으며 사회의 결속을 파괴하는 경향을 보일 것이다.

일부 가장 부유한 국가에서도 이와 비슷한 경향을 발견할 수 있다. 그러나 여기서도 지나친 도시화나 '메갈로폴리스'화 추세와 동시에 풍요로운 사회의 한복판에 빈곤에 찌든 사람, '낙오자', 실업자unemployed, 고용될 수 없는 자unemployable로 구성된 대규

---

* 신화에 따르면 아테네 여신은 제우스의 머리에서 완전 무장을 한 채 태어났다.

모 인구 집단이 존재한다.

　얼마 전까지만 해도 개발 전문가들은 이중 경제와 그 쌍둥이 폐해인 대량 실업, 대규모 인구의 도시 이주를 거의 언급하지 않았다. 설령 언급한다 하더라도 단지 한탄하면서 일시적인 문제로만 취급했을 뿐이다. 그런데 점차 이들이 시간에만 맡겨둘 문제가 아니라는 점이 폭넓게 인정받고 있다. 이와 달리 이중 경제는 의식적으로 대응하지 않으면 내가 '상호 파괴 과정'이라 부른 상황을 불러일으킨다. 도시의 성공적인 산업 발전이 농촌의 경제 구조를 파괴하고, 농촌은 다시 대규모 인구의 도시 이주로 복수하며, 그 결과 도시가 파괴되면서 완전히 통제할 수 없는 상황을 낳는 것이다. 이미 세계보건기구WHO나 데이비스Kingsley Davies 같은 전문가들은 2,000만이나 4,000만, 심지어 6,000만 명의 인구를 가진 도시가 출현하리라고 예측했는데 이는 대다수 사람이 상상조차 할 수 없는 '비참한 상황'이 나타나는 것을 의미한다.

　대안이 있는가? 개발도상국이 근현대 부문 없이는 살아갈 수 없으며 특히 부국과 직접 접촉하면 더욱더 그러하다는 점은 의심할 여지가 없다. 하지만 근현대 부문이 전체 인구를 흡수할 때까지 발전할 수 있으며 그 속도도 상당히 빠를 것이라는 암묵적인 가정은 의심해볼 필요가 있다. 지난 20년 동안 개발을 지배한 철학은 '부국에 가장 좋은 것이면 빈국에도 가장 좋다'는 신념이었다. 이 신념은 놀랄 정도로 오랫동안 유지되었는데 이는 미국과 그 동맹국, 몇몇 경우에는 소련이 '평화로운' 원자로 건설이 필요하다고 판단한 개발도상국 명부(대만, 한국, 필리핀, 베트남, 태국, 인도네시아, 이란, 터키, 포르투칼, 베네수엘라 등)에서 확인할 수 있

206

다. 이들은 모두 빈곤에 시달리는 사람이 대부분 농촌에 살고 있어서 농업과 농촌 생활의 활성화가 가장 큰 문제인 국가들이다.

　모든 고찰의 출발점은 빈곤이다. 아니 좀 더 정확히 말한다면 궁핍을 의미하는, 인간성을 타락시키고 말살하기까지 하는 빈곤 수준이다. 그러므로 첫 번째 임무는 빈곤 수준이 부과하는 경계선이나 제약 조건을 인식하고 이해하는 일이다. 다시 한번 언급하지만 조잡한 물질주의 철학은 우리에게 (앞서 인용한 백서에서 사용한 표현인) '물질적 기회'만을 보게 할 뿐, 비물질적 요인은 무시하도록 유도하곤 한다. 확신하건대 빈곤의 요인 중에서 자연 자원 부족, 자본 부족, 하부구조의 불충분성 같은 물질적 요인은 완전히 이차적이다. 극단적인 빈곤의 주요 원인은 비물질적인 것인 바 교육, 조직, 규율discipline 등의 결함이 바로 여기에 해당한다.

　개발은 재화에서 시작하지 않는다. 오히려 인간과 인간의 교육, 조직, 규율에서 시작한다. 이 세 요인이 없다면 모든 자원은 개발되지 않은 채 잠재적인 상태로만 존재할 것이다. 부존자원이 거의 없으면서도 잘사는 사회가 존재하며 우리는 전후에 눈에 보이지 않는 요인이 얼마나 중요한가를 수없이 관찰했다. 아무리 심하게 파괴되었더라도 교육, 조직, 규율 측면에서 높은 수준을 확보한 국가들은 모두 '경제 기적'을 만들었다. 그런데 사실상 이는 빙산의 일각에 주목하는 사람들에게만 기적이었다. 빙산의 일각은 부서졌지만 교육, 조직, 규율 같은 토대는 여전히 남았기 때문이다.

　개발의 중심 문제는 바로 여기에 있다. 빈곤의 주요 요인이 이 세 가지 요인의 결함이라면 빈곤 완화는 무엇보다도 이 결함의 제거에 달렸다. 개발이 창조 행위일 수 없는 이유, 개발을 주문하거나 구매할 수 없는 이유, 개발에 관한 포괄적인 계획을 세울 수 없는 이유는 바로 여기에 있다. 교육은 '비약'하지 않는다. 교육은 매우 미묘하면서도 점진적인 과정을 요구한다. 조직은 '비약'하지 않는다. 조직은 변화하는 환경에 맞추어 점진적으로 진화한다. 규율도 마찬가지다. 이 세 가지는 모두 조금씩 진화해야 하며 이 진화 속도를 빠르게 만드는 것이 개발 정책의 주요 임무다. 이 세 가지는 모두 극소수 사람이 아니라 사회 전체의 것이어야 한다.

원조를 이용해서 새로운 경제 행위를 시작할 때, 그 행위는 뒷받침해줄 만한 교육 수준이 이미 상당히 폭넓게 확보되었을 때만 유용성과 지속성을 유지할 수 있으며 교육, 조직, 규율 따위의 향상에 도움을 줄 수 있는 때만 이후에도 진정으로 소중한 것으로 자리 잡을 수 있다. 여기에 확장 과정은 존재할 수 있지만 비약 과정은 결코 그럴 수 없다. 새롭게 도입된 경제 행위가 원조받는 사회에는 결코 존재하지 않는 **특별한** 교육, **특별한** 조직, **특별한** 규율에 의존한다면 그 행위는 건전한 발전을 촉진하기는커녕 오히려 이를 방해하기 쉬울 것이다. 이들은 통합될 수 없는 낯선 것으로 남아서 이중 경제라는 문제를 더욱더 악화할 것이다.

이상과 같이 살펴볼 때, 개발은 무엇보다도 경제학자들, 특히 조잡한 물질주의 철학에 기초한 능력만을 가진 경제학자들에게 맡길 문제가 아니라는 점을 알 수 있다. 물론 특정 개발 단계와 엄격하게 제한된 기술적 업무에서는 (어떠한 철학적 배경을 갖고 있든지 간에) 경제학자가 요긴하게 쓰일 수 있지만, 이 역시 오직 개발 정책의 일반적인 지침이 **국민 전체를 끌어들이는** 것으로 이미 확고하게 자리 잡은 때에만 가능할 뿐이다.

원조와 개발에 요구되는 새로운 사고방식은 빈곤을 진지하게 고려한다는 점에서 이전의 사고방식과 차이를 보일 것이다. 새로운 사고방식은 '부국에 좋으면 빈국에도 좋다'는 명제를 기계적으로 수용하지 않고 사람들을 보호할 것이다. 심지어 매우 현실적인 관점에서 보호할 것이다. 왜 사람들을 보호하는가? 인간은 모든 부의 중심이면서 궁극적인 원천이기 때문이다. 인간을 무시한다면, 자칭 전문가나 고압적인 계획 입안자가 인간을 하찮게 취급한다면, 실질적인 성과는 결코 나타날 수 없다.

다음 장은 1965년에 유네스코 주최로 칠레의 산티아고에서 열린 '라틴 아메리카 개발을 위한 과학 기술 회의Conference on the Application of Science and Technology to the Development of Latin America'에 제출한 논문을 약간 줄인 것이다. 당시 경제 개발에 관한 논의는 거의 대부분 기술을 단순히 '주어진' 것으로 취급하곤 했다. 그래서 주어진 기술을 아직 가지지 못한 국가에 이를 이전하는 방법에 관한 문제를 주로 다뤘다. 가장 최근의 것은 당연히 가장 좋은 것이겠지만, 그것이 빈곤의 실제 조건이나 제약 조건에 들어맞지 않기 때문에 개발도상국의 시급한 과제에 도움이 되지 않을지도 모른다는 견해는 무시되었다. 그렇지만 이 논문은 이후 런던에서 설립된 중간기술개발집단의 토대가 되었다.

중간 기술 개발을 요구하는 사회경제적 문제[62]

12장

오늘날 전 세계 수많은 지역에서 빈익빈 부익부 추세가 계속해서 나타나고 있지만 기존의 대외 원조 과정과 개발 계획으로는 이 추세를 극복할 수 없을 것처럼 보인다. 오히려 이들은 종종 빈익빈 부익부 추세를 조장하는 듯하다. 왜냐하면 자립 능력이 있는 사람을 돕는 것은 그렇지 못한 사람을 돕는 것보다 언제나 쉽기 때문이다. 개발도상국이라 불리는 나라에는 거의 예외 없이 생활 방식과 노동 방식이 선진국과 유사한 근현대 부문이 존재한다. 그렇지 않은 부문도 존재하는데 이 부문은 전체 인구의 대다수가 종사하는 곳이긴 하지만 생활 방식과 노동 방식이 근본적으로 만족스럽지 않으며 아주 빠르게 무너지고 있다.

여기서는 근현대 부문이 아닌 곳에서 종사하는 사람들을 돕는 문제에만 집중한다. 그렇다고 해서 근현대 부문에서 진행되는 건설적인 작업마저 중단해야 한다고 주장하지는 않는다. 어떤 경우에나 그러한 일은 계속 진행될 게 틀림없다. 다만 오늘날 극빈과 절망의 나락에서 살아가는 수많은 사람에게까지 건전한 성장(혹은 적어도 건전한 안전 상태)이 이어지지 않는 한, 근현대 부문의 성공은 모두 환상이기 쉽다고 판단했을 뿐이다.

중간 기술의 필요성

빈곤 조건

대부분의 개발도상국에서 가난한 사람들의 전형적인 조건은 무엇인가? 이들은 취업할 기회가 너무도 적기 때문에 비참한 상태에서 벗어날 수 없다. 대부분 불완전 취업이나 완전 실업 상태에 있으며 임시직을 구하더라도 생산성이 너무도 낮다. 또 일부는 토지를 갖고 있지만 대체로 그 규모가 너무 작다. 대부분 토지를 갖고 있지 않으며 그럴 가능성도 없다. 농촌 지역에서는 희망이 없으므로 대도시로 이주한다. 하지만 대도시에는 이들을 위한 일자리가 없고, 당연한 말이겠지만 집도 없다. 그런데도 무리를 지어 도시로 이주하는 이유는 도시가 취업 기회가 전혀 없는 농촌보다 나아 보이기 때문이다.

　농촌 지역의 실업이나 위장 실업은 흔히 인구 증가에 전적인 책임이 있다고 간주된다. 물론 인구 증가는 중요한 원인이다. 그러나 이런 주장은 늘어난 인구에 맞춰 추가로 일자리가 생기지 않는 이유를 설명해야 한다. 그러면 '자본'이 부족해서 일자리가 생길 수 없다는 답이 돌아오곤 한다. 그러나 '자본'이란 무엇인가? 자본은 인간 작업의 산물이다. 자본 부족이 낮은 생산성 수준을 설명할 수는 있어도 취업 기회 부족을 설명할 수는 없다.

하지만 변함없는 사실은 대다수의 사람에게 일자리가 없으며 있더라도 일시적일 뿐이라는 점이다. 아울러 이들이 가난하고 무기력하며 종종 절망한 나머지 대도시에서 일자리를 구하기 위해 농촌을 떠난다는 점이다. 농촌의 실업은 대규모 도시 이주를 불러일으키며 이는 다시 가장 부유한 국가에서도 부담이 될 만큼 빠르게 도시의 성장을 촉진한다. 실업이 농촌에서 도시로 옮겨가는 것이다.

도움이 가장 절실한 사람을 돕자

그러므로 문제는 다음과 같이 요약할 수 있다. 아직도 전체 인구의 80~90퍼센트가 사는 소도시와 농촌에서, 즉 대도시 바깥에서, 경제생활을 건강하게 만들 방법이 있는가? 개발 노력을 주로 대도시에 집중한다면 새로운 산업을 일으켜 경영자와 노동자를 배치하고 정상적으로 운영할 수 있는 자금과 판로를 개척하기는 쉬울 것이다. 그러나 새로운 산업의 등장에 따르는 경쟁 때문에 대도시 이외 지역의 비농업 부문이 파괴되어 추가 실업을 야기할 것이며, 이는 다시금 가난한 사람들이 자신들을 수용할 수도 없는 도시 지역으로 계속해서 이주하도록 만들 것이다. 결국 이런 '상호 파괴 과정'은 멈추지 않을 것이다.

개발 작업은 적어도 상당 부분 대도시가 아니라 농촌과 소도시에서 '농업 관련 산업 구조agro-industrial structure'를 만들어내는 일에 직결되어야 한다. 이런 맥락에서 무엇보다도 작업장, 말 그대로 수백만 개의 작업장이 절실하다는 점을 강조할 필요가 있다. 물론 1인당 산출고가 중요하지 않다고 말할 사람은 없을 것이다. 그렇지만 이를 극대화하는 것이 가장 중요한 고려 사항일 수는 없다. 오히려 1인당 산출고는 실업자와 불완전 취업자에게 취업 기회를 최대로 제공하는 방식으로 고민해야 한다. 가난한 사람들이 가장 절실하게 원하는 것은 취업 기회이며, 박봉이거나 비교적 비생산적인 일이라 해도 없는 것보다 낫다. 아르당Gabriel Ardant은 "(작업장의) 수를 늘린 다음에 내용을 충실화하라"며 다음과 같이 말했다.[63]

누구에게나 일자리가 충분히 존재해야 한다는 점은 중요하다. 왜냐하면 이것만이 반생산적인 태도를 완화하여 새로운 정신 상태를 심어줄 유일한 길, 노동을 소중히 여기고 효과적으로 이용할 필요가 있는 국가의 유일한 길이기 때문이다.

바꿔 말한다면 일자리 수를 고려하지 않고 산출량이나 소득에 비추어 성공 여부를 판가름하는 경제 계산은 여기서 고찰하는 빈곤 조건에는 조금도 적절하지 않다. 왜냐하면 이러한 경제 계산은 개발 문제에 대한 정태적인 접근을 포함하기 때문이다. 동태적인 방법은 사람들의 욕구와 반응을 고려한다. 사람들의 첫 번째 욕구는 아무리 작은 규모라 해도 돈을 벌 수 있는 일자리를 갖는 것이다. 이들은 자신들의 시간과 노동이 가치 있다고 느낄 때 비로소 이를 좀 더 값지게 만드는 데 관심을 보일 수 있다. 그러므로 모든 사람이 무엇인가를 생산하는 것은 소수가 상당히 많은 것을 생산하는 것보다 중요하다. 설령 몇 가지 예외적인 상황에서 전자의 총산출고가 후자보다 줄어들더라도 그러하다. 물론 이는 성장을 촉진할 수 있는 동태적인 상황이므로 계속해서 산출고가 줄어들지는 않을 것이다.

실업자는 절망에 빠져 이주할 수밖에 없다. 이는 취업 기회를 제공하는 것이 가장 절실한 문제이며 경제 계획의 1차 목표도 바로 여기에서 찾아야 한다는 주장을 정당화해주는 또 다른 근거이기도 하다. 취업 기회가 없다면 인구의 도시 유입을 막기는커녕 완화할 수도 없다.

임무의 본질

그렇다면 우리의 임무는 농촌과 소도시에 수백만 개의 신규 작업장을 건설하는 것이다. 근현대 공업은 선진국에서 생겨났으므로 이 임무를 해결할 수 없다. 이는 너무도 명백한 사실이다. 근현대 공업은 자본이 풍부하고 노동이 부족한 사회에서 생겨났으므로 자본이 없고 노동이 풍부한 사회에는 적용할 수 없다. 푸에르토리코가 이 점을 아주 훌륭하게 예증한다. 최근 연구를 인용해보자.

근현대 공장 유형의 제조업을 발전시켰지만 그것이 고용
에 기여한 바는 아주 적었다. 푸에르토리코의 개발 계획은
매우 정력적으로 추진되어 상당한 성공을 거뒀다. 그러나
1952~1962년 사이에 EDA〔경제개발기관Economic Develop-
ment Administration의 약자〕의 지원을 받은 공장에서 고용 증
가는 연평균 5,000명 정도에 불과했다. 노동력의 경제 활
동 참가율participation rates*이 현재 수준을 유지하고 본토
〔미국〕를 향한 순이주net emigration가 없다면, 푸에르토리
코에서 노동 인구는 매년 4만 명 정도 증가할 것이다. (…)
제조업에 관해서는 일본 경제에 아직도 남아 있으면서 고
도의 경제 성장에도 실질적으로 기여한 소규모 업체(그것
도 지역 분산적이면서 노동력을 좀 더 많이 사용하는 업체)를
상상력을 발휘해서 연구해야 한다.[64]

이와 비슷한 사례를 발견할 수 있는 나라는 많은데 그중에서
도 인도와 터키가 대표적이다. 두 나라에서도 매우 야심만만한
5개년 계획이 시행되었는데 그 계획이 완벽하게 이행된 때에도
실업자는 대체로 계획 기간의 처음보다 마지막에 더욱 늘어났다.

---

* 경제학에서 (일정한 연령대의) 생산 가능 인구는 (노동 의사가 있는) 경제 활
동 인구와 (노동의사가 없는) 비경제 활동 인구로 구분되고, 경제 활동 인구는
다시 취업자와 실업자로 구분된다. 경제 활동 참가율이란 경제 활동 인구를 생
산 가능 인구로 나눈 것을 지칭한다. 참고로 실업률은 실업자를 경제 활동 인구
로 나눈 것이다.

따라서 실질적인 임무는 다음과 같은 네 가지 명제로 정의할
수 있다.

첫째, 작업장은 사람들이 주로 이주하는 대도시 지역에 만들
지 말고 그들이 현재 사는 곳에 만들어야 한다.

둘째, 작업장 건설 비용은 평균적으로 저렴해야 하며 엄청
난 자본금이나 수입에 의존하지 않더라도 수없이 만들 수 있어야
한다.

셋째, 비교적 단순한 생산 방법을 이용해 생산 공정 내부에서
만이 아니라 조직, 원료 공급, 금융, 판매 따위의 문제에서도 높은
숙련에 대한 요구를 최소화해야 한다.

넷째, 생산은 주로 그 지역의 원료를 이용해야 하며 소비도
주로 그 지역에서 이루어져야 한다.

이런 네 가지 요구 조건은 발전을 '지역 차원'에서 접근하는
경우에만, '중간 기술'이라 부를 수 있는 것을 개발하고 응용하려
고 의식적으로 노력하는 경우에만 충족할 수 있다. 두 조건을 차
례로 살펴보자.

지역 혹은 지구 차원의 접근

기존의 정치적 단위가 필연적으로 가장 절실하게 도움이 필요한
사람들에게 이익을 제공하는 데 적합한 경제 개발 규모인 것은 아

니다. 정치적 단위가 너무 작은 지역도 있긴 하지만 오늘날 정치적 단위는 대체로 너무 크다. 인도를 예로 들어보자. 인도는 매우 큰 정치적 단위며 여러 측면에서 볼 때 이를 유지할 만한 이유도 충분하다. 하지만 '인도 전체'를 오로지 또는 주로 개발 정책 측면에서 고려한다면, 자연스럽게 개발은 소수의 대도시 지역, 그것도 근현대 부문에 집중될 것이다. 그 과정에서 전체 인구의 80퍼센트 이상이 사는 드넓은 지역은 거의 이익을 얻지 못할 것이며 때로는 손해를 볼 수도 있다. 따라서 대량 실업과 대규모 인구의 도시 이주라는 쌍둥이 폐해가 생겨날 것이다. 부유한 소수는 더욱 부자가 되지만 실질적으로 도움이 필요한 사람들에게는 전보다 더 무기력한 상황이 남는 게 '개발'의 결과인 셈이다. 개발의 목적이 가장 어려운 사람들을 돕는 데 있다면 국내에서 각 '지역region'이나 '지구district'를 독자적으로 개발할 필요가 있다. 이것이 바로 '지역 차원'의 접근이 의미하는 바다.

비교적 부유한 국가인 이탈리아를 예로 들어보자. '이탈리아 전체'가 경제 성장에서 성공을 거두었다는 결과만으로 남부 지역과 시칠리아섬이 발전하지는 않는다. 이탈리아에서 산업은 주로 북부에 집중되어 있기 때문에 산업이 급속히 성장한다 해도 남부 지역의 빈곤은 줄어들기는커녕 오히려 악화되는 경향을 보인다. 성공이 성공을 낳듯이 실패가 실패를 낳는 것이다. 북부와 경쟁하면서 남부의 생산 기반은 파괴되었으며 모든 유능한 인재도 떠나버렸다. 이러한 움직임을 저지하기 위해서는 의식적인 노력이 필요하다. 왜냐하면 특정한 지역의 인구를 무시하는 발전은 그 지역의 생활 수준을 실제로 전보다 더 떨어뜨리면서 대량 실업을 야기하고 대규모 이주를 강요하기 때문이다. 그 증거는 전 세계 모든 지역에서, 심지어 고도로 발전된 선진국에서도 찾아볼 수 있다.

이런 의미에서 〔지역 차원의 접근을〕 몇 마디로 분명하게 정의할 수는 없다. 지리적 상황이나 지역적 상황에 따라 많은 것이 달라지기 때문이다. 물론 경제 개발 '지구'를 구성하는 데 수천 명의 인구는 너무도 적다. 그러나 수십만 명의 인구라면 아무리 폭넓게 흩어져 있다 해도 고려해볼 만하다. 스위스는 인구가 600만 명도 안 되지만 20개 이상의 주canton로 나뉘어 있으며, 각 주는 일종의 개발 지구를 구성한다. 그 결과 인구와 산업이 상당히 고르게 분산해 있으며 지나친 집중화 경향도 없다.

각 '지구'가 내적 응집력과 정체성을 어느 정도 확보하고 지구마다 중심으로 기능하는 소도시를 하나 이상 가진 상태가 이상적이다. '경제 구조'가 필요한 만큼 '문화 구조'도 필요하다. 마을마다 초등학교가 있을 것이고, 자그마한 시장이 있는 소도시에는 중등학교가 있을 것이며, 지구의 중심 지역은 고등 교육 기관이 존재할 정도로 충분히 클 것이다. 국가 규모가 클수록 내부 구조와 분산적인 개발 방식이 더욱 절실해진다. 이러한 필요성을 무시한다면 가난한 사람들에게는 어떠한 희망도 없다.

적정 기술appropriate technology의 필요성

명백한 사실이겠지만 '지역' 또는 '지구' 자원의 개발은 적합한 기술을 사용하지 않는 한 성공할 가능성이 없다. 근현대 산업에서 작업장을 하나 건설하려면 엄청난 자본(평균 2,000파운드 정도)이 필요하다. 그러므로 가난한 나라는 당연히 일정한 기간에 작업장을 제한된 숫자 이상으로 건설할 수 없다. 게다가 '근현대' 작업장은 근현대적인 환경에서만 실질적으로 생산적일 수 있는데 이런 이유만으로도 농촌 지역이나 몇 개의 소도시로 이뤄진 '지구'에 적합한 것이 되기 힘들다. 모든 '개발도상국'에서는 농촌 지역에 건립된 산업 지대industrial estates를 발견할 수 있는데 여기에는 고도의 근현대적 설비가 있지만 〔그에 걸맞은〕 조직, 금융, 원료 공급, 운송, 판매 능력 따위가 부재하기 때문에 대부분의 시간을 허비하고 있다. 불평과 비난의 소리가 나오고 있지만 희소한 자본재(대체로 희소한 외환으로 수입한 것들이다)를 대량으로 낭비하는 상황이나 진배없는 사태를 바꾸지는 못하고 있다.

개발 이론에서는 흔히 '자본 집약적' 산업과 '노동 집약적' 산업을 구별한다. 이 구별은 분명히 타당하긴 하지만 문제의 본질과 실질적으로 연결되지는 않는다. 왜냐하면 이 구별은 대체로 사람들이 특정 생산 기술을 주어진 것이자 불변의 것으로 수용하도록 유도하기 때문이다. 이런 상황에서는 개발도상국이 '자본 집약적' 산업보다 '노동 집약적' 산업을 선택해야 한다고 주장한들, 실제로 산업의 선택은 훨씬 더 강력한 기준인 원료 기반, 시장, 경영자의 관심 등에 따라 다르게 결정될 것이므로 이성적인 행동으로 연결될 수 없다. 산업을 선택하는 문제와 그 선택이 이루어진 **후**에 기술을 선택하는 문제는 완전히 다르다. 따라서 '자본 집약도'나 '노동 집약도'와 같은 용어를 출발점으로 선택하여 논점을 흐리지 말고 기술을 직접 언급하는 것이 좋다. 이는 비슷한 토론에서 흔히 볼 수 있는 또 다른 구별, 즉 '대규모' 산업과 '소규모' 산업의 구별에도 똑같이 적용된다. 근현대 산업이 종종 대단위로 조직되는 것은 사실이지만 근현대 산업의 본질적이고도 보편적인 특성이 '대규모'에 있는 것은 결코 아니다. 특정 산업 활동이 개발 지구의 조건에 적합한지는 '규모'가 아니라 이용되는 기술에 따라 직접적으로 판가름 난다. 건립 비용이 평균 2,000파운드인 작업장을 가진 소규모 기업은 (건립 비용도 그에 걸맞게 많이 들어가는) 대기업만큼이나 적절하지 않다.

나는 기술을 논하는 것이 문제의 본질에 다가서는 최선의 방법이라고 믿는다. 가난에 찌든 지역에서 경제 개발은 내가 '중간 기술'이라 부른 기술에 기대지 않으면 성과를 볼 수 없다. 궁극적으로 중간 기술은 '노동 집약적'이며 소규모 기업에 적합하다. 그러나 '노동 집약도'나 '소규모'라는 말 자체가 '중간 기술'을 포함하지는 않는다.

중간 기술의 정의

기술 수준을 '평균 작업장 설비 비용'으로 정의한다면 상징적인 의미에서 전형적인 개발도상국의 토착 기술은 1파운드짜리 기술로, 선진국의 기술은 1,000파운드짜리 기술로 각각 표현할 수 있다. 두 기술 사이의 간극은 상호 전환이 거의 불가능할 정도로 너무나 넓다. 사실상 오늘날 개발도상국들은 1,000파운드짜리 기술을 자국 경제에 도입하고자 노력하지만, 이런 움직임은 근현대적인 작업장을 건설하는 속도보다 빠르게 전통적인 작업장을 파괴하고 어디에서나 1파운드짜리 기술을 놀랄 만한 속도로 제거하여 가난한 사람들을 전보다 더 절망적이고 무기력한 상태로 몰아간다. 가장 절실하게 도움이 필요한 사람들을 효과적으로 도와주려면 1파운드짜리 기술과 1,000파운드짜리 기술의 중간에 위치한 기술이 필요하다. 이를 상징적인 의미에서 100파운드짜리 기술이라 불러보자.

이러한 중간 기술은 (대체로 사라질 운명인) 토착 기술보다 엄청나게 생산성이 높지만 근현대 산업의 복잡하면서도 고도로 자본 집약적인 기술에 비하면 엄청나게 저렴할 것이다. 이 정도 자본 규모의 작업장이면 상당히 짧은 기간에 아주 많이 생산할 수 있을 것이며, 지역district 내 소수의 인재에게는 이러한 작업장을 만드는 것이 금융 측면만이 아니라 교육, 능력, 조직화 기술 측면에서도 '가능한' 일일 것이다.

마지막 요점은 다음과 같이 설명할 수 있다.

현재 선진국에서는 노동자 1인당 평균 소득과 작업장 한 개당 평균 자본 규모의 비율이 대체로 1대 1이다. 일반적으로 작업장을 하나 건설하려면 노동자 한 명의 1년 치 노동이 필요하다거나, 작업장 하나를 소유하려면 한 달 치 소득을 12년 동안 저축해야 한다는 의미다. 만일 그 비율이 1대 10이라면 작업장을 하나 건설하는 데 노동자 한 명의 10년 치 노동이 필요하거나 작업장을 소유하는 데 한 달 치 소득을 120년 동안 저축해야 한다는 의미다. 이는 물론 불가능한 일이므로 1파운드짜리 기술에 주로 의존하는 지역에 1,000파운드짜리 기술을 이식한다고 해서 그 기술이 긍정적인 '전시 효과'를 보여줄 수는 없다. 오히려 전 세계를 살펴보면 1,000파운드짜리 기술의 '전시 효과'는 완전히 부정적이라는 사실을 알 수 있다. 1,000파운드짜리 기술에 접근할 수 없는 사람들은 간단히 '포기'하며 심지어 이전에 이용한 기술조차 더는 이용하지 않는 경우도 많다.

또한 중간 기술은 비교적 소박한 환경에 아주 잘 어울릴 것이다. (중간 기술에 필요한) 도구가 상당히 간단하므로 유지하고 보수하기가 쉽다. 간단한 도구는 통상 고도로 복잡한 기계만큼 정선된 원료나 엄밀한 전문성을 요구하지 않으며 시장의 변화에도 훨씬 잘 적응한다. 기술자를 훨씬 쉽게 훈련할 수 있을 뿐만 아니라 감시하고 통제하며 조직하는 일도 간단하므로 예상치 못한 어려움에 직면할 가능성도 훨씬 적다.

반대론

중간 기술에 관한 이와 같은 생각이 발표된 이후 수많은 반대론이 나왔다. 가장 즉각적인 반론은 심리적인 것이었다. '최선을 보류하고 열등하면서도 낡은 것을 참고 지내라고 한다'는 비판 말이다. 이는 모두 궁핍하지 않고 자립 능력도 있어서 생활 수준을 단숨에 좀 더 끌어올리고자 도움받기를 원하는 사람들의 말이다. 우리가 여기서 주목하는 사람들, 즉 농촌에 거주하든 도시에 거주하든지 간에 실질적인 생존 기반을 갖지 못해서 가난에 찌든 수많은 사람, '최선'은커녕 '차선'도 없고 심지어 가장 기본적인 생존 수

단마저 결여한 사람들은 이렇게 반대하지 않는다. 때로는 '개발경제학자' 중에 몇 명이나 가난한 사람들의 존재 조건을 실질적으로 이해할 수 있는지 의심하는 사람도 있다.

경제학자와 계량경제학자 가운데에는 자본/산출 비율capital/output ratio과 같이 일정하다고 가정된 비율에서 개발 정책을 이끌어낼 수 있다*고 생각하고 있는 사람들이 있다. 이들의 주장은 다음과 같다. 이용 가능한 자본 규모는 일정하다. 이제 이용 가능한 자본을 대규모 자본이 필요한 소수의 작업장에 집중적으로 투자할 수도 있고 수많은 값싼 작업장에 분산 투자할 수도 있다. 후자를 선택한다면 전자를 선택한 때보다 총산출고가 적을 것이므로 경제 성장률을 극대화하지 못할 것이다. 예를 들어 칼도어Kaldor 박사는 "최첨단 기계가 노동력을 좀 더 고용할 수 있는 덜 복잡한 기계보다 투자된 자본 단위당 산출량의 비율이 훨씬 더 높다고 나타났다"[65]고 주장했다. '자본'만이 아니라 '임금재'도 양적으로 고정되어 있으며 이들의 양적 크기가 '주어진 시점에서 국가의 임금 노동 고용량의 한계'를 결정한다는 것이다.

---

* 경제학에서 경제 성장은 대체로 자본/산출 비율의 함수로 설정되는데 이 비율은 자본의 평균 생산성(산출/자본)의 역함수를 의미하며 자본 계수capital coefficient라고도 불린다. 이 비율을 고정된 것으로 가정하는 경우는 해로드-도마Harrod-Domar의 성장 모델이 대표적이다. 그런데 문맥상 저자는 자본/산출 비율을 '자본÷산출'로 이해하기보다 '산출÷자본', 즉 자본의 평균 생산성이라는 의미로 이해하는 듯 보인다.

만일 제한된 숫자의 사람들만 임금 노동으로 고용할 수 있다면 가장 생산적인 방법으로 고용하여 국민 소득에 가장 크게 기여할 수 있도록 하자. 왜냐하면 그런 방법은 또한 경제 성장률을 극대화할 것이기 때문이다. 노동자 1인당 자본 규모를 줄인다는 이유로 고민 끝에 생산성을 낮추는 방법을 선택해서는 안 된다. 내게는 이것이 어리석게 보이는데 왜냐하면 1인당 자본량을 열 배로 늘리면 1인당 소득은 20배나 늘어날 것이기 때문이다. 어느 관점에서 보든지 간에 최신의 좀 더 자본주의적인 기술이 우수하다는 점은 틀림없는 사실이다.[66]

이러한 주장에는 우선 명백히 정태적인 특성이 있어서 개발의 동학을 설명하지 못한다는 점을 지적할 수 있으리라. 실질적인 상황을 공평하게 평가하려면 기계나 추상적인 개념에 집착하지 말고 사람들의 반응이나 잠재 능력을 고려하는 자세가 필요하다. 앞서 보았듯이 아주 정교한 설비를 소박한 환경에 이식하더라도 이것이 대체로 완전한 능력을 발휘하리라고 가정하는 것은 잘못이다. 정교한 설비를 제대로 이용하지 못한다면 자본/산출 비율도 낮아진다. 자본/산출 비율은 〔기술적 요인과〕 전혀 다른 요인으로 크게 달라질 수도 있는데 이를 기술적 의미로만 설명하는 것은 잘못이다.

또한 자본을 소수의 작업장에 집중 투자하면 자본/산출 비율이 높아진다는 법칙이 존재한다는 칼도어 박사의 주장에도 의문을 던질 수 있다. 산업의 실상을 조금이라도 경험한 사람이라면 그 누구도 이러한 '법칙'이 존재한다고 주장하지 않을 것이다. 나아가 여기에는 그 어떠한 과학적 근거도 없다. 노동 생산성, 즉 노동자의 1인당 산출량을 높이기 위해 기계화나 자동화가 도입되지만 이는 자본/산출 비율에 양의 효과를 미치는 것만큼이나 음의 효과를 미칠 수 있다. 기술 진보로 자본 투입 규모가 추가로 늘어났지만 작업장 수만 줄어들 뿐 산출량에는 영향을 미치지 못하는 사례는 무수히 많다. 그러므로 주어진 자본량을 극소수의 작업장에 집중 투자하면 언제나, 그리고 필연적으로 총 산출량이 최대가 된다는 주장은 결코 진실이 아니다.

그러나 [칼도어 박사] 주장의 최대 약점은 '과소 고용 경제'에서 '자본'(그리고 '임금재'까지)을 '주어진 양'으로 취급하는 데 있다. 여기서도 정태적인 관점은 필연적으로 잘못된 결론을 도출한다. 앞서 논증했듯이 개발 정책의 중심 과제는 실업자라서 '임금재'를 생산하거나 '자본'을 형성하는 데 조금도 기여하지 못하지만 (아무리 소비량이 적을지라도) 소비자인 사람들에게 취업 기회를 제공하는 일이다. 고용은 그 밖의 모든 일을 위한 전제 조건이다. 게으른 사람은 아무것도 생산하지 못하지만 볼품없는 장비라도 이용하는 사람은 생산에 기여할 수 있다. 그것도 '임금재'뿐 아니라 '자본'에도 기여할 수 있다. 양자의 구분은 계량경제학자들의 생각처럼 명확하지 않은데 왜냐하면 '자본'의 정의 자체가 주로 이용되는 기술 수준에 따라 결정되기 때문이다.

아주 간단한 사례를 들어보자. 실업률이 높은 지역에서 경지 정리earth-moving 작업을 시행한다고 생각해보자. 여기에는 최첨단 경지 정리용 설비부터 어떠한 도구도 사용하지 않는 순수한 수 작업에 이르기까지 선택할 수 있는 기술이 수없이 많을 것이다. 그런데 작업의 본성상 '산출량'은 고정된 것이므로 '자본' 투입이 최소일 때 자본/산출 비율이 최대가 될 것은 너무도 분명하다. 어떠한 도구도 없이 작업을 진행한다면 자본/산출 비율은 무한히 높아지겠지만 1인당 생산성은 매우 낮을 것이다. 근현대 기술 중 최신의 것을 사용해서 작업을 진행한다면 자본/산출 비율은 낮겠지만 1인당 생산성은 매우 높을 것이다. 이렇게 극단적인 사례는 전혀 바람직하지 않으므로 중도를 발견해야 한다. 일부 실업자에게 우선 손수레와 같은 도구를 만들게 하고 다른 실업자에게는 다양한 '임금재'를 만들게 시킨다고 가정해보자. 이 생산 방식에서도 아주 간단한 것부터 매우 복잡한 것까지 다양한 기술을 이용할 수 있다. 모든 경우에 값이 비싸면서 복잡한 설비에 의존하지 않고도 상당한 생산성 수준을 제공할 수 있는 중간 기술을 찾아내야 한다. 그 결과 경제 개발은 초기 과제인 경지 정리 작업의 완성을 넘어 멀리까지 확대될 수 있다. 최첨단 경지 정리용 설비를 확보하는 데 필요한 경비보다 훨씬 적을지도 모르는 '자본'을 외부에서 조달해 투자하고, '근현대적인' 방법이 요구하는 것보다 훨씬 많은 (이미 실업자인) 노동자들을 투입하여 주어진 프로젝트를 완성할 뿐만 아니라 사회 전체가 개발되도록 할 수 있을 것이다.

그래서 나는 적절한 중간 기술의 선택을 핵심 쟁점으로 여기는 개발에 대한 동태적인 접근이 정태적인 계량경제학적인 접근으로는 조금도 인식하지 못한 건설적인 방도를 열어주리라고 주장한다.

중간 기술에 또 다른 반론이 제기되는 이유는 바로 여기에 있다. 이 반론에 따르면 위와 같은 주장은 실현 가능성이 아주 높을 수 있지만 오직 저개발국에 경영 능력 부족이라는 악명 높은 문제가 존재하지 않을 때만 그러하다. 그러므로 이 희소한 자원〔경영 능력〕은 성공 가능성이 가장 높은 곳에 집중해서, 그것도 이 세상에서 가장 정교한 자본 설비와 함께 사용해야 한다. 그렇다면 산업 발전은 대도시나 그 주변에 대규모 통합 단지 형태로, 그것도 작업장당 투입 자본량이 가장 높은 수준으로 이루어져야 한다.

그러나 이 반론은 '경영 능력'이 이미 주어진 고정량이라는 가정을 깔고 있으며 정태적인 관점만을 드러낸다. 경영 능력은 주로 이용하는 기술의 함수이므로 당연히 고정된 것도, 주어진 것도 아니다. 근현대 기술 수준에 기대어 경영자로 행동할 수 없는 사람일지라도 중간 기술에 기대어 설립된 소기업에서는 완벽하게 성공할 수 있다. 그 이유는 이미 밝힌 바 있다. 실제로 오늘날 수많은 개발도상국에는 분명 경영자가 부족한데 내게는 이 현상이 정확히 소박한 환경에 복잡한 기술을 도입하면서 생긴 '부정적인 전시 효과'의 산물인 듯 보인다. 적절한 중간 기술의 도입이 경영 능력의 부족 때문에 실패할 가능성은 없을 것이다. 또한 이것이 근현대 부문의 기업에 필요한 경영자의 공급을 감소시키지도 않을 것이다. 오히려 전체 국민을 체계적이면서 기술적인 생산 방식과 좀 더 친숙하게 만들어 틀림없이 〔경영에〕 필요한 재능을 갖춘 사람의 숫자를 늘리는 데 도움을 줄 것이다.

이 밖에도 중산 기술에 대한 반론으로 두 가지가 더 존재한다. 중간 기술로 만든 제품은 국내 시장에서 보호받아야 하며 수출에도 적합하지 않을 것이라는 비판 말이다. 이는 모두 단순한 추측에 기초한 비판이다. 사실상 특정 지구 특정 제품의 디자인과 원가를 연구한 수많은 사례는 적절하게 선택된 중간 기술이 근처 대도시에 있는 근현대적인 공장의 기술보다 실제로 저렴할 수 있다는 사실을 보편적으로 입증한다. 이 기술로 만든 제품이 수출될 수 있는지는 확답하기 힘들다. 그러나 오늘날 실업자들 역시 수출에 기여하고 있지 않다. 주요 과제는 이들이 그 지역에서 소비할 수 있는 유용한 제품을 그 지역의 원료를 이용해 생산할 수 있도록 일자리를 제공하는 일이다.

중간 기술의 적용 가능성

물론 중간 기술은 보편적으로 적용 가능하지 않다. 생산물 중에는 매우 복잡한 근현대 산업의 전형적인 결과로 오로지 이 산업에서만 생산될 수 있는 것이 있다. 아울러 이 생산물은 통상적으로 빈곤층에게 당장 필요하지도 않다. 가난한 사람들이 가장 절실하게 원하는 것은 간단한 것들(건축 재료, 의복, 가정용품, 농기구)과 농업 소득의 상승이다. 또한 대부분의 지역에서 나무, 물, 곡물 저장 시설도 가장 시급하게 필요한 항목에 속한다. 대부분의 농민이 자기 생산물의 첫 번째 가공 과정을 스스로 할 수 있다면 도움이 될 것이다. 이는 모두 전형적인 중간 기술 영역이다.

　그러나 좀 더 야심 찬 적용 사례도 수없이 많다. 최근에 제출된 보고서에서 두 가지 사례를 인용해보자.

첫 번째 사례는 최근에 국제적인 석유 회사가 산출물 단위당 자본 투자액이 적고, 정제 능력도 하루에 5,000배럴에서 3,000배럴일 정도로 낮은 소규모 정유 공장을 건설하는 경향(이는 아프리카, 아시아, 중남미 지역의 여러 나라 정부가 국내 시장이 좁은데도 자국에 정유 시설을 건설하려는 정책을 선택한 데서 빚어졌다)이 나타난다는 사실과 관련이 있다. 이러한 정유 공장은 관례적인 설계 방식으로 세워진 좀 더 크고, 좀 더 자본 집약적인 정유 공장만큼이나 효율적이며 비용도 저렴하다. 두 번째 사례 역시 최근에 소규모 시장을 상대로 고안된 암모니아 생산용 '패키지 플랜트package plant'와 관련이 있다. 몇몇 임시 데이터는 하루에 60톤 정도 생산할 수 있는 이 플랜트의 톤당 투자액이 약 3만 달러지만, 하루에 10톤(이는 관례적인 플랜트에 비하면 상당히 작은 규모이다) 정도 생산할 수 있는 재래형 플랜트는 톤당 약 5만 달러의 투자가 필요하다는 사실을 보인다.[67]

중간 기술 옹호는 낡아빠진 방법으로 돌아가기 위해 단순히 역사의 흐름을 '되돌리는' 것을 의미하지 않는다. 사실 선진국에서 과거에 사용한 방법, 이를테면 100년 전에 사용한 방법을 체계적으로 연구하면 상당한 시사점을 얻을 수 있다. 사람들은 흔히 서구 과학(순수 과학이나 응용과학을 모두 포함해서)의 업적이 주로 여기에 기대어 개발된 도구와 기계에 있다고, 이런 도구와 기계를 거부하는 것은 곧 과학을 거부하는 것이라고 생각한다. 이는 아주 피상적인 견해다. 서구 과학의 실질적인 업적은 정확한 지식을 축적하는 데 있으며 이 지식은 아주 다양하게 응용할 수 있다. 오늘날 근현대 산업에서 응용하는 것은 그중 한 가지일 뿐이다. 그러므로 중간 기술의 개발은 진정으로 새로운 영역을 향한 움직임이다. 여기서는 노동을 절약하고 일자리를 줄이기 위해 생산 방법에 거대한 비용을 투자하거나 이를 복잡하게 만드는 일을 피하고 그 대신에 기술이 노동력이 남아도는 사회에 적합하도록 전환될 것이다.

중간 기술이 어디에나 적용될 수 있는 것은 아닐지 모른다. 그러나 오늘날 중간 기술을 실제 응용하는 일을 고민해본 사람이라면 이것이 너무도 폭넓은 적용 가능성을 갖고 있음을 분명히 알 수 있다. 그 사례는 모든 개발도상국에서 찾아볼 수 있으며 실제로 선진국 역시 예외가 아니다. 그렇다면 무엇이 문제인가? 중간 기술을 실제로 사용하는, 대담하면서도 유능한 사람들이 서로를 알지 못해서 자신과 비슷한 길로 나아가길 원하면서도 어떻게 출발해야 할지 모르는 동료들을 서로 도와줄 수 없다는 점이 문제다. 말하자면 이들은 정부나 대중의 주요한 관심 영역 밖에 존재하는 셈이다. "오늘날에도 여전히 유럽이나 미국의 기계 수출 회사에서 발간한 목록이 기술 원조의 주요 원천이며"[68] 원조 제도 역시 일반적으로 최신 기술 수준에 기초한 대규모 프로젝트를 선호하는 극복 불가능한 편견에 사로잡혀 있다.

정부나 대중의 관심을 거대한 프로젝트에서 가난한 사람들에게 실질적으로 필요한 것으로 돌릴 수 있다면 싸움에서 승리할 수 있다. 오늘날 이미 존재하고 있는 중간 기술을 살펴보면 모든 사람에게 일자리를 제공할 수 있는 지식과 경험이 충분히 쌓여 있으며, 그렇지 않더라도 아주 짧은 기간에 새로운 설계를 고안할 수 있다는 사실을 알 수 있다. 〔인도의〕 푸나Poona에 있는 고칼레 정치경제연구소Gokhale Institute of Politics and Economics의 이사인 가 드길D. R. Gadgil 교수는 중간 기술을 개발할 수 있는 세 가지 방법을 다음과 같이 제시했다.

우선 전통 산업에 이미 존재하는 기술에서 출발하지만 선진 노하우를 이용해서 이를 적절하게 개량하는 방법이 존재할 수 있다. 개량은 기존의 장비, 숙련도, 절차 따위에서 일부 요소를 보존한다는 것을 의미한다. (…) 이러한 전통 기술의 개선 과정이 아주 중요하며 기술 변화에 따라 실업자가 늘어나는 상황을 피할 수 있는 정책이 필요한 과도기에는 특히 그러하다. (…) 또한 최신 기술에서 출발하지만 중간 기술에 대한 요구 조건을 충족할 수 있도록 개조하는 방법도 존재할 것이다. (…) 때에 따라 (현지에서 이용 가능한 연료나 동력 같은) 지역 사정에 맞게 조정할 수도 있다. 마지막으로 중간 기술을 직접 확보하기 위해 실험과 연구를 추진하는 방법이 존재할 수 있다. 그러나 이 일을 완수하려면 과학자와 기술자들에게 경제 상황에서 비롯된 제약 조건을 분명히 제시할 필요가 있다. 제약 조건은 주로 목적한 사업의 규모, 자본과 노동의 상대적 비용, 이들의 두입 규모(가능한 것이든 바람직한 것이든 간에)와 관련되어 있다. 중간 기술을 직접 확보하려고 노력하는 일은 당연히 그 분야의 선진 기술에 대한 지식을 전제해야 한다. 하지만 이 지식은 조정이나 개조를 이용하는 방법보다 훨씬 더 폭넓은 가능성을 갖는다.

계속해서 가드길 교수는 다음과 같이 호소했다.

국립 연구소, 기술 연구소, 대학 등에서 응용 분야에 종사하는 전문가들은 이러한 일에 관심을 집중해야 한다. 어느 분야에서든 선진 기술을 향상하는 일은 선진국에서 적절하게 진행되고 있지만 인도에 필요한 조정이나 개조 문제에 외국이 관심을 기울이는 상황은 나타나지 않을 것이다. 그러므로 우리의 계획에서는 바로 여기에 가장 높은 우선순위를 부여해야 한다. 중간 기술은 국민 전체의 관심사가 되어야지 오늘날처럼 소수의 고립된 전문가들에게 맡겨진 채 홀대받아서는 안 된다.[69]

국제기관은 이토록 매우 중요한 분야에 이미 산재하는 각종 지식과 경험을 수집하고 체계화하며 발전시키기에 아주 적합한 곳이므로 국제기관에도 위와 비슷한 부탁을 하고 싶다.

결국 다음과 같이 결론 내릴 수 있다.

1. 개발도상국에서 '이중 경제'는 앞으로도 상당 기간 지속될 것이다. 근현대 부문이 [이중 경제까지 포함하는] 경제 전체를 흡수할 수는 없을 것이다.

2. 근현대적이지 않은 부문이 개발 노력의 대상이 되지 않는

다면 이 부문은 계속해서 해체될 것이다. 이 해체는 언제나 대량 실업과 대규모 인구의 도시 이주라는 모습으로 나타날 것이며 이는 결국 근현대 부문의 경제생활에도 폐해를 안길 것이다.

    3. 가난한 사람들이 자립하도록 도와줄 수 있지만 이는 오직 이들에게 빈곤에서 비롯된 경제적 제약 조건에 부합하는 기술, 즉 중간 기술을 이용할 수 있도록 해줄 때만 가능하다.

    4. 개발도상국에서 완전 고용을 달성하는 데 적합한 중간 기술을 개발하려면 국내적 차원의 행동 계획과 국제적 차원의 행동 계획이 모두 필요하다.

200만 촌락[70]

13장

〔UN의〕 제2차 10개년 개발 계획the second development decade의 강조점을 물질에서 사람으로 의식적이면서도 단호하게 이동하지 않는 한, 제1차 10개년 개발 계획보다 좋은 성과를 올릴 수 없을 것이다. 사실상 이러한 강조점의 이동이 없다면 원조 결과는 더욱더 나빠질 수밖에 없다.

개발을 촉진하는 문제를 논할 때 가장 중요하게 고려할 것은 재화인가, 사람인가? 사람이라면 어떤 사람인가? 그는 누구인가? 어디에 있는가? 왜 그는 도움이 필요한가? 그가 도움 없이 살아갈 수 없다면 그에게 필요한 도움이란 정확히 무엇인가? 어떻게 우리는 그 사람과 정보를 주고받을 수 있는가? 사람에게 관심을 가지면 이러한 의문이 수없이 떠오른다. 이와 달리 재화는 그토록 많은 의문을 제기하지 않는다. 특히 계량경제학자나 통계학자가 재화를 다루면 재화는 식별 가능한 특성마저 상실한 채 GNP, 수입, 수출, 저축, 투자, 사회 간접 자본 따위로 전환된다. 이러한 추상에서 인상적인 모델이 만들어질 수는 있지만 이 모델에 실제 인간을 위한 공간은 거의 없다. 물론 그 속에는 '인구'라는 요소가 자리를 차지할 수 있지만 이는 나누어지는 부분dividend, 즉 이용 가능한 재화의 총량이 결정된 후에 이를 나누는 것divisor으로 이용되는 수량에 불과할 뿐이다. 이 모델은 나누는 수가 증가하면 '개발', 즉 나누어지는 부분의 성장이 정체된다는 점을 보여준다.

재화는 사람보다 훨씬 쉽게 다룰 수 있다. 재화에 마음이 없어 정보 소통의 문제가 제기되지 않는다는 이유만으로도 그러하다. 사람을 강조하면 정보 소통의 문제가 가장 중요해진다. 누가 도움을 주고 누가 도움을 받는가? 도움을 주는 사람은 대체로 부자에다 (약간 전문적인 의미에서) 교육받은 사람이며 도시 거주자다. 가장 절실하게 도움이 필요한 사람은 가난한 데다 교육받지 못한 사람이며 농촌 거주자다. 이는 전자와 후자 사이에 세 가지 거대한 격차가 놓여 있음을 의미한다. 부자와 가난한 사람의 격차, 교육받은 사람과 그렇지 못한 사람 사이의 격차, 도시 사람과 농촌 사람의 격차 말이다. 이 중 세 번째 격차는 제조업과 농업 사이의 격차를 포함한다. 개발 원조의 관건은 바로 이 격차를 줄이는 방법에 달렸다. 이 문제를 해결하려면 상당한 정도의 상상력과 연구, 동정심이 필요하다. 비교적 부자에다 교육받은 도시인에게 적합한 생산 방법이나 소비 양식, 사상 및 가치 체계는 가난하고 문맹에 가까운 농민에게는 적합하지 않을 것이다. 가난한 농민이 세련된 도시인의 관점이나 습관을 순식간에 습득할 수는 없다. 인간이 어떤 방법에 적응할 수 없다면 그 방법을 인간에 맞게 고쳐야 한다. 이것이 바로 문제의 핵심이다.

　게다가 부자들의 경제는 너무도 문제가 많으며 가난한 공동체에 너무나 부적절하므로 사람들이 여기에 제대로 적응한다는 것 자체가 타락을 의미할 것이다. 세상이 근본적으로 변해서 아버지가 자식에게 가르치거나 자식이 아버지에게서 배울 것이 없다면 가정생활은 무너져버린다. 어느 사회에서나 생활, 일, 행복은 모두 어떠한 '심리 구조'에 의존하는데 이 구조는 너무나 소중하면서도 상처받기 쉽다. 이 '심리 구조'가 심각하게 손상되면 사회적 유대와 협조, 상호 존중, 특히 자긍심, 역경을 헤쳐 나갈 용기와 인내력 등과 같은 요인들이 해체되거나 사라진다. 인간은 자신의 무용성을 마음속에서 확신하는 것만으로도 타락할 수 있다. 아무리 경제가 성장해도 이러한 상실감을 보상할 수는 없다. 그러나 이는 쓸데없는 걱정일지 모른다. 대체로 위와 같은 상실감은 경제 성장 자체를 봉쇄할 것이기 때문이다.

　대부분의 개발경제학이 제시하는 편안한 이론은 이토록 두려운 문제들을 조금도 포함하지 않는다. 제1차 10개년 개발 계획이 실패한 이유는 단순히 원조 규모가 불충분했거나, 좀 더 나쁜 요인으로 개발도상국 사회와 국민 사이에 어떠한 결함이 내재되어 있었기 때문이다. 최근 문헌을 살펴보면 이들이 원조 방식이 다자간 관계냐 쌍무 관계냐가 결정적인 문제라거나, 1차 상품의 교역 조건 개선, 무역 장벽 철폐, 민간 투자자 보증, 효과적인 산아 제한 정책 도입 따위와 같은 요인들만이 실질적으로 중요한 문제라고 생각하고 있음을 알 수 있다.

　이러한 문제들이 의미 없다고 말하는 것이 아니다. 이들은 문제의 핵심이 아니므로 수없이 논의한다고 해도 건설적인 행동을 도출할 수는 없으리라고 말하는 것이다. 문제의 핵심은 세계의 빈곤이 주로 200만 촌락, 즉 20억 농민의 문제라는 분명한 사실이다. 문제 해결책을 빈국의 도시에서 발견할 수는 없다. 농촌 생활이 좋아지지 않는 한 세계의 빈곤은 해결될 수 없으며 필연적으로 더욱더 악화될 것이다.

개발을 주로 양적인 기준에서 생각하길 멈추지 않는다면, 계속해서 선진국을 연구하는 데는 유용하지만 개발 문제 자체에는 거의 쓸모없는 다양한 추상 개념들(GNP, 투자, 저축 따위)에 비추어 생각한다면 중요한 통찰력을 모두 잃어버릴 수밖에 없다(이들은 부국의 실제 개발에도 조금도 기여한 적이 없다!). 원조가 성공으로 여겨질 수 있는 상황이란 오직 원조가 원조받는 국가에서 대중의 노동력을 동원하는 데 도움을 주어 노동을 '절약'하지 않으면서 생산성을 향상하는 때뿐이다. 흔히 성공의 척도로 이용되는 GNP의 성장은 사람을 완전히 현혹하는 용어이며 사실상 신식민주의라는 필연적 결과를 초래한다고 볼 수밖에 없는 상황이다.

신식민주의라는 용어를 사용하는 게 선뜻 내키지는 않는다. 왜냐하면 이 용어는 좋지 않은 의미를 풍길 뿐만 아니라 원조 제공국에 숨겨진 의도가 있는 것처럼 보이게 만들기 때문이다. 그러한 의도가 정말로 있을까? 나는 대체로 없다고 생각한다. 그러나 오히려 이 점이 문제를 좀 더 복잡하게 만드는 요인이다. 의도하지 않은 신식민주의는 의도적으로 추구하는 신식민주의보다 교활하며 저항하기도 훨씬 더 어렵다. 신식민주의가 단순히 자연스러운 움직임에서 비롯된, 그것도 최선의 의도로 뒷받침되는 것으로 나타나기 때문이다. 빈국에 정착 중인 생산 방법, 소비 수준, 성패 기준, 가치 체계, 행동 양식은 모두 (약간 의심스럽긴 하지만) 이미 풍요로운 사회에만 적합한 것이다. 그러나 이 때문에 빈국은 점점 더 피하기 힘들 정도로 부국에 대한 완전한 종속 상태로 빠져들고 있다. 계속해서 늘어나는 대외 채무가 가장 분명한 사례다. 이 문제는 폭넓게 인식되고 있다. 호의적으로 말하는 사람들은 대부보다 증여가 좋고 비싼 대부보다 값싼 대부가 좋다는 간단한 결론을 도출해내기도 한다. 물론 그렇다. 그러나 계속해서 늘어나는 채무는 가장 심각한 문제가 아니다. 결국 채무국은 능력이 없으면 상환하지 못하는데 바로 이 점이 채권국이 언제나 명심해야 할 위험 요인이다.

휠씬 더 심각한 문제는 빈국이 부국의 생산과 소비에 매혹되었을 때 나타나는 종속이다. 최근 내가 견학한 아프리카의 직물 공장이 대표적인 사례다. 공장장은 자기 공장이 세계 최고의 기술 수준을 갖고 있음을 상당히 자랑스러워했다. 자동화 수준이 그토록 높은 이유를 묻자 그는 다음과 같이 답했다.

"아프리카인 노동자는 산업 노동에 익숙하지 않아서 실수하곤 하지만 기계는 그렇지 않다. 게다가 오늘날 요구되는 품질 기준에 비추어볼 때 우리 제품은 완벽하므로 잘 팔릴 수 있다."

그러면서 자신의 경영 방침을 다음과 같이 요약했다.

"분명히 말하건대, 나의 임무는 인간 요소를 배제하는 것이다."

물론 이것이 전부는 아니다. 〔현지 사정에〕 적합하지 않은 품질 기준 때문에 모든 설비를 선진국에서 수입해야 했으며 〔수입한〕 복잡한 장비는 좀 더 수준이 높은 관리자와 기술자를 수입하도록 요구했다. 현지에서 생산하는 면화는 고급 면사로 만들기에 너무 짧아서 품질 기준상 인조 섬유의 높은 혼합 비율이 요구되므로 심지어 원료까지 수입해야 하는 실정이다. 예외적인 사례가 아니다. 단순히 개발 계획이나 계량경제학 모델을 연구하는 게 아니라 실제 '개발' 프로젝트를 체계적으로 살펴본 사람이라면 이러한 사례가 무수히 많다는 사실을 알고 있을 것이다. 이를테면 매우 정선된 원료만을 사용해야 할 정도로 민감한 제조 공정으로 고급 비누를 생산하는 공장은 그 지역에서 생산된 원료를 싼값으로 수출하는 대신에 비싼 원료를 수입해야 한다. 식품 가공 공장, 포장 공장, 자동차 공장motorisation 등도 모두 부자들의 생활 패턴에 알맞은 것이다. 지역에서 생산하는 과일이 폐기 처분되는 사례도 많다. 소비자들이 겉모양에만 관련된 품질 기준, 그것도 (모든 사과를 동일한 크기에 외관상 조금도 흠이 없는 것들로 만들 수 있는 거대한 과학과 환상적인 기술을 가진) 호주나 캘리포니아산 수입 과일만 충족시킬 수 있는 품질 기준을 요구하기 때문이다. 이러한 사례는 무수히 많다. 빈국은 자립과 자조의 가능성을 파괴하는 생산 방법과 소비 기준을 채용하는 길로 나아가(도록 강요받)게 된다. 그 결과는 의도하지 않은 신식민주의이며 가난한 사람들에게서 희망을 앗아간다.

그렇다면 어떤 방식으로 이 200만 촌락을 도울 수 있을까? 우선 양적인 측면부터 살펴보자. 서구 세계의 총원조 규모에서 개발과 무관한 항목을 제외하고 나서 이를 개발도상국의 인구로 나눈다면 1인당 연 2파운드 미만이라는 수치에 도달한다. 물론 이는 소득 보조로 고려하기에 너무도 하찮은 금액이다. 그러므로 많은 사람이 부국이 좀 더 많은 자금 원조를 제공해야 한다고 호소하는데 이를 지지하지 않으면 고약한 사람으로 간주될 것이다. 그러나 합리적으로 기대할 수 있는 수준은 어느 정도인가? 1인당 연 3파운드, 아니면 4파운드? 보조금, 즉 일종의 '공적 부조'로서 연 4파운드라 해도 현재의 금액과 거의 다르지 않다.

이 문제에 좀 더 접근하기 위해 진정으로 거대한 추가 소득을 올리고 있는 몇몇 개발도상국들, 즉 중동의 산유국과 리비아, 베네수엘라를 예로 들어보자. 이 국가들은 1968년에 석유 회사에서 세금과 로열티 소득으로 23억 4,900만 파운드, 즉 1인당 약 50파운드를 거두어들였다. 이 돈이 건전하고 안정된 사회를 만들면서 국민을 만족시키고 농촌의 빈곤을 점차 해소하며 농업을 발전시키고 산업화를 확대했는가? 몇 가지 아주 적은 성공 사례가 존재하기는 하지만 분명히 그 대답은 '아니오'다. 목적은 돈만으로 달성되지 않는다. 양적인 측면은 질적인 측면보다 부차적이다. 잘못된 정책은 돈으로 교정할 수 없지만 올바른 정책이 사실상 돈 때문에 매우 힘든 문제에 직면하는 일은 많지 않을 것이다.

그렇다면 질적인 측면을 살펴보자. 지난 10년이나 20년 동안 개발 노력에서 배운 바가 있다면 [개발] 문제가 거대한 지적 과제라는 점이다. (부자에다 교육받고 도시에 사는) 원조 제공자들은 자신의 행위 방식은 알겠지만 200만 촌락, 즉 (가난하고 교육받지 못했으며 농촌에 거주하는) 20억 인구의 자립을 도와주는 방법도 알고 있을까? 대도시의 몇 가지 대규모 일은 알겠지만 농촌의 수많은 소규모 일도 알고 있을까? 대규모 자본을 이용해서 일하는 방법은 알겠지만 많은 노동(그것도 처음에는 훈련되지 않은 노동)을 이용해서 일하는 방법도 알고 있을까?

원조하는 측에서는 대체로 이러한 사실을 알지 못하지만 자신의 제한된 경험을 통해서 알고 있는 노련한 사람은 많다. 다시 말해서 필요한 지식은 대체로 존재하지만 조직화되어 곧바로 입수 가능한 형태로 존재하지는 않는다. 여기저기 흐트러진 채, 체계화되거나 조직화되지 않은 상태로, 당연히 불완전한 형태로 존재한다.

최상의 원조는 지식 원조, 즉 유용한 지식의 증여다. 지식의 증여는 물질의 증여보다 훨씬 낫다. 여기에는 수많은 이유가 존재한다. 어떤 것이든 성실한 노력이나 희생에 기반을 두지 않는 한 진정으로 '자신의 것'이 될 수 없다. 물질적 재화를 증여하면 수령인이 노력이나 희생 없이 소유할 수 있기에 좀처럼 '그의 것'이 되지 못하고 대체로 너무도 쉽게 단순한 행운으로 간주되어버린다. 하지만 지적 재화, 즉 지식을 증여하는 것은 아주 다른 문제다. 수령인이 지적 재화를 소유하기 위해 성실하게 노력하지 않는 한 그 어떠한 증여도 없다. 증여물을 소유한다는 것은 곧 그것을 자신의 것으로 만든다는 것이며 [지적 증여물은] '좀먹거나 녹슬어 못쓰게 되지도 않는다.' 물질적 재화의 증여는 수령인을 의존적인 존재로 만들지만 올바른 지식의 증여는 수령인을 자유로운 존재로 만든다. 또한 지식의 증여는 훨씬 더 오랫동안 영향을 미치므로 '개발' 개념에 좀 더 가깝다. 어떤 사람에게 물고기를 주는 것은 그를 아주 잠시 조금 도와주는 것이지만 고기 잡는 법을 가르쳐주는 것은 그를 평생 도와주는 것이라는 격언도 있듯이 말이다. 좀 더 나아가 그에게 고기잡이 도구를 제공하는 데는 상당한 돈이 들어

가지만 그 결과는 의심스럽다. 설령 유용한 결과가 나타난다고 해도 그는 계속해서 〔고기잡이 도구의〕 '대체'를 이유로 상대방에게 의존할 것이다. 그러나 그에게 고기잡이 도구를 만드는 법을 가르쳐준다면 그를 자립적이면서 독립적인 존재가 되도록 도와주는 것이다.

적절한 지적 증여, 즉 자립 방법에 대한 적절한 지식의 증여를 충분히 제공하여 수령인을 자립적이면서 독립적인 존재로 만드는 일을 원조 프로그램에서 앞으로 점점 더 중요하게 취급해야 한다. 덧붙이자면 이 방식은 비교적 돈이 적게 든다는, 즉 돈이 효과적으로 쓰인다는 이점도 있다. 예를 들어 한 사람에게 어떠한 생산 수단을 마련해주는 데 100파운드가 필요하다고 가정해보자. 그 돈이면 100명에게 스스로 〔생산 수단을〕 마련하는 길을 가르쳐줄 수 있다. 때로는 약간의 물질적 재화를 제공하는 '부양책'이 개발 과정을 촉진하는 데 도움이 될 수도 있을 것이다. 그러나 이는 단순히 부수적이고 부차적인 문제다. 〔원조할〕 재화를 올바르게 선택한다면 재화를 원하는 사람은 아마도 이를 구입할 수 있을 것이다.

내가 주창하는 방향에 맞추어 원조를 근본적으로 조정하려면 원조 기금을 배분할 때 약간 변화를 주는 것만으로도 충분하다. 현재 영국이 원조 기금으로 연 2억 5,000만 파운드라는 거금을 제공한다면, 그 가운데 1퍼센트만 '지식의 증여'를 조직하고 동원하는 데 전용하더라도 '개발'의 역사에서 훨씬 더 희망에 찬 새 시대를 열어놓으리라고 확신한다. 1퍼센트는 약 250만 파운드 정도지만 이 정도의 금액이라도 합리적으로만 사용한다면 목적을 달성하는 데 매우 효과적일 것이다. 게다가 이 방법으로 나머지 99퍼센트를 훨씬 더 유용하게 만들어줄 수도 있다.

일단 원조라는 과제를 주로 유용한 지식이나 경험, 노하우 등의 제공으로 이해하면, 즉 물질적인 재화보다 지적인 무언가를 제공하는 것으로 이해하면, 현재의 해외 개발 조직이 결코 적절하지 않음을 분명히 알 수 있다. 피원조국이 원하는 다양한 요구 조건과 프로젝트를 위해 **자금**을 제공하는 것을 주요 임무로 여기고 지식 요소의 이용 가능성을 어느 정도 당연하게 여기는 한 지식 증여 중심의 원조 계획은 자연스러운 일이다. 내가 말하고자 하는 바는 이〔지식의〕이용 가능성이 분명히 존재한다고 여길 수 없다는 것이다. 정확히 말하자면 이 지식이라는 요인은 바로 확실하게 부족한 부분이며 전체 원조 기획에서 비어 있는 곳, 즉 '잃어버린 고리'다. 물론 현재 지식이 공급되지 않고 있다고 말하려는 게 아니다. 이는 어리석은 생각이다. 오히려 엄청난 노하우가 흘러들어가고 있지만 이는 부국에 좋은 것이 분명히 빈국에도 좋다는 암묵적인 가정에 기대고 있다. 앞서 주장했듯이 이러한 가정은 옳지 않거나 적어도 매우 부분적으로만 옳을 뿐 대부분은 틀린 것이다.

우리는 다시 200만 촌락 문제로 되돌아가 그곳에 적절한 지식을 제공할 방법을 살펴보아야 한다. 이를 위해서는 우리가 먼저 이 지식을 자신의 것으로 만들어야 한다. 우리는 원조 제공을 언급하기 전에 줄 수 있는 것을 갖고 있어야 한다. 우리 나라에는 빈곤에 찌든 수천 개의 촌락이 없다. 이러한 상황에서 우리가 어떤 효과적인 자조 방식을 알고 있겠는가? 지혜는 자신의 무지를 인정하는 데서 출발한다. 실제로는 모르면서도 알고 있다고 생각한다면, 가난한 사람에게 계속해서 부자가 되어야만 손에 넣을 수 있는 신기한 물건을 보내면서 과시할 것이다. 오늘날까지 원조가 실패한 주요 원인은 바로 여기에 있다.

그러나 우리는 지식과 경험을 조직하고 체계화하는 방법을 알고 있다. 어떠한 일이든 분명히 이해하기만 하면 거의 대부분 그 일을 해낼 수 있다. 이를테면 맡겨진 일이 열대 지방에서 건물을 싸게 건설하는 데 필요한 방법과 재료에 관한 좋은 안내서를 만들어 개발도상국의 건설업자들을 훈련하는 일이라면 우리는 틀림없이 이 일을 해낼 수 있다. 아니면 적어도 2, 3년 안에 완수할 수 있도록 곧바로 준비에 돌입할 수 있다. 이와 마찬가지로 수많은 개발도상국에서 기본적으로 필요한 것 중 하나가 물이며, 수많은 사람이 물을 저렴하면서도 스스로의 힘으로 저장하고 보호하며 운반하는 방법에 관한 체계적인 지식을 이용하는 데서 막대한 이익을 볼 것이라는 점을 분명히 이해한다면, 정말로 이 점을 분명히 이해하며 여기에 초점을 맞춘다면, 우리는 필요한 정보를 수집해서 조직하고 전달할 능력과 자원을 이미 갖고 있다.

앞서 언급했듯이 가난한 사람들은 비교적 욕구가 소박해서 원조를 원하는 대상도 주로 기본적인 필수품들이다. 이들에게 자조와 자립의 능력이 없었다면 오늘날까지 생존할 수 없었을 것이다. 그러나 가난한 사람들의 방식은 거의 대부분 너무도 원시적이고 비효율적이므로 새로운 지식(이들에게는 새롭지만 다른 사람들에게는 그렇지 않은)을 투입해서 개선할 필요가 있다. 가난한 사람들이 일반적으로 변화를 원하지 않는다고 가정하는 것은 너무도 옳지 않다. 변화는 이미 이들이 이용하고 있는 방식과 어느 정도 유기적인 관계를 유지해야 한다. 그렇지 않으면 이들은 도시에 거주하는 공무원이 '내 길을 막지 마라. 그러면 당신이 얼마나 쓸모없는 존재인지, 외국의 돈과 장비를 많이 이용하면 얼마나 훌륭한 일을 할 수 있는지 가르쳐줄 것이다'라는 생각으로 자신들에게 접근하면서 근본적인 변화를 추구하는 것에 당연히 의심을 품고 저항한다.

가난한 사람들의 욕구는 비교적 소박하므로 연구 범위도 상당히 좁다. 체계적인 접근은 충분히 가능하지만 이를 위해서는 조직을 현재와 다른 모습으로 구성할 필요가 있다(현재의 조직은 **기금** 지출을 중심으로 구성되었다). 현재 개발 업무는 주로 원조를 제공하는 국가와 이를 수령하는 국가의 정부 공무원, 즉 관료들이 담당한다. 이들은 훈련 과정이나 경험 측면에서 기업가나 개혁가와 다르고, 생산 과정이나 상업상의 요구 조건, 또는 정보 소통의 문제와 관련된 전문 기술적 지식을 갖고 있지도 않다. 확언하건대 이들에게는 본질적인 업무가 있으므로 그 누구도 그 업무를 제쳐놓은 채 일을 추진할 수 없으며 또 그러길 원하지도 않는다. 그러나 이들만으로는 그 어떤 일도 할 수 없다. 이들은 다른 사회 집단, 즉 '생존 능력이라는 규율'(금요일*에 임금을 지불할 수 없다면 파산이다!) 속에서 단련된 상공업자들, 생각하고 쓰며 정보를 전달하는 데 필요한 시간, 수단, 능력, 의욕을 모두 갖춘 학자, 연구자, 기자, 교육자 등의 전문가와 밀접하게 연결되어야 한다. 개발 작업

---

*   주급을 지급하는 날을 지칭하는 듯하다.

은 너무도 힘들어서 이 세 집단 중 어느 한 집단만으로는 성공할
수 없다. 도와주는 국가와 도움을 받는 국가 모두 내가 A-B-C
연합이라 부르는 것을 확보할 필요가 있다. A는 관료administrators
를, B는 상공업자businessmen를, C는 정보 전달자communicators, 즉
지식인과 각종 전문가를 각각 지칭한다. 이 A-B-C 연합이 제대
로 확보되었을 때 비로소 지독히도 어려운 개발 문제에 효과적으
로 대처할 수 있다.

부국에는 이 세 집단에 속하는 수천 명의 유능한 사람들이 있
다. 이들은 전 세계 빈곤에 대한 싸움에 관여하길 원하면서 어느
정도 기여(약간의 돈을 지불하는 수준을 넘어서는)할 능력도 있지
만 마땅한 출구가 별로 없다. 빈국에서는 교육받은 소수의 특권층
이 너무도 자주 부국의 모델을 그대로 모방(이는 의도하지 않은 신
식민주의의 또 다른 측면이다)하며 모든 문제에 관심을 보이면서도
유독 동포의 빈곤과 직결된 문제에는 그렇지 않다. 이들은 조국의
긴급 현안을 해결할 강력한 지침이나 시사점을 제시해야 한다.

영국만이 아니라 다른 국가들에서도 기꺼이 도움을 주려는
사람들을 모아서 A-B-C 연합에 한데 묶어주는 방식으로 가난
한 사람들의 자립에 도움을 주는 적절한 지식을 동원하려면, 많지
는 않더라도 약간의 돈이 필요하다. 앞서 말했듯이 이러한 접근이
상당히 오랫동안 재정적 효력을 발휘하기 위해서는 영국의 원조
계획의 1퍼센트만으로도 충분하다. 아니 충분한 수준 이상이다.
그러므로 원조 계획을 뒤엎거나 샅샅이 뜯어고칠 이유는 없다. 고
쳐야 할 것은 바로 사고방식과 운영 방법이다. 단순히 새로운 정
책을 마련하는 것만으로는 충분하지 않으며 새로운 조직화 방법

이 필요하다. 왜냐하면 **정책〔의 본질〕은 바로 정책의 실행에 있기 때문**이다.

이 책에서 주창하는 접근 방법을 이행하려면 행위 집단이 원조국만이 아니라 개발도상국 자체에서도 형성될 필요가 있다. 특히 후자가 대단히 중요하다. 이 행위 집단은 A-B-C 연합 형태를 취하면서 정부 기구 바깥에 존재하는 것이 이상적이다. 다시 말해서 이 집단은 당연히 자발적인 비정부 조직non-governmental voluntary agencies으로 존재해야 한다. 이미 개발 사업에 참가하고 있는 자발적인 조직이 이 집단을 형성할 수도 있다.

오늘날 비정부 조직은 종교와 세속을 막론하고 다수 존재하며 '풀뿌리 차원'에서 수많은 조직원을 거느리고 있다. 이들은 자신들이 지금껏 다양한 분야에서 실행에 옮기고자 노력한 것이 바로 '중간 기술'임을 재빨리 알아차렸다. 하지만 이 목적을 위해서 필요한 조직화된 기술적 후원이 자신들에게는 없다는 점을 뒤늦게 깨달았다. 수많은 국가에서 공통의 문제를 논의하기 위한 회의가 여러 번 개최되었으며 이 과정에서 지식과 함께 정보 소통 메커니즘이 체계적으로 조직되지 않는 한, 다시 말해서 '지식의 하부구조'라 불릴 만한 것이 존재하지 않는 한, 자발적인 일꾼들의 헌신적인 노력조차 적절한 열매를 거둘 수 없다는 사실이 더욱더 분명해졌다.

오늘날 지식의 하부구조를 만들려는 시도가 나타나고 있는데 정부나 자발적인 모금 단체는 이들을 아낌없이 지원해야 하며 적어도 네 가지 주요 기능을 확보해야 한다.

첫째는 정보 소통 기능이다. 정보 소통 기능은 직접적인 정보 교환 촉진을 위해 각 분야의 현장 일꾼들이나 이들의 모임이 자신들이 참여하는 지역이나 '분야'에서 어떠한 다른 일이 일어나고 있는가를 알 수 있도록 해준다.

둘째는 정보 매개 기능이다. 정보 매개 기능은 개발도상국에 적합한 기술, 특히 건축, 물 관리, 동력, 곡물의 저장과 가공, 소규모 제조업, 의료 서비스, 운송 등과 관련 있는 저렴한 방법에 대한 정보를 체계적으로 수집하고 전파한다. 여기서는 모든 정보를 하나의 중심에 결집하는 문제가 아니라 '정보에 관한 정보'나 '노하우에 대한 노하우'를 확보하는 문제가 본질적이다.

셋째는 '피드백 기능'이다. 피드백 기능은 기술 문제를 개발도상국의 현장 노동자들에게서 해결에 필요한 설비가 존재하는 선진국으로 되돌려보내는 기능이다.

넷째는 개발도상국 자체에 '하부구조', 즉 행위 집단과 검증 기구를 만들거나 조정하는 일이다.

이들은 오로지 시행착오를 거쳐야만 완벽하게 해명할 수 있는 문제들이다. 이와 관련해서 무에서 출발할 필요는 없다. 이미 상당히 많이 존재하는 것들을 한데 모아서 체계적으로 발전시키면 된다. 향후 개발 원조의 성공 여부는 올바른 지식의 조직화와 소통에 달려 있는데 이 일은 이미 이용 가능한 자원으로도 충분히 달성할 수 있는 과제다.

부자가 가난한 사람을 도와주기가 그토록 어려운 이유는 무엇일까? 근현대 세계에 널리 퍼진 질병은 도시와 농촌 사이에 존

재하는 전반적인 불균형(부, 권력, 문화, 매력, 희망 따위와 관련된)
이다. 전자는 계속해서 팽창하지만 후자는 위축되고 있다. 도시는
보편적인 자석이 되었지만 농촌 생활은 고유한 향기를 잃어버렸
다. 그러나 건전한 정신이 건강한 신체에 의존하듯이 도시의 건강
함이 농촌의 건강함에 의존한다는 사실은 여전히 변함없는 진리
다. 도시는 아무리 풍족하다고 해도 2차 생산자일 뿐이며 모든 경
제생활의 전제 조건인 1차 생산은 농촌 지역에서 이루어진다. 오
늘날 지배적인 불균형은 농민과 원료 생산자를 오래 착취한 데서
비롯된 것으로 모든 국가를 위협하고 있지만, 그 정도는 빈국보다
부국에서 훨씬 심하다. 아마도 도시와 농촌 사이에서 적절한 균형
을 회복하는 것이야말로 오늘날 인류가 직면한 가장 큰 과제일 것
이다. 이 과제는 전 세계의 기아 문제를 피하기 위해서 농업 생산
량을 증대시키는 문제에 국한되지 않는다. 농촌의 전반적인 생활
수준을 향상시키지 않는 한 대량 실업과 대규모 인구의 도시 이주
라는 폐해를 해결할 수 없다. 각각의 지구나 공동체가 지역 주민
들에게 다채로운 직업을 제공할 수 있도록 농업 관련 산업 문화
agro-industrial culture를 발전시킬 필요가 있다.

　　따라서 이번 10년〔제2차 10개년 개발 계획〕의 중요한 과제는
개발 노력이 전 세계 빈곤의 핵심부인 200만 촌락에 미칠 수 있
도록 계획을 좀 더 적절하고 효과적으로 만드는 일이다. 계속해
서 농촌 생활이 해체된다면 아무리 많은 돈을 투입하더라도 희망
이 없다. 그러나 개발노상국의 농민이 자립할 수 있도록 도움받는
다면 진정한 개발이 이어질 것이라고 믿어 의심치 않는다. 대도
시 주변에서 언제나 볼 수 있던 거대한 판자촌이나 빈민가도 없고

피비린내 나는 혁명이 초래할 잔인한 절망감도 없는 개발 말이다. 실제로 이 과제는 너무도 엄청난 일이겠지만 여기에 활용되기를 기다리고 있는 자원도 엄청나다.

경제 개발이란 개량경제학은 물론이고 경제학 자체보다도 훨씬 더 폭넓고 심오한 것이다. 경제 개발의 뿌리는 경제 영역 바깥, 즉 교육, 조직, 규율 따위와 같은 영역에 존재하며 더 나아가 정치적 독립이나 국민의 자립 의식까지 이어진다. 그러므로 경제 개발은 일반 민중들과 접촉이 없는 외국인 기술자나 토착 엘리트가 정교하게 접목하는 방식으로는 '이루어질' 수 없다. 경제 개발은 오로지 추동력, 열망, 지식, 노동력을 모두 완전하게 이용하는 것에 역점을 둔, 폭넓은 대중적 '재건 운동'으로 나아갈 때 비로소 성공할 수 있다. 과학자나 기술자 또는 경제 계획 입안자가 만들어낸 마술 형태로도 성공할 수 없다. 국민 전체를 교육하고, 조직하며, 훈련하는 일이 포함된 성장 과정으로만 성공이 가능하다. 여기에 미치지 못하면 언제나 실패할 수밖에 없다.

인도의 실업 문제[71]

14장

내게 실업은 이용 가능한 노동을 이용하지 않거나 불완전하게 이용하는 것을 의미한다. 생산성이 0퍼센트인 완전 실업자에서부터 생산성이 100퍼센트인 가장 효율적인 완전 취업자에 이르기까지 생산성이 표시된 자가 있다고 생각해보자. 모든 가난한 사회에서 중요한 문제는 이 눈금을 올리는 방법이다. 어떤 사회에서든 생산성을 고려할 때 취업자와 자영업자만 계산할 뿐 생산성이 0인 실업자들을 무시하는 것은 문제가 있다.

경제 개발은 주로 좀 더 많은 노동을 확보하는 문제다. 여기에는 네 가지 본질적인 조건이 존재한다. 첫 번째는 행위 동기이고, 두 번째는 어느 정도의 노하우이며, 세 번째는 어느 정도의 자본이다. 마지막은 판로인데 추가 생산은 추가 판로를 요구하기 때문이다.

행위 동기에 관한 한 **외부**인이 말할 것은 거의 없다. 스스로 상황을 개선하길 원치 않는 사람이라면 그대로 두는 게 최선이므로 원조의 첫 번째 원칙은 바로 여기서 찾아야 한다. 내부자들은 다른 견해를 가질 수도 있으며 맡은 바 책임도 각기 다를 수 있다. 원조를 제공받는 사람은 스스로 상황을 개선하기를 정말로 원하지만 대부분 그 방법을 잘 모르고 있다. 노하우 문제가 제기되는 이유도 여기에 있다. 수많은 사람이 스스로 상황을 개선하길 원하면서도 그 방법을 모른다면 누가 그들에게 가르쳐주어야 할 것인가? 인도에서 이 문제의 규모가 어떠한지 생각해보라. 문제는 수천 명이나 수백만 명에 대한 것이 아니라 수억 명에 대한 것이다. 이런 규모의 문제는 약간의 개선이나 개량 또는 유인을 넘어서는 근본적인 정치 철학의 문제다. 이 문제는 다음과 같은 질문으로 요약할 수 있다. 교육이란 무엇을 위한 것인가? 내가 기억하기로 2차 세계대전 이전에 중국인들은 한 사람을 대학 공부시키는 데 〔1년에〕 농민 30명의 노동이 필요하다고 계산했다. 대학 졸업에 5년이 걸렸다면 한 농민의 150년 노동을 소비한 셈이다. 이것을 어떻게 정당화할 수 있는가? 과연 누가 5년 동안 대학 공부를 하기 위해 한 농민의 150년 노동을 소유할 권리를 갖고 있는가? 농민은 그 대가로 무엇을 얻는가? 우리는 여기서 다음과 같은 갈림길에 봉착한다. 교육이란 '특권을 위한 보증 수표'인가 아니면 수도사들의 서원처럼 민중들에게 봉사하기 위한 신성한 의무를 스스로 짊어지는 것인가? 첫 번째 길이라면 교육받은 젊은이들은 이미 고등 교육을 받은 사람들로 넘쳐나는, 그래서 서로를 동경하는 집단인 '특권층의 동업 조합'에 가입할 수 있는 첨단 유행의 도시 봄베이* 지역으로 나아갈 것이다. 이 과정에서 교육받지 않은 수많은 동시대인 때문에 자신의 특권이 침해받지 않도록 경계할 것이다. 이것이 전자의 길이다. 후자는 이와 다른 정신에 기대어 선택되며 추구하는 목적도 다르다. 이 길은 교육받은 젊은이가 궁극적으로 자신의 교육을 위해 직접적으로든 간접적으로든 150년의 노동을 지불한 민중들을 도와주는 길이다. 그는 이들의 노동 성과물을 소비했으므로 무엇인가를 되돌려주는 것이 도리라고 느낄 것이다.

이 문제는 새로운 것이 아니다. 톨스토이는 다음과 같이 언급했다.

"나는 어떤 사람의 등에 앉아 그의 목을 조르면서 업고 가라고 요구하면서도, 그에게 대단히 미안해서 등에서 내리는 것을 뺀 가능한 모든 방법으로 그를 편안하게 해주고 싶다고 나 자신과 다른 사람들을 납득시키려 한다."

이것이 바로 우리가 맞닥뜨려야 할 첫 번째 문제다. 우리는 어떻게 교육받은 인간이란 단순히 '특권을 위한 보증 수표'를 획득한 게 아니라 스스로 의무를 짊어지는 것이라고 주장하는 이데올로기(이를 어떻게 부르든지 간에)를 확보할 수 있을까? 이 이데올로기는 당연히 인류의 모든 훌륭한 가르침에 그대로 부합한다. 기독교 신자로서 〈누가복음〉에서 다음과 같은 구절을 인용하는 것을 양해하기 바란다.

---

* '버마'와 마찬가지 이유로 1995년에 바뀐 이름인 뭄바이Mumnai로 옮기지 않았다.

"많이 받은 사람에게 많은 것을 기대할 것이며, 좀 더 많이 맡은 사람에게는 좀 더 많은 것을 요청할 것이다." 독자들은 당연히 이것이 정의의 기본이라고 말할 것이다.

이 이데올로기가 일반화되지 않아 교육을 특권을 위한 보증 수표인 양 취급한다면 교육 내용은 기본적으로 민중을 위한 것이 아니라 우리, 즉 교육받은 사람들을 위한 것이 되어버릴 것이다. 소수의 특권 계층은 자신들을 특별 대우하는 교육을 원하므로 필연적으로 잘못된 것, 즉 육체노동, 1차 산업의 생산, 농촌 생활 따위를 경멸하면서 자신들을 특별 대우하는 것을 배우고 가르칠 것이다. 사실상 모든 교육받은 사람들이 자신을 국가를 위한 공복, 즉 일반 민중을 위한 공복이라고 생각하지 않는 한, 인도의 50만 촌락이 안고 있는 실업과 비생산적 취업이라는 문제를 해결할 만큼의 충분한 지도력이 발휘되거나 노하우가 소통되지 않을 것이다. 이는 5억 민중과 관련된 문제다. 자립할 수 있도록 도와주기 위해서는 100명당 적어도 두 명이 필요한데 이는 곧〔5억 명을 위해서는〕1,000만 명의 조력자를 양성해야 한다는 의미다. 이 숫자는 교육받은 인도인 전체에 해당한다. 독자들은 1,000만 조력자 양성이 불가능하다고 말할지도 모른다. 하지만 설령 그렇다고 해도 그 이유는 우주의 법칙 때문이 아니라 받기만 하고 주지 않으려 하는 사람들의 천성, 즉 뿌리 깊은 이기심 때문이다. 사실상 이 문제는 해결 불가능한 것이 아니라 오직 정치적인 수준에서만 해결이 가능하다.

이제 세 번째 요소인 자본으로 눈길을 돌려보자. 자본 요소는 노하우 문제와 밀접한 관련이 있다. 내가 추정하기로는 인도는 지

254

금 당장 새로운 일자리를 5,000만 개 정도 만들 필요가 있다. 인간이 어느 정도 자본(설비 형태나 운전 자본 형태로)이 없으면 생산적인 일을 할 수 없다는 데 동의한다면 다음과 같은 의문이 생긴다. 새로운 일자리를 하나 만들어내기 위해 얼마나 많은 자본을 제공할 수 있는가? 일자리를 하나 만들어내는 데 10파운드가 든다면 5,000만 개의 일자리에는 50억 파운드가 필요하다. 영국이나 미국에서처럼 1인당 5,000파운드가 든다면 일자리를 5,000만 개 마련하는 데 2,500억 파운드가 필요하다.

인도의 국민 소득은 연간 약 150억 파운드다. 그렇다면 첫 번째 질문은 1인당 얼마나 많은 자본을 제공할 수 있는지고 두 번째 질문은 이를 얼마나 오랫동안 내놓을 수 있는지다. 가령 10년 안에 새로운 일자리를 5,000만 개 원한다고 가정해보자. 합리적으로 기대했을 때 150억 파운드로 추정되는 국민 소득의 몇 퍼센트를 고용 창출을 위한 자본금으로 이용할 수 있을까? 자세히 언급하지는 않겠지만 나는 그 비율을 5퍼센트로 잡으면 다행이라고 생각한다. 10년 동안 150억 파운드의 5퍼센트를 사용한다면 일자리를 만들기 위한 자본금은 총 75억 파운드가 된다. 앞으로 10년 동안 5,000만 개의 일자리를 만들어내고자 한다면 1인당 평균 150파운드를 투자할 수 있다. 1인당 자본 투자액이 이 정도라면 1년에 500만 개의 일자리를 만들어내기에 충분하다. 그러나 여러분이 다음과 같이 말한다고 가정해보자. "아니다. 150파운드는 너무 적다. 기껏해야 공구 한 벌밖에 살 수 없으므로 1인당 1,500백 파운드를 원한다." 그렇다면 새로운 일자리는 1년에 500만 개가 아니라 겨우 50만 개에 그칠 것이다. 그런데도 여러분은 다음과 같이 말할 수 있다. "가장 좋은 것으로 충분하다. 우리는 모두 미국의 축소판을 원하므로 1인당 5,000파운드는 되어야 한다." 만일 그렇다면 1년에 500만 개는 고사하고 50만 개도 만들 수 없으며 겨우 17만 개 정도만이 가능하다. 여러분은 이미 틀림없이 내가 이 문제를 지나치게 단순화시켰다는 사실을 알아차렸을 것이다. 왜냐하면 10년 동안 고용 창출을 위해 투자하면 국민 소득이 늘어날 것이기 때문이다. 그러나 나는 인구 증가도 고려하지 않았는데 이는 추정 과정에서 이 두 요인의 효과가 서로 상쇄되리라 생각하기 때문이다.

그렇다면 인도와 같은 국가에는 기술 선택이야말로 가장 중요한 집단적인 의사 결정 문제인 셈이다. 당위에 관한 법칙을 제시하려는 것이 아니다. 단지 이것이 분명한 사실이라고 말하는 것일 뿐이다. 여러분은 다양한 반론을 제기할 수 있겠지만 수치 논증에는 반박할 수 없을 것이다. 여러분은 많은 자본이 필요한 소수의 일자리를 만들어내거나 아니면 자본이 비교적 적게 필요한 수많은 일자리를 만들어낼 수 있다.

그런데 이는 모두 앞서 언급한 다른 요인들, 즉 교육, 행위 동기, 노하우 따위와 연결된다. 인도에서 초등학생은 약 5,000만 명이고 중고등학생은 거의 1,500만 명이며 대학생은 대략 150만 명 정도다. 졸업생에게 자신의 지식을 사용할 기회가 없다면 이런 규모의 교육 기관을 운영한다는 것은 당연히 의미 없는 짓이다. 그런 기회가 없다면 모든 것은 엄청난 부담일 뿐이다. 이렇게 교육 상황을 대강 훑어보더라도 진실로 해마다 새로운 일자리를 수십만 개가 아니라 500만 개 기준에서 고민해야 하는 이유를 충분히 알 수 있을 것이다.

　그런데 아주 최근까지, 다시 말해서 50년 또는 70여 년 전까지만 해도 일하는 방식이 오늘날의 기준에 비추어볼 때 아주 원시적이었다. 이런 맥락에서 갤브레이스의 《새로운 산업 국가*The New Industrial State*》 2장을 살펴볼 필요가 있다.[72] 이 장은 자동차 회사 포드에 관한 재미있는 이야기를 담고 있다. 포드 자동차 회사는 1903년 6월 16일에 수권 자본* 15만 달러로 설립되었다. 이 중 주식 발행액은 10만 달러였는데 겨우 2만 8,500달러만 현금으로 구매되었다. 그래서 이 회사로 흘러 들어간 현금 총액은 3만 달러 정도였다. 1903년 6월에 회사를 설립하고 1903년 10월, 즉 4개월 후에 첫 번째 차를 시장에 출시했다. 물론 1903년에 종업원 수는 125명에 불과할 정도로 적었으며 1인당 투자액은 100파운드에도 못 미쳤다. 이것이 1903년 상황이었다. 그로부터 60년 후인 1963년으로 눈길을 돌리면 포드사가 무스탕이라는 신모델을 생산하기로 결정했다는 사실을 알 수 있다. 신모델을 준비하는 데 3년 반이 걸렸다. 엔진 설계와 디자인에 900만 달러가 들어가고 부품 설계에는 5,000만 달러가 들었다. 한편 이 당시 포드사의 자산은 60억 달러였는데 이는 고용 노동자 1인당 약 1만 파운드로 60년 전의 100배였다.

---

* 수권 자본authorised capital이란 주식회사에서 정관에 기재한 발행 예정 주식 총수 중 회사 설립 시에 일부만 발행하고 나머지는 이후 필요에 따라 이사회가 발행하는 것을 의미한다.

갤브레이스는 이 모든 것에서 몇 가지 결론을 도출했는데 이는 연구해볼 만한 가치가 있다. 그 결론은 60년 동안에 일어난 일들을 보여준다. 첫 번째는 오늘날 사업의 시작에서 완성에 이르는 기간이 상당히 늘어났다는 점이다. 포드 차를 처음 만들 때는 작업 시작에서부터 시장 출시까지 4개월이 걸렸지만 오늘날에는 간단히 모델을 교체하는 기간만 해도 4년이나 된다. 둘째는 생산에 필요한 자본이 엄청나게 늘어났다는 점이다. 초기 포드 공장에서 자동차 한 대당 투자액은 보잘것없는 규모였고, 원료나 부품도 간단했고, 값비싼 전문가가 필요하지도 않았으며, 기본적인 장비만으로 조립해서 완성차를 만들었다. 여기에는 남자 두 사람의 힘만으로 차체를 들어 올릴 수 있었다는 사실이 상당히 도움을 주었다. 셋째는 이 60년 동안에 비탄력성이 엄청나게 증가했다는 점이다. 갤브레이스에 따르면 "(1903년에는) 포드사 및 관련 회사들이 가솔린 기관을 증기 기관으로 전환하기로 결정을 내리면 공장은 몇 시간 이내에 이 변화에 조응해서 탈바꿈할 수 있었다." 그러나 오늘날에는 나사 하나 바꾸는 데도 몇 개월이나 필요하다. 넷째는 기계 분야만이 아니라 아주 세밀한 부분까지 미래를 예측하는 기획 분야에서도 전문 인력의 숫자가 엄청나게 늘어났다는 점이다. 다섯째는 이 모든 전문가가 너무도 다양한 조직 형태에 통합되어 복잡한 전체 속에서 아주 작은 업무만을 담당한다는 점이다.

"사실상 전문가를 조직하는 일이 너무도 복잡해서 앞으로는 조직 전문가가 존재하게 될 것이다. 오늘날에는 선진 기술을 구현하기 위해 심지어 기계보다 더 거대하고 복잡한 사업 조직이 작동하고 있다."

마지막은 장기 계획을 세울 필요가 있다는 점이다. 이는 장담하건대 굉장히 복잡하면서도 실패 확률이 높은 일이다. 갤브레이스는 이를 두고 다음과 같이 언급했다.

"초창기의 포드사는 미래가 아주 가까운 곳에 있었다. 기계와 원료를 투입해서 자동차를 생산하고 시장에 출시하기까지 불과 며칠밖에 걸리지 않았다. 미래가 가까이 있다면 미래가 현재와 아주 비슷하다고 가정해볼 수 있다."

기획과 예측이 그다지 어려운 일이 아니었던 셈이다.

이와 같은 논의에서 어떤 결론을 이끌어낼 수 있을까? 기술이 복잡해질수록 일반적으로 그에 필요한 요구 조건이 더욱더 늘어난다는 점이다. 내가 문제 삼았듯 간단한 생활용품을 아주 복잡한 공정으로 생산한다면 어느 빈국도 위의 여섯 조건을 충족할 수 없다. 식료품, 의복, 주택, 문화 따위와 같은 간단한 생산물에 관한 한 가장 위험한 것은 사람들이 1963년형만 적절할 뿐 1903년형은 그렇지 않다고 기계적으로 생각해버리는 일이다. 왜냐하면 1963년형을 생산하는 방법은 상당한 부를 전제하므로 가난한 사람들은 접근할 수 없는 것이기 때문이다. 동료 학자들의 귀에 거슬리는 말은 피하고 싶지만 이 점이 바로 그들이 보편적으로 간과하는 것이라고 말하지 않으면 안 된다. 수백만 개의 일자리가 필요한 시점에 일자리마다 얼마나 많은 돈을 제공할 수 있는가라는 문제가 제기된 적은 아직껏 없다. 지난 50~60년 동안 제기된 요구 조건을 충족하기 위해서는 실제로 양적인 비약도 필요했다. 인류 역사에서 대체로 20세기 초까지는 모든 것에 상당한 연속성이 존재했다. 그러나 지난 반세기 동안에 양적인 비약이 나타났는데 이는 포드사의 자본이 3만 달러에서 60억 달러로 팽창한 것과 같은 종류의 비약이었다.

개발도상국에서 1903년의 포드Henry Fords와 같은 인물을 발견하기는 대단히 어렵다. 포드를 능가하는 인물Henry super-Fords을 발견하는 것, 거의 아무것도 없는 상태에서 갑작스럽게 1963년 수준에 도달하는 것은 거의 불가능하다. 그 누구도 이 수준에서 시작할 수는 없다. 즉 이 수준에서 무언가를 하려면 이미 기반을 확보해 이 수준에 도달해 있어야만 한다. 이 점은 근현대 세계를 이해하는 데 절대적으로 중요하다. 이 수준에서는 오직 확장만이 가능할 뿐 어떠한 **창조**도 불가능하다. 이는 곧 가난한 사람들이 이 수준과 연결되면 과거 그 어느 때보다도 심하게 부자들에게 종속된다는 것을 의미한다. 가난한 사람들은 오직 부자들을 위한 간극 여과 장치gap-filters*로 존재할 수 있을 뿐이다. 이를테면 부자들이 저임금을 이용하여 이러저러하게 간단한 제품들을 싸게 생산하는 경우처럼 말이다. 사람들은 여기저기서 다음과 같이 말한다. "이러저러한 국가에서는 임금이 너무나 낮아서 시계나 자동차 기화기의 일부 부품을 영국에서보다 훨씬 싸게 생산할 수 있다. 그러므로 홍콩이나 대만 또는 그 어떤 적당한 곳에서 생산하도록 내버려 두어라." 여기서 가난한 사람들의 역할은 부자들의 요구 조건을 위한 간극 여과 장치로 전락한다. 따라서 이러한 기술 수준에서는 완전 고용이나 독립에 도달할 수 없다. 기술

---

*   빈부 격차를 더욱 선명하게 드러내는 것을 의미하는 듯하다.

선택이야말로 가장 중요한 선택 문제다.

이상하게도 기술에는 선택의 여지가 없다고 말하는 사람이 있다. 나는 특정 상품을 생산하는 길이 오직 한 가지 방법, 즉 1971년**식 방법만 존재한다고 주장하는 어느 저명한 미국인 경제학자의 논문을 읽은 적이 있다. 이러한 상품들은 이전에 한 번도 생산된 적이 없는가? 아담이 낙원에서 쫓겨난 이후 기초적인 생활필수품은 언제나 필요했기에 늘 생산되었다. 그런데 이 저자는 최신 기계만이 마련될 수 있을 뿐이라고 말한다. 물론 이와 다른 이야기겠지만 최신 기계만이 쉽게 마련될 수 있다고 말할 수는 있다. 언제나 시장을 지배하는 기계는 오직 한 가지 종류뿐이어서 선택할 대안도 없이 한 사회의 자본 규모가 이 기계를 얼마나 이용할 수 있는가를 결정하는 듯한 인상을 풍길 수 있다. 물론 이는 어리석은 생각이다. 방금 언급한 저자 역시 이 점을 깨닫고 자신의 견해를 수정하면서 일본, 한국, 대만처럼 높은 수준의 고용과 아주 간단한 생산 시설을 동시에 확보한 사례를 언급했다.

경제학자들과 개발 계획 입안자들은 조금씩 기술 선택의 중요성을 깨달아가고 있다. 여기에는 네 단계가 존재한다. 첫 번째는 이 문제를 이야기하는 사람에게 언제나 비웃음과 조롱이 따라붙던 단계다. 두 번째는 바로 현재의 상태로, 사람들이 말로는 수용하면서도 적절한 행동을 동반하지 않은 채 시류에 편승하는 단계다. 세 번째는 이러한 기술 선택에 필요한 지식을 동원하기 위

** 논문이 집필된 해를 지칭하는 듯하다.

해 적극적으로 행동하는 단계일 것이며, 네 번째는 기술 선택을 실제로 적용하는 단계일 것이다. 이는 기나긴 과정이지만 나는 곧바로 네 번째 단계로 진입할 수 있는 정치적 가능성도 존재한다는 점을 숨기고 싶지는 않다. 개발을 인간에 대한 것으로 여기는 정치 이데올로기가 존재한다면 즉시 수억 민중의 독창성을 활용해서 곧바로 네 번째 단계에 진입할 수 있다. 오늘날 실제로 몇몇 국가에서는 곧바로 네 번째 단계에 진입하기도 한다.

그러나 정치를 언급하는 것은 내게 어울리지 않는다. 오늘날 기술 선택이 절대적으로 중요하다는 점이 점차 폭넓게 받아들여진다면 어떻게 우리는 두 번째 단계에서 세 번째 단계로, 즉 입으로만 수용하는 단계에서 실행 단계로 옮겨갈 수 있을까? 내가 아는 바로는 이 일을 체계적으로 담당할 수 있는 조직은 오로지 중간기술개발집단밖에 없다. 일부 작업이 상업적인 토대 위에서 이루어지고 있다는 점을 부인할 수는 없지만 그 작업이 상업적 토대에서 체계적으로 이루어지지는 않는다. 중간기술개발집단은 기술 선택의 문제를 해명하는 일을 자신의 과제로 설정했다. 이 순수한 민간 집단의 수많은 활동 중 한 가지 사례만 소개해보겠다. 금속과 목재가 산업의 두 가지 기본 원료이므로 주물 작업과 목공업을 살펴보려 한다. 사람들이 가장 단순한 도구로 작업할 때, 가장 원시적인 기술에서 최첨단 기술에 이르기까지 자본 집약도가 높은 순으로 배열하면 선택 가능한 기술에는 어떤 것이 있을까? 이는 우리가 산업 일람표industrial profile라 부르는 것에 잘 나타나 있는데 이 표는 각각의 기술 수준에 대한 사용 설명서만이 아니라 구입처가 첨부된 기계 장비 목록까지 포함한다.

이런 활동은 오직 〔그 규모가〕 너무나 작고 〔등장 시기도〕 너무나 늦었다는 점에서 비판받을 수 있을 뿐이다. 이토록 중요한 문제에 매달리는 열성적인 민간단체가 작은 조직 하나밖에 없다니 너무도 애석한 일이다. 당연히 견고하면서도 자금이 풍부한 조직이 전 세계에 수십 개는 존재해야 한다. 이 일은 너무도 중대한 과제이므로 어느 정도 중복되더라도 문제될 것은 없다. 어쨌든 나로서는 인도에서 이 일이 상당한 규모로 실제 착수되기를 기대할 수밖에 없는데 이미 약간의 조짐이 나타나고 있으니 기쁘기 그지없다.

이제 네 번째 요소인 시장으로 돌아가 보자. 물론 여기에는 매우 실질적인 문제가 존재한다. 가난이란 시장이 좁고 구매력도 아주 적다는 것을 의미하기 때문이다. 이미 존재하는 구매력은 모두 주문된 것일 뿐이며 가난한 지역에서 슬리퍼나 구두를 생산하더라도 그 지역의 가난한 이웃들은 완성된 구두나 슬리퍼를 구입할 만한 돈을 갖고 있지 않을 것이다. 때로는 생산에 착수하는 일이 판로를 발견하는 일보다 수월하다. 이 경우 우리는 곧바로 수출용으로 생산하라는 충고를 받을 것이다. 수출은 주로 부국을 상대로 하며 부국의 구매력은 아주 크기 때문이다. 하지만 우리가 아무것도 없는 농촌 지역에서 출발한다면 어떻게 세계 시장에서 경쟁력을 기대할 수 있겠는가?

수출이 이토록 과대평가되는 이유는 두 가지다. 그중 한 가지는 중요하지만 다른 하나는 그다지 설득력이 없다. 먼저 후자부터 살펴보자. 수출의 과대평가는 실질적으로 식민주의 시대 경제적 사고의 유산이다. 거대 열강이 식민지에 진출한 이유는 특별히 그 지역의 사람들에게 관심이 있었기 때문이 아니었다. 자국의 산업에 필요한 자원을 확보하기 위해서였다. 그래서 사이잘삼을 확보하기 위해 탄자니아에, 구리를 확보하기 위해 잠비아에 각각 진출했으며, 어떤 국가에는 무역을 목적으로 진출하기도 했다. 〔식민주의 시대에는〕 사고방식이 전반적으로 이러한 이해관계에 따라 틀 지어졌다.

〔이 당시에〕 '개발'은 원료나 식량을 개발하거나 무역 이익을 증대시키는 것을 의미했다. 식민권력은 주로 〔원료나 식량의〕 공급과 이윤에 관심이 있었지 현지 원주민을 위한 개발에는 관심이 없었다. 이는 개발이 주로 식민지 수출에 관심이 있었을 뿐 식민지의 국내 시장에는 관심이 없었다는 사실을 의미한다. 이러한 관점은《피어슨 보고서*Pearson Report*》*가 수출 증대야말로 개발도상국의 성공을 판가름하는 주요 기준이라고 취급할 정도로 너무도 깊게 뿌리박혀 있다. 그러나 당연한 말이겠지만 사람들은 수출로 생활하지 않으며 자신과 이웃을 위해 생산하는 것이 외국인을 위해 생산하는 것보다 훨씬 더 중요하다.

그러나 수출이 과대평가되는 또 다른 이유는 아주 중요하다. 만일 우리가 부국에 수출하기 위해 생산한다면 당연히 구매력을 걱정할 필요가 없다. 왜냐하면 〔부국에〕 이미 존재하는 것에 비하면 우리의 자그마한 생산은 없는 것이나 진배없기 때문이다. 하지만 우리가 빈국에서 새로운 생산에 착수했다면, 구매력의 흐름을 다른 생산물에서 우리의 생산물로 전환하지 않는 한, 그 지역에서

---

* 1968년에 세계은행에서 발간한 보고서를 말한다.

우리 생산물의 시장은 존재할 수 없을 것이다. 오히려 우리는 열두 개의 서로 다른 제품을 동시에 생산해야 한다. 그렇게 하면 각각의 제품은 나머지 열한 개 제품에서 자신의 시장을 발견할 것이다. 생산량이 늘어나면 그만큼 구매력도 증가할 것이다. 하지만 동시에 서로 다른 여러 가지 행위를 시작하기란 매우 어렵다. 그래서 흔히 '수출용 생산만이 적절한 개발 방법'이라는 충고가 등장하곤 한다. 그러나 이러한 생산은 범위와 고용 효과가 지극히 제한된다. 세계 시장에서 경쟁하기 위해서는 흔히 고도로 자본 집약적이면서 노동 절약적인 부국의 기술을 사용해야 한다. 어떤 경우에도 승수 효과는 없다. 재화를 수출해서 외화를 벌어들인다 해도 그 외화는 수입(이나 채무 변제)에 이용될 것이다. 이것이 바로 이야기의 결말이다.

　개발과 관련된 아주 어려운 문제는 상호 보완적인 수많은 생산 활동을 동시에 시작해야 한다는 점이지만 이 난제는 공공사업을 이용한 '경기 부양책pump-priming'으로 완화할 수 있다. 대규모 공공사업 프로그램은 흔히 고용 창출에 기여한다는 측면에서 칭찬받는다. 이런 맥락에서 나는 오직 다음과 같은 사항만 언급하고 싶다. 농촌 지역에서 외부 조달된 자금으로 공공사업을 진행하여 새로운 구매력을 창출할 수 있다면 가급적 '승수 효과'를 최대로 활용해야 한다. 공공사업에 고용된 사람들은 자신들의 임금으로 '임금재', 즉 모든 종류의 소비재를 구매하길 원한다. 이 임금재를 그 지역에서 생산할 수 있나면 공공사업이 창출한 새로운 구매력이 유출되지 않고 지역 시장에서 유통되어 커다란 고용 효과를 낳을 것이다. 공공사업은 아주 바람직하면서도 매우 유용한 것일 수 있다. 그러나 추가 임금재를 국내에서 생산할 수 없다면 늘어난 구매력이 수입으로 이어지면서 국가가 심각한 외환 문제에 봉착할 수도 있다. 그렇다고 해서 이러한 자명한 이치에서 곧바로 수출이 개발에 특히 중요하다는 결론을 이끌어내서는 안 된다. 궁극적으로 인류 전체를 놓고 본다면 수출이란 존재하지 않는다. 화성이나 달나라에서 외화를 벌어들이는 방식으로 개발에 착수할 수는 없기 때문이다. 인간 사회는 하나의 닫힌 사회a closed society다. 인도는 (능력 있는 사람들이 일하면서 필요한 것을 스스로 생산하는 사회라는 의미에서) 비교적 닫힌 사회로 존재하기에 충분할 정도로 꽤나 큰 나라다.

모든 것이 어렵게 느껴질 것이다. 하지만 이를 민중이 스스로 하지 않고 (누군가) 민중을 대신해서 하면 특히 더 어려운 게 사실이다. 그러나 개발이나 고용을 특별하게 생각하지는 말자. 건강한 사람이라면 누구나 할 수 있는 일이다. 언젠가는 그도 일한다. 어떤 의미에서 오늘날은 인류 역사상 그 어느 때보다도 개발이나 고용을 하기가 훨씬 더 수월하다. 그 이유는 무엇인가? 훨씬 더 많은 지식이 존재하기 때문이다. 지식을 소통하는 일도 훨씬 더 편해졌다. 당신들은 이 모든 지식을 동원할 수 있다(인도개발모임을 결성한 이유도 바로 여기에 있다). 그러므로 어려움 때문에 지레 겁먹지 말고 일한다는 것이 세상에서 가장 자연스럽다는 상식으로 되돌아가자. 단 한 가지 일이라 해도 지독히 나쁜 꾀를 내어 방해해서는 안 된다. 세상에는 언제나 어떤 것이 존재하기도 전에 그것을 최적화하기 위한 온갖 종류의 영리한 생각이 존재하기 마련이다. '어떤 것이든 없는 것보다는 낫다'고 말하는 어리석은 사람이 최적이 아닌 한 어떤 일에도 손대지 않으려 하는 영리한 사람보다 훨씬 더 현명하다. 우리를 가로막는 것은 무엇인가? 바로 이론과 계획이다. 나는 15년이 지나더라도 노동할 의욕이 있는 인도인에게 일자리를 제공할 수 없으리라고 확신하는 〔인도의〕 계획위원회Planning Commission 관리들을 만난 적이 있다. 이들이 15개월 사이에는 불가능하다고 말했다면 나 역시 그 의견을 수용할 수 있다. 난제를 극복하려면 어느 정도 시간이 필요하기 때문이다. 그러나 항복 선언을 하면서 15년 안에도 가장 근본적인 일조차 할 수 없다고 말하는 것은 일종의 지성의 타락일 뿐이다. 이렇게 말할 수 있는 근거는 무엇일까? 오! 그 근거는 바로 너무도 영리하고 훌륭한 모델에서 나왔다. 이들은 한 사람에게 일자리를 제공하려면 전력, 시멘트, 철강이 평균적으로 얼마나 많이 필요한지를 확인했다. 그러나 이는 너무도 어리석은 짓이다. 100년 전에는 전기, 시멘트, 철강 따위가 의미 있을 정도로 존재하지도 않았다는 점을 기억하기 바란다(타지마할은 전기, 시멘트, 철강 없이 세워졌으며 유럽의 모든 성당도 이와 마찬가지였음을 기억하기 바란다. 최신 재료가 없으면 아무것도 할 수 없다는 생각이야말로 반드시 극복해야 할 고정 관념이다). 어떤 사람은 위의 문제가 경제 문제가 아니라 근본적으로 정치 문제라고 반론을 제기할지도 모르겠다. 이는 근본적으로 전 세계의 일반 민중에 대한 연민의 문제다. 근본적으로 일반 민중을 동원하는 문제가 아니라 교육받은 사람들의 자발적인 지원을 유도하는 문제인 것이다.

또 다른 예를 들어보자. 이론가와 계획 입안자들은 인간이 자본재를 생산할 수 없다는 태도로 고용 규모가 자본 규모를 결정한다고 말한다. 또한 생산이 최근에야 비로소 시작되었다는 듯이 기술에는 선택의 여지가 없다〔최신 기술만이 유일한 선택 대안이다〕고 말한다. 나아가 절대적인 실업 상태보다 더 비경제적인 것이 존재할 수 있다는 듯이 최신의 방법을 사용하지 않으면 경제적일 수 없다고 말한다. 심지어 '인적 요소를 제거'할 필요가 있다고 말하기도 한다.

자신을 돌보면서 생활할 기회가 누구에게나 보장되지 않는다는 점이 가장 고통스럽다. 성장과 고용 사이에 갈등은 없다. 심지어 현재와 미래 사이에도 갈등은 없다. 사람들에게 일자리를 제공하는 일이 현재와 미래 사이에 갈등을 조장할 수 있다는 점을 입증하려면 매우 비합리적인 사례를 만들어내야 할 것이다. 어떠한 선진국도 사람들에게 일자리를 제공하지 않은 채 발전하지는 않았다. 한편으로는 성장과 고용이 양립하기 어렵다고 말하는 것은 분명히 옳다. 그러나 다른 한편으로는 지금 우리가 인간의 가장 기본적인 필요를 말하고 있으며 거창하면서도 난해한 온갖 고려 사항 때문에 가장 기본적이면서 직접적인 것을 수행하는 일이 방해받아서는 안 된다는 사실을 명심해야 한다.

오해받을지 모르겠지만 나는 가장 간단한 자립 사례를 제시하고 싶다. 자비로우신 하나님은 모든 후손에게 골고루 유산을 물려주셨으며 인도에는 이 세상 어느 곳보다도 많은 종류의 나무를 물려주셨다. 나무는 인간이 필요로 하는 거의 모든 것을 충족시켜준다. 인도가 낳은 위대한 스승 중 한 사람인 석가모니는 훌륭한 불교도라면 적어도 5년마다 한 그루의 나무를 심고 가꾸어야 한다고 가르쳤다. 이 가르침이 지켜지는 동안 인도 전역은 나무로 뒤덮여 깨끗했으며 물과 녹음shade, 식량과 원료가 풍부했다. (인도에서) 남녀노소를 막론하고 일할 수 있는 사람이면 누구나 이 조그마한 일, 즉 해마다 한 그루의 나무를 심고 5년 동안 가꾸는 일을 의무로 하는 사상을 따라야 한다고 한번 상상해보라. 이 사상은 5년 후에 20억 그루의 나무로 나타날 것이다. 이러한 기획이 제대로 실행된다면 누구나 간단한 계산만으로 그 경제적 가치가 인도의 그 어떠한 5개년 계획이 약속한 것보다도 크다는 사실을 쉽게 알 수 있다. 외국에서 동전 한 닢도 원조받지 않은 채 할 수 있으며 저축이나 투자와 관련된 문제도 없다. 이 사상으로 식량, 섬유, 건축 재료, 녹음, 물 따위와 같이 인간에게 실질적으로 필요한 거의 모든 것을 생산할 수 있다.

나는 단지 하나의 생각을 제시한 것이지 인도의 거대한 문제에 궁극적인 해답을 제시한 것이 아니다. 그러나 나는 다음과 같이 묻고 싶다. 곧바로 시작할 수 있는 일을 생각하지 못하도록 막는 교육을 교육이라 할 수 있는가? 우리가 어떤 일을 시작하기도 전에 반드시 전기, 시멘트, 철강 따위가 필요하다고 생각하도록 만든 것은 무엇인가? 실질적으로 도움이 되는 것은 중앙에서 나오지 않으며 큰 조직이 할 수 있는 일도 아니다. 오히려 민중 스스로 할 수 있는 일이다. 세상에 태어난 사람이 누구에게나 자기 손을 생산적인 용도로 사용하는 것이 너무도 자연스러운 일이며 이 일이 인간의 지혜를 넘어서는 일이 아니라는 느낌을 회복할 수 있다면, 실업 문제가 사라질 것이다. 그 후에 우리는 마땅히 해야 할 모든 일을 어떻게 할지를 곰곰이 따져볼 수 있을 것이다.

4부

조직과 소유권

미래를 예언하는 기계?[73]

15장

이 책에 예측 가능성에 관한 논의를 포함한 이유는 예측 가능성이 오늘날 우리가 직면한 가장 중요한 형이상학 문제 (동시에 그래서 현실적인 문제) 가운데 한 가지를 드러내기 때문이다. 오늘날에는 미래학자, 계획을 세우는 사람, 예측하는 사람, 모델을 만드는 사람들이 이전과 비교도 안 될 정도로 많으며 기술 진보의 흥미진진한 산물인 컴퓨터가 수없이 많은 새로운 가능성을 제공하는 듯 보인다. 사람들은 거리낌 없이 '미래를 예언하는 기계'에 대해 말한다. 이러한 기계야말로 우리가 고대하던 무언가가 아니겠는가? 인간은 언제나 미래를 알고 싶어 했다.

고대 중국 사람들은 〔미래를 알기 위해〕《역경易經》이라는 책을 이용하곤 했는데 이 책은 변화의 이치를 다룬 책으로 불렸으며 인류의 가장 오래된 책으로도 유명하다. 심지어 오늘날에도 이 책을 이용하는 사람이 있다.《역경》은 어떠한 확신에 기초하고 있다. 모든 것은 언제나 변하지만 변화 자체는 변함없이 어느 정도 확실한 형이상학적 법칙을 따른다는 확신 말이다. 〔《구약성서》의〕 〈전도서〉에는 다음과 같은 구절이 있다.

"모든 것에는 다 때가 있으며, 하늘 아래 모든 목적에는 알맞은 시기가 있다. (…) 허물 때가 있으면 세울 때도 있고 (…) 돌을 쓸 때가 있으면 써서는 안 될 때도 있다."

즉 오늘날에 비추어 말하자면 확장에 알맞은 시기가 있고 기초를 다지는 데 필요한 시기가 있다. 현자의 역할은 거대한 우주의 리듬을 파악하여 그에 적응하는 것이다. (대부분의 다른 민족들도 마찬가지라고 생각하는데) 그리스인은 신탁을 받은 피티아 Pythias*나 카산드라Cassandras** 같은 예언자나 점성술사를 찾아갔지만 중국인은 놀랍게도 보편적이면서 필연적인 변화 유형이 기술된 책을 찾았다. 이 유형은 바로 모든 자연이 반드시 따라야만 하고 지혜나 고뇌로 통찰력을 익힌 인간도 자발적으로 따르는 우주의 법칙이었다. 이와 달리 현대인은 컴퓨터를 찾는다.

고대의 신탁과 현대의 컴퓨터를 비교해보고 싶겠지만 양자 사이에는 오직 차이뿐이다. 전자가 오로지 질을 문제 삼는다면 후자는 양을 문제 삼는다. 델포이의 신전에 새겨진 '너 자신을 알라'를 컴퓨터에 적용하면 아마도 '나〔컴퓨터〕를 알라', 즉 '전원을 연

---

*   델포이에서 아폴론의 신탁을 받던 무녀.
**   그리스 신화에 나오는 여성 예언자.

결하기 전에 사용 설명서를 연구하라'라는 말이 나올 것이다. 어떤 사람은 《역경》이나 신탁이 형이상학적이라면 컴퓨터는 '현실적'이라고 생각할지 모른다. 그러나 변함없는 사실은 미래를 예언하는 기계 역시 어떤 특정한 형이상학적 가정에 기반을 두고 있다는 점이다. '미래는 이미 여기에 있다', 즉 미래는 이미 특정한 형태로 존재하고 있다, 그래서 좋은 기계와 기술만 있으면 거기에 초점을 맞추어 눈으로 확인해볼 수 있다는 암묵적인 가정 말이다. 독자들은 이들이 매우 포괄적인 형이상학적 가정이며 사실상 인간의 모든 직접적인 체험과 어긋나는 듯 보이는 아주 특이한 가정이라는 점에 동의할 것이다. 여기서는 인간에게 자유가 없으며 설령 있다고 해도 이미 정해진 경로를 바꿀 수 없다. 이 책에서 내가 계속해서 강조하듯이 (명시적이든 암묵적이든) 이와 같은 형이상학적 가정이 모두 현실적으로 결정적인 결과를 초래한다는 사실을 간과해서는 안 된다. 그렇다면 문제는 간단하다. 그 가정이 옳은 것인가, 그른 것인가?

상상해보건대 신은 세계와 그 속에서 살아갈 인간을 창조(근현대 과학에서는 창조가 아주 오랜 시간이 걸린 일이었지만)하면서 다음과 같이 추론했을 것이다.

"만일 모든 것을 예측 가능하게 만든다면 내가 꽤나 좋은 머리를 부여한 인간들은 틀림없이 모든 것을 예측하는 방법을 익힐 것이다. 그렇게 되면 미래가 완전히 결정되어 있으며 그 어떠한 인간이 행동으로도 여기에 영향을 미칠 수 없다는 점을 알게 될 것이므로 무언가를 하고 싶은 의욕을 잃어버릴 것이다. 이와 달리 내가 모든 것을 예측 불가능하게 만든다면 인간들은 의사 결정에

합리적인 근거가 없다는 점을 발견할 것이며 위의 경우와 마찬가지로 무언가를 하고 싶은 의욕을 잃어버릴 것이다. 양자 모두 의미가 없는 셈이다. 따라서 나는 양자의 혼합물을 창조해야 한다. 어떤 것은 예측 가능하도록, 다른 것은 예측 불가능하도록 만드는 것이다. 그렇게 되면 이들에게는 어느 것이 어느 것인지를 분간하는 문제가 무엇보다도 중요해질 것이다.”

실로 이는 아주 중요한 작업이며 오늘날처럼 사람들이 미래를 예언하는 기계를 고안하고자 노력하는 시기에는 특히 그러하다. 누구라도 예측하기 전에는 자신의 예측 대상이 본질적으로 예측 가능한지에 반드시 타당한 이유를 제시할 수 있어야 한다.

물론 계획 입안자들은 다음과 같은 가정에 기대어 움직인다. 미래는 '이미 여기에' 있지 않고, 자신들은 이미 정해져서 예측 가능한 체계가 아니라 자신들의 자유 의지에 따라 결정할 수 있는 것을 취급하고 있으며, 계획의 존재 유무에 따라 미래가 달라지리라는 가정 말이다. 그렇지만 미래를 예언하는 기계를 가장 갖고 싶어 하는 사람은 아마도 계획 입안자일 것이다. 이들은 계획을 세우기도 전에 그 기계가 우연히 자신들의 계획을 예언할지도 모른다고 생각한 적이 있지 않을까?

의미 구분 필요성

어쨌든 분명한 것은 예측 가능성의 문제가 중요할 뿐만 아니라 다소 복잡하다는 점이다. 우리는 추정, 계획, 예측, 예산, 설문 조사,

프로그램, 목표 따위를 거리낌 없이 말한다. 그리고 이러한 말들이 마치 자유롭게 호환 가능하며 누구나 그 의미를 자동으로 알 수 있다는 듯이 사용하곤 한다. 그 결과는 엄청난 혼동이다. 사실상 이들은 서로 상당히 많은 근본적인 차이를 안고 있기 때문이다. 우리가 사용하는 말은 과거를 지칭하거나 미래를 지칭할 수 있으며, 행위를 지칭하거나 사건을 지칭할 수도 있고, 확실한 것을 지칭하거나 불확실한 것을 지칭할 수도 있다. 이 세 쌍이 구성하는 결합에서 가능한 경우의 수는 여덟 가지이므로 현재 우리가 논의하는 것을 좀 더 분명히 나타내려면 실질적으로 이 여덟 가지를 서로 다른 용어로 표현할 필요가 있다. 그러나 우리의 언어는 그토록 완벽하지 않다. 가장 중요한 것은 일반적으로 행위act와 사건event을 구별하는 문제다. 여덟 가지의 가능한 경우는 다음과 같이 배열할 수 있다.

1. 행위	2. 행위	3. 행위	4. 행위
과거	미래	과거	미래
확실	확실	불확실	불확실

5. 사건	6. 사건	7. 사건	8. 사건
과거	미래	과거	미래
확실	확실	불확실	불확실

행위와 사건의 구분은 능동과 수동의 구분이나 '통제 가능'과 '통제 불능'의 구분만큼이나 기본적이다. 계획 입안자가 통제할 수 없는 문제에 '계획화'라는 말을 적용하는 것은 어불성설이다. 계획 입안자에게 사건은 단순히 일어나는 일일 뿐이다. 물론 그 사건을 예측할 수 있고 이 예측이 계획 입안자의 계획에 영향을 미칠 수도 있다. 하지만 이런 예측이 계획의 일부일 수는 없다.

우리의 목적을 위해서는 과거와 미래의 구분도 필요하다. 왜냐하면 실제로 '계획'이나 '추정' 같은 용어를 둘 중 한 가지를 지칭하는 데 사용하기 때문이다. "나는 계획 없이 파리를 방문하지는 않을 것이다"라는 말이 '나는 [관광하기 위해] 거리 지도를 휴대할 것이다'라는 말을 의미할 수 있는데 이는 위의 5항*에 해당한다. 또는 "어느 곳을 구경할지와 시간과 돈을 어떤 방식으로 배분할지 계획을 세워서 갈 것이다"라는 말을 의미할 수도 있는데 이는 2항이나 4항에 해당한다. 만일 누군가 '반드시 계획이 필요하다'고 주장한다면 그가 의미하는 바가 전자[5항]인지 후자[2항 혹은 4항]인지 알아볼 필요가 있다. 양자는 본질적으로 다르다.

이와 마찬가지로 '추정'이라는 말은 불확실성을 시사하는데 과거나 미래에 모두 적용할 수 있다. 이상적인 세계라면 이미 일어난 일을 추정할 필요는 없다. 그러나 실제 세계에서는 원리상 충분히 확인할 수 있는 문제조차 수많은 불확실성을 안고 있다. 3항, 4항, 7항, 8항은 서로 다른 네 가지 추정 유형을 보여준다.

---

* 문맥상 미래의 사건에 해당하는 '6항'이나 '8항'의 오기로 보인다.

3항은 과거에 한 일과 관련되며 7항은 과거에 일어난 일과 관련된다. 4항은 앞으로 하고자 하는 일과 관련되며 8항은 앞으로 일어나리라 기대되는 것과 관련된다. 사실상 8항이 엄밀한 의미에서 예상인데 이는 '계획화'와 무관하다. 그러나 예상을 계획으로 이해하는 경우(또는 그 반대로 이해하는 경우)가 얼마나 많은가! 영국의 1965년 '국가 계획'이 여기에 해당하는 대표적인 사례인 바 이것의 실패도 그리 놀랄 만한 일은 아닌 셈이다.

미래의 행위나 사건을 확실한 것(2항, 6항)이라고 말할 수 있을까? 가령 내가 온갖 관련 사실을 완전히 숙지한 후에 계획을 세우고 이를 꿋꿋한 자세로 실행에 옮긴다고 해보자(2항). 이때 나의 미래 행위를 확실한 것으로 여길 수도 있다. 이와 마찬가지로 섬세하게 분리된 결정론적인 체계를 취급하는 실험 과학에서는 미래 사건을 확실한 것으로 여길 수도 있다. 그러나 현실 세계는 결정론적 체계가 아니다. 과거의 행위나 사건이 확실하다고 말할 수는 있지만(1항과 5항) 미래의 사건은 오로지 특정한 **가정에 기초해서만** 그렇게 할 수 있다. 즉 미래는 '만일 이러한 경향이 몇 년간 계속된다면 이것이 바로 우리가 도달할 지점이다'라는 식으로 조건부 명제를 정식화할 수 있다. 이는 현실 세계에서 언제나 불확실성을 동반하기 마련인 예상이나 예측이 아니라 조건부이긴 하지만 수학적인 확실성이라는 미덕이 있는 실험적 계산일 뿐이다.

오늘날 우리가 직면한 이러한 의미 혼동에서 끊임없는 혼란이 생긴다. 앞서 언급했듯이 '계획'을 꼼꼼히 살펴보면 그중 일부는 계획 입안자가 통제할 수 없는 사건과 관련된 것임을 알 수 있다. '예상'을 꼼꼼히 살펴보면 그중 일부는 조건부 명제, 즉 실험적 계산이라는 점도 알 수 있다. 그러나 후자(실험적 계산)를 예상이나 예측인 양 오해한다. '추정'을 꼼꼼히 살펴보더라도 그중 일부가 계획이라는 사실을 알 수 있다. 교사들이 학생들에게 위와 같은 구분을 가르쳐주고 각각에 걸맞은 용어를 고안한다면 매우 필요하면서 실질적으로 유용한 일을 수행하는 셈이 될 것이다.

예측 가능성

이제 우리의 주제인 예측 가능성 문제로 돌아가 보자. 과연 예언이나 예측(두 용어는 같은 의미인 듯 보인다)이 가능할 수 있을까? 미래가 아직 존재하지 않는데 어떻게 이 존재하지 않는 것에 대한 지식이 존재할 수 있을까? 이 질문은 너무도 타당하다. 엄밀한 의미에서 볼 때 지식은 오직 과거에 대해서만 존재할 수 있다. 미래는 언제나 형성 중이다. 그러나 미래는 대체로 이미 존재하는 것을 재료로 하여 만들어지며 이 재료에 대해서는 많은 것을 알 수 있다. 그러므로 과거를 확실하면서도 폭넓게 알고 있다면 미래는 **대체로** 예측 가능하다. 완전히가 아니라 **대체로** 가능한데 그 이유는 미래를 형성하는 데 인간의 자유라는 신비로우면서도 제어할 수 없는 요인이 개입하기 때문이다. 이것이 바로 창조주를 모방하여 만들었다고 하는 존재의 자유, 즉 창조성의 자유다.

　기묘하게도 오늘날에는 많은 사람이 실험 과학의 영향 아래서 오로지 자유를 부정할 목적으로만 자신의 자유를 행사한다. 뛰어난 재능을 가진 사람들이 모든 '메커니즘'이나 '필연성', 즉 인간의 자유가 개입하지 않거나 개입할 수 없는 듯 보이는 모든 영역을 찬양하는 데서 자신의 가장 순수한 기쁨을 발견하고 있다. 생리학이나 심리학, 사회학이나 경제학, 정치학은 인간의 부자유를 보여주는 약간의 증거, 즉 인간이 자신의 현재 모습을 받아들일 수밖에 없으며 아무리 비인간적인 행위라 하더라도 그 행위가 불가피하다는 점을 보여주는 약간의 조짐을 발견할 때마다 환호성을 올린다. 자유에 대한 부정은 당연히 책임에 대한 부정이다. 여기에는 행위란 없고 사건만 있을 뿐이다. 그래서 모든 일이 그저 일어나고 있을 뿐 그 누구도 책임지지 않는다. 위에서 언급한 의미 혼동의 주요 원인이 바로 여기에 있다는 점은 의심할 나위가 없다. 머지않아 미래를 예언하는 기계를 가질 것이라는 믿음의 원인도 바로 여기에 있다.

확실히 모든 일이 단지 일어날 뿐이라면, 자유, 선택, 인간의 창조성, 책임의 영역이 결코 존재하지 않는다면, [인간이] 오로지 우연하면서도 일시적인 지식이라는 한계를 갖고 있다는 점을 감안하더라도 모든 것을 완벽하게 예측할 수 있다. 자유가 없다면 인간사는 자연과학적 연구나 적어도 이 방법을 사용하기에 적합한 영역이 될 것이며 사실에 대한 체계적인 관찰만으로도 틀림없이 신뢰할 만한 결과를 곧바로 얻을 수 있을 것이다. 브라운Phelps Brown 교수는 왕립경제학회 회장 취임 연설에서 '경제학의 저발선'을 언급할 때 정확히 이러한 견해를 수용했다. 그는 "우리의 과학[경제학]이 아직 17세기[자연과학 수준]에도 도달하지 못했다"고 말했다. 그는 경제학이 **형이상학적으로** 물리학과 같다고 믿었

기 때문에 또 다른 경제학자인 모르겐슈테른Morgenstern 교수의
말을 인용하면서 여기에 찬성했다.

> 17세기에 물리학, 특히 역학에서 결정적인 분기점이 나타
> 났는데 이는 그 이전에 천문학에서 이룬 발전 덕택에 가능
> 했다. 게다가 이 발전은 수천 년에 걸친 체계적이면서도 과
> 학적인 천문 관측에 힘입은 것이었다. (…) 경제학에는 이
> 와 같은 것이 없다. 물리학에서 튀코Tycho〔케플러의 스승〕
> 없이 케플러와 뉴턴을 기대한다면 어리석은 짓이리라. 그
> 러므로 경제학이 수월하게 발전하리라고 기대할 만한 근
> 거는 없다.

브라운 교수는 아주 오랫동안 인간의 행동을 관찰할 필요가
있다고 결론짓는다. 그에 따르면 **"그때까지 경제학의 수학화는 시
기상조다."**

경제학이 형이상학 측면에서 물리학과 구별되며 인간사가
대체로 예측 불가능한 이유는 바로 인간의 자유와 책임에 있다.
물론 모든 사람이 하나의 계획에 따라 행동한다면 예측 가능성을
확보할 수 있다. 그 이유는 정확히 그 계획이 선택의 자유를 행사
한 결과이기 때문이다. 즉 선택이 이미 이루어져 다른 선택 대안
들이 모두 배제되었기 때문이다. 사람들이 그 계획을 고집한다면
계획과 어긋나게 행동할 자유를 포기하겠다고 선택한 것이므로
이들의 행동은 예측 가능하다.

원리상 별의 움직임처럼 인간의 자유가 개입할 수 없는 것은

282

모두 예측 가능하며 인간의 자유가 개입할 수 있는 것은 모두 예측 불가능하다. 그렇다면 모든 인간의 행위가 예측 불가능하다는 것인가? 그렇지는 않다. 대부분의 사람은 보통 자신들의 자유를 행사하지 않고 완전히 기계적으로 움직이기 때문이다. 경험에 비추어보면 대다수 인간은 많은 측면에서 실제로 예측 가능한 행위를 보인다. 언제나 수많은 인간 중에서 오직 소수만이 자신의 자유를 행사하지만 이는 흔히 전체 결과에 별다른 영향을 미치지 못하기 때문이다. 하지만 실질적으로 중요한 혁신이나 변화는 모두 자신의 창조적인 자유를 한껏 발휘한 소수의 사람에게서 시작된다.

사실상 사회 현상이 어느 정도 불변성과 예측 가능성을 가진 것은 바로 자유가 행사되지 않았기 때문인데 이는 대다수 사람이 특별한 이유가 없는 한 기존의 방식과 비슷하게 주어진 상황에 대처한다는 의미다.

그러므로 우리는 다음과 같이 구분할 수 있다.

1. 완전한 예측 가능성은 (원리상) 오직 인간의 자유가 없는 경우, 즉 '인간 이하의' 자연sub-human nature에만 존재할 수 있다.
2. 사람들 대부분의 '통상적인' 행위 패턴(관례)에는 상대적인 예측 가능성이 존재한다.
3. 철도 시간표처럼 자유를 배제하는 하나의 계획에 따라 인간의 행위가 통제되는 때는 비교적 완전한 예측 가능성이 존재한다.
4. 개인의 독자적인 의사 결정은 원리상 예측 불가능하다.

단기 예측

실제로 모든 예측은 단순히 이미 알려진 '계획'에 따라 틀 지어진 외삽extrapolation일 뿐이다. 외삽은 어떻게 이루어지는가? 얼마나 오래전까지 거슬러 올라가야 하는가? 경제 성장에 대한 기록이 있다면 외삽 대상은 정확히 무엇인가? 평균 성장률인가, 성장률의 상승인가, 아니면 연간의 절대적인 성장 폭인가? 사실상 여기에는 어떠한 규칙도 없이* 그저 '느낌'이나 판단으로 결정될 뿐이다.

동일한 시계열을 사용하면서도 외삽한 결과를 아주 다르게 만들 수 있는 온갖 가능한 방법을 알아두는 게 좋다. 이를 알면 어떠한 외삽법도 지나치게 신뢰하지 않을 것이다. 이와 마찬가지 이유로 예측 기술을 개선(하고자 의도)하는 것이 악덕일 수도 있다. 이를테면 내년의 일을 단기 예측할 때 세련된 기술을 사용하는 것이 단순한 기술을 사용할 때와 상당히 다른 결과를 낳는 일은 거의 없다. 1년 동안 성장했다면 이후의 일을 어떻게 예상할 수 있을까?

1. (일시적인) 정점에 도달한다.
2. 속도는 다르더라도 성장은 지속될 것이다.
3. 불황이 나타날 것이다.

---

* 계절별 패턴이나 주기적 패턴이 존재한다면 적어도 1년이나 1주기를 거슬러 올라갈 필요가 있다. 그 이상 거슬러 올라갈 것인가를 결정하는 문제는 판단의 영역이다.

그런데 이러한 세 가지 기본적인 예상 중에서 선택하는 문제는 '예측 기술'이 아니라 정보에 기초한 판단 영역으로 보인다. 물론 이 문제는 취급 대상에 따라 달라진다. 전력 소비처럼 통상적으로 성장 속도가 아주 빠른 것을 문제 삼으면 세 가지 선택 가능성이 동일한 성장률, 성장률 상승, 성장률 하락으로 주어진다.

미래에 대한 건전한 판단을 내릴 때 도움이 되는 것은 예측기술이 아니라 현 상황에 대한 좀 더 정확한 파악이다. 현재의 경제 활동 수준(혹은 성장률)이 다음 해에는 이용하기 힘든 아주 특별한 요인의 영향이라면 당연히 이를 고려해야 한다. 〔이런 상황에서〕 '지난해와 같을 것'이라는 예상은 금년도에 특별한 요인이 존재했다는 점을 감안할 때 '실질적인' 성장이나 하락을 의미할 수도 있다. 예상하는 사람은 당연히 이 점을 명확히 해야 한다.

그래서 나는 현 상황을 이해한 다음 '특별하면서도' 반복적이지 않은 요인을 발견하고 필요하다면 이 요인을 제거하는 데 온갖 노력을 기울일 필요가 있다고 믿는다. 이렇게 노력한다면 예측 방법이 그다지 조잡하지는 않을 것이다. 그러나 아무리 세련된 방법이라 해도 기본적인 판단(내년이 작년과 같을 것인가, 작년보다 좋을 것인가, 아니면 나쁠 것인가)을 내리는 데 도움을 주지는 못할 것이다.

어떤 사람은 컴퓨터를 이용하면 분명히 단기 예측의 가능성이 상당히 높아진다고 반론을 제기할 것이다. 컴퓨터는 대규모 자료를 아주 쉽고 빠르게 처리해서 적당한 수식으로 표현할 수 있기때문이다. 〔이러한 주장에 따르면〕 '피드백'을 이용해서 수식에 거의 순간적으로 새로운 자료를 집어넣을 수 있으며 일단 좋은 수식만 확보했다면 컴퓨터로 미래를 예측할 수 있다.

다시 한번 더 이러한 주장의 형이상학적 토대를 검토해볼 필요가 있다. '좋은 수식'이란 무엇을 의미하는가? 좋은 수식은 단순히 과거의 양적 변화를 수학적인 언어로 정리한 것에 지나지 않을 것이다. 그러나 나 또는 기계가 이러한 변화를 그토록 정확하게 묘사할 수 있다고 해서 앞으로도 그러한 패턴이 지속되리라는 전제 조건이 확보되는 것은 결코 아니다. 패턴은 오로지 인간의 자유가 없고 이미 관찰한 패턴을 야기한 원인에 어떠한 변화 가능성도 없을 때만 지속될 수 있다.

(안정이나 성장 또는 침체에 대한) 아주 분명하면서도 견고한 패턴이 있다면, 그 패턴이 새로운 변화 요인이 나타났음을 보여주는 확실한 징표가 없는 한 어느 정도 지속된다는 주장에 기꺼이 동의한다. 다만 내가 말하고자 하는 바는 그토록 분명하면서도 견고한 패턴을 발견하는 데 비전자적인 인간의 두뇌가 전자적인 경쟁자보다 값싸고 신속하며 신뢰성도 높다는 점이다. 다른 식으로 말할 수도 있다. 패턴을 발견하는 데 컴퓨터가 필요할 정도로 아주 세련된 수학적 분석 기법이 실질적으로 필요하다면 그 패턴은 너무도 약하고 불투명해서 실생활에 외삽할 만한 근거를 갖지 않는다고 말이다.

간단한 예측 방법, 즉 현 상황을 살피고 나서 비정상적인 것만을 제거하는 방법으로는 통계학자의 2대 악덕인 가짜 진실과 거짓 세부 설명이라는 오류를 초래하지 않는다. 일단 수식과 컴퓨터가 갖추어지면, 레몬을 마지막 한 방울까지 짜내듯이, 사람들이 아주 엄밀하면서도 진실한 것인 양 믿도록 부추기는 미래상을 제시하고픈 유혹이 강하게 나타난다. 그런데 상상도를 진짜 지도로 착각하여 사용하는 사람은 지도가 없는 사람보다 잘못을 저지를 확률이 높다. 왜냐하면 그는 길을 묻거나 지형을 살피면서, 끊임없이 자신의 모든 감각과 머리를 이용해서 가야 할 곳을 찾지 않을 것이기 때문이다.

예상을 하는 사람이라면 자신이 어떤 가정에 기대고 있는지를 명확하게 파악하고 있을 것이다. 하지만 예상을 이용하는 사람은 흔히 전체 건물(예상 자체)이 단 하나의 증명할 수 없는 가정에 따라 건립되기도 하고 붕괴되기도 한다(맞기도 하고 틀리기도 한다)는 점을 조금도 생각하지 못한다. 그는 행해진 작업의 철저함이나 모든 것이 '이치에 맞는' 듯 보인다는 사실에 압도당해버린다. 그러나 만일 그 예상이 봉투 겉면에 아무렇게나 적혀 있었다면, 그 예상이 아주 보잘것없으며 그런 예상을 무시한 채 알려지지 않은 미래에 기업가적 결단을 내릴 수밖에 없다는 점을 좀 더 잘 알 수 있었을 것이다.

계획화

이미 밝혔듯이 계획은 예측과 본질적으로 다르다. 계획은 의도, 즉 입안자 혹은 지도자가 원하는 바를 천명한 것이다. 계획화 planning(나는 이 용어가 마땅하다고 생각한다)는 권력과 뗄 수 없는 관계다. 어떠한 권력이든 권력을 행사하는 사람이라면 어느 정도의 계획을 확보해야 한다. 즉, 어느 정도 앞을 내다보면서 신중하면서도 의식적으로 권력을 행사해야 한다. 이는 당연하고 실제로 바람직한 일이다. 이 과정에서 그는 마땅히 다른 사람들이 어떻게 행동할지를 고려해야 한다. 다시 말해서 어느 정도 예측하지 않으면 계획을 제대로 수립할 수 없다. 예측해야 할 대상이 인간의 자유가 개입되지 않는 문제이거나 수많은 사람의 습관적인 행동 또는 다른 권력자가 확정한 계획이라면 그 대상은 실제로 '예측 가능'하다. 이는 오래전부터 너무도 명백한 사실이었다. 그러나 불행하게도 예측해야 할 문제가 이러한 범주에 해당하지 않고 개인이나 소집단의 결정에 좌우되는 일이 아주 흔하다. 이때 예상은 '직관적인 추측'과 비슷해진다. 예측 기술을 아무리 개선하더라도 소용이 없다. 물론 어떤 사람은 다른 사람보다 좀 더 잘 추측할 수 있지만 그렇다고 해서 그것이 좀 더 좋은 예측 기술을 가졌다거나 계산을 도와주는 좀 더 좋은 기계 장비를 갖추었다는 의미는 아니다.

자유로운 사회에서 '국가 계획'이란 어떤 의미를 지닐 수 있을까? 국가 계획이 모든 권력을 한군데로 집중하는 것일 수는 없다. 왜냐하면 국가 계획은 자유의 소멸을 의미하기 때문이다. 진정한 계획은 권력과 공존하는 것이다. 자유로운 사회에서 '국가 계획'이라는 말이 합리적인 의미를 지니는 경우는 오직 실질적인 경제력을 가진 모든 사람의 의도를 중앙 기구가 집대성해서 가장 완벽하게 표현할 때뿐이다. 이렇게 복합적인 '계획'의 비정합성이야말로 귀중한 교훈을 제공할 수 있다.

장기 예측과 실현 가능성 연구

이제 장기 예측 문제로 돌아가 보자. 장기 예측은 5년 이상의 기간을 예측하는 것을 의미한다. 변화는 시간의 함수이므로 장기가 단기보다 훨씬 더 예측하기 힘든 게 틀림없다. 실제로 모든 장기 예측은 너무나 일반적일 정도로 단순히 명백한 것만을 언급하는 게 아니라면 어느 정도는 과장되거나 비합리적이다. 그렇지만 결정을 내려야 하거나 장기 계약을 맺어야 하는 만큼 실생활에서는 미래에 대해 '어떤 관점을 가질 것'을 종종 요구한다. 여기에 도움이 될 만한 것은 없는가?

여기서 다시 한번 예측이 '실험적 계산'이나 '실현 가능성 연구'와 구분된다는 점을 강조하고자 한다. 전자는 가령 20년 후에 이러저러한 상황이 나타날 것이라고 주장하지만 후자는 이미 전제된 특정 경향의 장기 효과를 탐구할 뿐이다. 불행하게도 오늘날 거시경제학에서 실현 가능성 연구가 매우 초보적인 수준을 넘어서는 경우는 거의 없다. 사람들은 일반적인 예측에 만족하고 있지만 그 가치는 예측이 쓰인 종잇값에도 미치지 못한다.

이해를 돕기 위해 몇 가지 예를 들어보자. 요즈음 저개발국의 개발이 커다란 화젯거리로 등장하면서 이를 위한 (이른바) '계획들'이 수없이 많이 세워지고 있다. 전 세계 사람이 기대하는 바대로 진행된다면 앞으로 몇십 년 안에 전 세계 사람 대부분이 오늘날 서구인과 별 차이가 없는 생활을 할 수 있으리라고 예상할 수 있다. 누군가 이런 기획의 실현 가능성을 적절하면서도 상세하게 연구한다면 상당한 시사점을 얻을 수 있으리라 판단된다. 연구자는 2000년을 마지막 해로 선택하고 거기서부터 시간을 거슬러 내려올 수도 있다. 식량, 연료, 금속, 섬유 따위가 얼마나 많이 필요할까? 산업 자본은 얼마나 많이 축적해야 할까? 물론 연구를 진행하면서 새로운 전제 조건을 많이 도입해야 할 것이다. 각각의 전제 조건이 실현 가능성 연구의 대상이 될 수도 있다. 그렇다면 온갖 합리적인 추론 가능성을 벗어나는 전제 조건을 도입하지 않고는 자신의 방정식을 풀 수 없다는 사실을 깨달을 것이다. 이는 상당한 시사점을 제공할 수 있다. 그래서 국민 대부분이 비참하게 살아가는 국가에는 실질적인 경제 개발이 틀림없이 필요하지만, 실현 가능성이 서로 다를 수 있는 다양한 **개발** 유형 중에서 선택하는 문제가 존재한다는 결론에 도달할 것이다.

양심적인 실현 가능성 연구가 뒷받침된 장기적인 사고는 이용 가능성을 제한한 모든 재생 불가능한 자원(주로 화석 연료와 금속)에 특히 바람직해 보인다. 예를 들어 오늘날 석탄은 석유로 대체되고 있다. 석탄의 시대가 가고 있다고 생각하는 사람도 있는 듯 보인다. 석탄, 석유, 천연가스 등의 매장량(이미 알려진 것이든 추정된 것이든) 등 온갖 자료를 활용해서 신중하게 실현 가능성 연구를 시도한다면 상당한 시사점을 얻을 수 있을 것이다.

인구 증가와 식량 공급에 대한 실현 가능성 연구에서 가장 근사한 작업은 주로 국제연합의 산하 기관에서 나온 것이었다. 이러한 연구를 좀 더 밀고 나간다면 1980년이나 2000년에는 식량이 어느 정도 생산될지를 알 수 있을 뿐만 아니라 이를 위해서 가까운 장래에 어떤 순서로 단계적인 처방을 밟아갈지도 지금보다 훨씬 더 상세하게 제시할 수 있다.

이 모든 작업에서 순수하게 지적인 한 가지 작업이 반드시 필요하다. 예측과 실현 가능성 연구의 차이를 명료하게 인식하는 일 말이다. 양자를 혼동하는 것은 분명히 통계에 대한 무지를 보여주는 징표다. 앞서 언급했듯이 장기 예측은 과장되었지만 장기 실현 가능성 연구는 겸손하면서도 조심스러운(조심하지 않으면 위험한 상황에 놓이는) 작업이다.

여기서도 컴퓨터 같은 기계를 좀 더 많이 이용하면 작업이 훨씬 수월해질 수 있는가에 대한 의문이 제기된다. 나는 회의적이다. 그 어느 곳보다도 많은 판단을 요구하는 분야에서 끊임없이 기계의 도움을 받는 것은 파킨슨 법칙의 배후에 놓인 주요 동학 dynamic forces 중 하나인 듯 보인다. 물론 컴퓨터는 아무리 큰 숫자라 해도 다양한 전제 조건을 활용해서 몇 초나 몇 분 안에 계산을 끝낼 수 있다. 비전자적인 인간의 두뇌라면 몇 개월이 걸릴 수도 있는 계산 작업을 말이다. 하지만 중요한 것은 비전자적인 두뇌가 그러한 계산 작업을 시도할 필요가 전혀 없다는 점이다. 비전자적인 두뇌는 판단 능력을 활용해 합리적인 개연성을 판별하는 데 필요한 몇 가지 결정적인 매개 변수parameter에만 주목하면 된다. 어떤 사람은 장기 예측을 위해 기계를 만들고, 기계가 계속해서 '새 소식'을 전해주면 끊임없이 장기 예측의 수정판을 토해내는 상황이 가능할 뿐만 아니라 유익할 거라고 상상한다. 물론 이런 상황은 가능하다. 그러나 과연 유익하기도 할까? '새 소식'의 장기적 의미를 각각 판단해야 하겠지만 일반적으로 건전한 판단은 즉석에서 가능하지 않다. 또한 나는 통상적인 기계 작업인 끊임없는 장기 예측의 수정판에 그 어떠한 가치가 있다고 생각하지도 않는다. 예측이 필요한 시점은 오직 장기적 문제를 결정하거나 그 결정을 재검토할 때뿐인데 이런 상황은 심지어 대기업에서도 비교적 흔치 않은 사건이다. 만일 그런 상황이 나타났다면 이 상황은 신중하면서도 양심적인 태도로 최상의 자료를 수집하고, 이들을 누적된 경험에 비추어 판단해서, 마지막으로 가장 합당한 견해를 도출하도록 노력할 만한 가치가 있다. 이렇게 힘들고 불확실한 과정을 기계 작업으로 단축할 수 있다(고 믿는다)면 그것은 자기기만이다.

예측이 아니라 실현 가능성 연구라면 하나의 가정을 바꾸었을 때 나타나는 효과를 재빨리 검증해볼 수 있는 기계가 유용해 보일 수 있다. 그러나 나는 아직은 계산자와 복리 계산표만으로 충분하다고 생각한다.

예측 불가능성과 자유

내가 경기 예측과 같은 문제에서 '자동화'의 유용성을 부정한다고 해서 다른 업무, 이를테면 수학 문제를 풀거나 생산 공정 프로그램을 짜는 데 컴퓨터나 그와 유사한 기계가 지닌 가치를 과소평가하는 것은 아니다. 이런 업무는 모두 엄밀 과학exact science이나 그것의 응용 분야에 속한다. 이들의 주제는 비인간이다. 아니 인간 이하의 것이라고 말하는 편이 타당할지 모르겠다. 이들의 엄밀성exactitude은 바로 인간 자유의 부재, 선택, 책임, 존엄성의 부재를 드러내는 기호다. 인간의 자유가 개입하는 순간 우리는 완전히 다른 세계로 진입하는데 여기서는 빈번한 기계 사용이 커다란 위험을 초래할 수도 있다. 그러므로 이 구분을 지우려는 움직임에 단호하게 저항해야 한다. 인간의 존엄성은 사회과학이 자연과학의 방법을 수용하고 모방하려는 그릇된 시도 때문에 커다란 상처를 입었다. 경제학은 엄밀 과학이 아니며 응용경제학 역시 그러하다. 사실상 경제학은 엄밀 과학보다 위대한 지혜의 영역이다. 아니 마땅히 그러해야 한다. 클라크Colin Clark는 "장기적인 세계에서 경제 균형은 독자적인 방식에 따라 스스로 전개되며, 이는 정치적, 사회적 변화와 무관하다"라고 주장했다. 그는 이런 형이상학적 이단heresy의 힘에 기대어 1941년에 《1960년의 경제학The Economics of 1960》이라는 책을 썼다.[74] 그가 묘사한 모습이 실제 상황과 조금도 비슷하지 않다고 말한다면 부당한 평가다. 실제로 비슷한 점이 한 가지 존재한다. 인간이 물리적인 자연법칙이라는 불변의 영역에서 자신의 자유를 행사한다는 사실 말이다.

클라크의 책에서 얻을 수 있는 교훈은 그의 형이상학적 전제조건이 잘못되었다는 점이다. 즉 세계 경제의 균형은 장기적인 측면에서도 정치적, 사회적 변화에 아주 크게 의존하기 때문에 클라크가 이용한 복잡하면서도 정교한 예측 방법은 단지 진실 같은 가짜를 산출하는 데에만 기여할 뿐이라는 교훈 말이다.

결론

나는 경제생활을 포함해서 인간의 삶은 흥미진진할 정도로 너무나 예측 불가능하기 때문에 그래도 살 만하다는 기분 좋은 결론에 도달했다. 경제학자나 통계학자도 이런 삶을 '완벽하게 간파할' 수 없을 것이다. 자연법칙이라는 제약 조건이 존재한다고 해도 우리는 여전히 개인이나 집단의 운명(좋은 것이든 나쁜 것이든)의 지배자다.

그러나 경제학자, 통계학자, 자연과학자, 엔지니어의 노하우, 더불어 진정한 철학자의 노하우는 우리의 운명을 제약하는 요인을 명확히 하는 데 도움이 될 수 있다. 미래를 예측할 수는 없어도 탐구할 수는 있다. 실현 가능성 연구는 우리가 어디로 향하고 있는지를 보여줄 수 있는데 오늘날 '성장'이 전 세계 경제학의 핵심 기조라는 점에서 이는 그 어느 때보다도 중요하다.

오늘날 행위 주체들은 본질적으로 불확실한 미래에 대한 믿을 만한 지식을 시급히 획득하려고 노력한다. 그래서 이들의 주변은 점점 더 늘어나는 예측자들과 산더미처럼 불어나는 정보를 처리하기 위한 놀라운 기계 장치로 북적댄다. 그러나 나는 그 결과가 거대한 거짓 게임에 지나지 않는 것은 아닌지, 아니면 점점 더 놀라울 정도로 파킨슨의 법칙을 증명하는 것은 아닌지 두렵다. 아직도 최선의 결정은 상황을 침착하면서도 냉정하게, 종합적으로 관찰하는 인간의 성숙한 두뇌가 내리는 판단에 의존하고 있을 것이다. '멈추어 둘러보면서 귀를 기울여라'는 표어가 '예측을 참조하라'는 표어보다 훨씬 낫다.

대규모 조직을 향하여[75]

16장

우리는 거의 매일 인수 합병 소식을 듣는다. 영국은 유럽경제공동체에 가입하여 좀 더 큰 시장을 노리지만 이 시장은 훨씬 더 큰 조직이 운영하고 있다. 사회주의 국가에서도, 국유화가 자본주의 국가에 존재한 그 어떤 기업에도 뒤지지 않거나 오히려 이를 능가하는 대규모 기업을 탄생시켰다. 경제학자와 경영자들은 대부분 이러한 거대화 추세를 지지한다.

　이와는 다르게 사회학자들과 심리학자들은 대부분 이러한 추세에 내재하는 위험에 아주 집요할 정도로 경고를 보내고 있다. 각 개인이 스스로 거대한 기계의 조그마한 부품에 지나지 않는다고 느꼈을 때나 일하면서 부딪히는 일상적인 인간관계가 점점 더 비인간화될 때 인간의 존엄성이 훼손되는 위험 말이다. 이는 또한 파킨슨이 언급한 관료제 강화 추세 때문에 효율성과 생산성에 동시에 위험을 안기는 요인이기도 하다.

이와 동시에 근현대 문학은 '우리'와 '그들'로 예리하게 구분된 멋진 신세계brave new world의 무시무시한 풍경을 묘사하고 있다. 서로를 의심하면서 밑에서는 정부에 대한 증오가, 위에서는 민중에 대한 경멸이 나타나는 풍경 말이다. 대중은 통치자가 못마땅하다는 투로 무책임하게 반응하지만 통치자는 정확한 조직화나 재조정, 장려금, 유인, 끊임없는 권고와 협박 따위로 사업을 추진하고자 헛되이 노력한다.

의심할 바 없이 이러한 상황은 모두 의사소통의 문제다. 하지만 진정으로 효과가 있는 의사소통은 오직 직접적인 접촉을 매개한 의사소통뿐이다. 프란츠 카프카는 괴기한 소설인《성The Castle》에서 원격 조정의 무서운 효과를 묘사한다. K라는 측량 기사가 관청(성)에 고용되지만 그 경위나 이유를 아는 사람은 아무도 없다. 그는 자신의 업무를 확인하려고 노력한다. 왜냐하면 만나는 사람마다 한결같이 다음과 같이 말하기 때문이다.

"유감스럽게도 우리는 측량 기사가 필요하지 않습니다. 여기에는 측량 기사가 할 일이 전혀 없으니까요."

그래서 그는 당국과 직접 만나기 위해 백방으로 노력하며 이를 위해 조금이라도 영향력이 있는 여러 부류의 사람들에게 접근한다. 하지만 사람들은 그에게 다음과 같이 말한다.

"당신은 아직 당국과 실질적으로 접촉한 적이 없습니다. 지금까지의 접촉은 모두 환상일 뿐입니다. 당신은 무지해서 그것을 현실로 혼동하는 겁니다."

그는 실제로 전혀 일을 하지 않았는데 그때 성에서 보낸 편지를 받는다.

"지금껏 당신이 해온 측량 작업을 나는 높이 평가하오. (…) 앞으로도 게으름 피우지 마시오! 일을 제대로 끝마쳐주시오. (…) 도중에 그만두면 나는 불쾌해질 것이오. (…) 나는 언제나 당신을 지켜볼 것이오."

대규모 조직을 정말로 좋아하는 사람은 없다. 그 누구도 위에서 차례로 하달되어오는 명령을 달가워하지 않는다. 관료 기구가 고안한 규칙이 아무리 인간적일지라도 규칙에 얽매이기를 원하는 사람은 없다. 즉 모든 불만에 "규칙을 만든 것은 내가 아니며 나는 단지 그것을 적용하고 있을 뿐이다"라고 대답하는 사람에게 지배받기를 원하는 사람은 없다.

그러나 대규모 조직은 계속 존속할 듯 보인다. 그러므로 대규모 조직을 생각해보고 이론화하는 일이 더욱 필요하다. 물살이 거셀수록 숙련된 항해 기술이 더욱더 필요해지듯이 말이다.

근본적인 과제는 대규모 **조직** 내부에서 소규모 조직을 확보하는 일이다.

일단 출현한 대규모 조직은 흔히 진자처럼 **집중화**centralising 국면과 **분산화**decentralising 국면을 번갈아 겪는다. 이렇게 각기 타당한 근거를 지닌 대립항을 만날 때마다, 단순한 타협이나 반씩 섞는 것보다 좋은 해결책을 찾으려면 문제의 본질을 탐구해야 한다. 아마도 우리에게 실질적으로 필요한 것은 **양자택일**이 아니라 **양자를 동시에 포괄하는 것**이리라.

이 문제는 현실 세계 어디에서나 부딪칠 정도로 아주 친숙하지만 모든 외부 요인을 꼼꼼하게 배제한 실험 문제에 대부분의 시간을 쏟는 사람들은 아주 싫어하는 문제다. 현실 세계에서 무엇을 하든지 간에 우리는 이른바 외부 요인을 모두 포함하는 상황을 공평하게 평가해야 한다. 아울러 우리는 언제나 질서와 자유가 동시에 필요한 상황에 직면한다.

규모가 크든 작든 모든 조직은 어느 정도의 명확성과 질서정연함orderliness을 요구한다. 질서가 없는 상태에서는 어떤 일도 할 수 없다. 하지만 질서정연함 그 자체는 정태적이며 활력도 없다. 그러므로 전례 없는 일을 하려면, 즉 질서의 파수꾼이 결코 예상할 수 없을 정도로 새로우면서도 예측할 수 없는 인간의 창조적인 생각을 실현하려면 이미 확립된 질서를 타파할 가능성을 충분히 남겨두어야 한다.

따라서 모든 조직은 **질서**의 정연함orderliness과 창조적 **자유**의 무질서disorderliness를 동시에 추구해야 한다. 그런데 대규모 조직은 본래적으로 창조적인 자유를 희생하면서까지 질서를 선호하려는 편견과 경향을 갖는 바, 이것이 바로 대규모 조직에 내재하는 독특한 위험 요인이다.

우리는 이렇게 질서와 자유라는 기본적인 대립쌍에 몇 가지 다른 대립쌍을 연결할 수 있다. 집중화는 주로 질서에 대응하며 분산화는 자유에 대응한다. 경리 담당자는 전형적으로 질서에 대응하는 인간이며 대체로 관리자도 그러하다. 이와 달리 **기업가**는 창조적인 자유에 대응하는 인간이다. 질서는 지성을 요구하고 효율성으로 이끌지만 자유는 직관을 요구하고 문호를 개방하며 혁신으로 이끈다.

조직이 커질수록 질서가 점점 더 필요해진다. 하지만 이 필요성이 너무도 효과적으로, 완벽하게 충족되어 인간이 창조적인 직

298

관을 발휘할 가능성, 즉 **기업가적** 무질서가 조금도 남아 있지 않다면 그 조직은 시체나 다름없다.

이상과 같은 고찰에 기대어 나는 다음과 같은 다섯 가지 원칙의 형태로 대규모 조직에 대한 시론을 제시하고자 한다.

첫 번째 원칙은 **보조성 원칙**The Principle of Subsidiarity* 또는 **보조 기능 원칙**The Principle of Subsidiary Function이라 불린다. 아래 인용문은 이 원칙을 정식화한 유명한 사례다.

"규모가 작은 하부 조직이 할 수 있는 일을 규모가 큰 상부 조직에 맡기는 것은 부당한 일인 동시에 정당한 질서에 심각한 폐해와 교란을 야기하는 일이기도 하다. 왜냐하면 모든 사회적 행위는 본성상 사회 구성원들에게 도움을 제공하는 것이어야지 이들을 파멸시키거나 일방적으로 끌어당기는 것이 아니기 때문이다."

이 문장은 사회 전체에 관한 것이지만 대규모 조직 내부의 다양한 집단들levels에도 똑같이 적용할 수 있다. 상위 집단이 좀 더 높은 곳에 있기 때문에 당연히 좀 더 현명하고 효율적으로 업무를 완수할 수 있다는 가정하에 하위 집단의 기능을 빼앗아서는 안 된다. 충성심은 오직 좀 더 작은 단위 조직에서 나와 좀 더 큰 (그리고 좀 더 높은) 단위 조직으로 향하는 것일 뿐 다른 길은 없다. 아울러 충성심은 조직의 건강성을 구성하는 본질적인 요인이기도 하다.

---

* 상위 집단의 역할은 하위 집단을 지배하기보다 이 집단이 자발적으로 제 기능을 발휘할 수 있도록 보조하는 데 그친다는 의미로 '보충성 원칙'으로 옮기기도 한다.

보조성 원칙이 의미하는 바는 입증 책임이 언제나 하위 집단에서 기능을 빼앗아 하위 집단의 자유와 책임을 빼앗고자 하는 사람들에게 있다는 점이다. 이들은 하위 층위가 그 기능을 만족스럽게 수행할 수 없으며 실제로는 상위 집단이 훨씬 더 잘할 수 있다는 점을 입증해야 한다.

(위 인용문은 다음과 같이 계속된다.) "통치자는 다양한 집단 사이에서 보조 기능 원칙에 따라 단계적 질서를 완벽하게 보존할수록 사회적 권위와 그 효력이 더욱더 강력해지고 나라 사정도 더욱더 행복해지며 번창할 거라는 사실을 분명히 알고 있어야 한다."[76]

이런 상황에서는 집중화와 분산화의 대립이 거의 없다. 따라서 보조 기능 원칙이 시사하는 바는 바로 하위 집단의 자유와 책임을 신중하게 보존하고, 조직 전체가 '더욱 행복해지고 번창'한다면 중앙이 권력과 효율성을 모두 확보할 것이라는 점이다.

이러한 구조에 어떻게 도달할 수 있는가? 관리자의 관점, 즉 질서정연함이라는 측면에서 보면 이 구조는 단일체의 명료한 논리와 비교하기도 힘들 정도로 번잡스럽게 보일 수 있다. 그러나 대규모 조직은 수많은 반자율적인 단위 조직으로 구성될 것이다. 우리는 이들을 **준기업**quasi-firm이라 부를 수 있다. 준기업들은 각자가 창조성과 **기업가 정신**을 가능한 한 최대로 발휘할 수 있도록 커다란 자유를 가질 것이다.

조직의 구조를 손에 상당히 많은 풍선을 쥔 사람에 비유할 수 있다. 각각의 풍선은 자체의 부력에 따라 날아오르지만 풍선을 쥔 사람은 이를 통제하기는커녕 그 아래 서서 단지 실을 꼭 움켜쥐고 있을 뿐이다. 모든 풍선은 관리 단위일 뿐만 아니라 기업 단위

이기도 하다. 이와 달리 단일 조직은 크리스마스트리에 비유할 수 있을지 모른다. 꼭대기에는 별이 걸려 있고 그 밑에는 수많은 열매와 기타 유용한 물건들이 매달린 크리스마스트리 말이다. 여기서는 모든 것이 꼭대기에서 시작하고 꼭대기에 의존한다. 실질적인 자유와 **기업가 정신**이 오직 꼭대기에만 있는 것이다.

따라서 조직의 활동을 하나하나 살펴보면서 준기업을 가능한 한 많이, 그러면서도 타당한 수준에서 만들어야 한다. 예를 들어 영국석탄공사는 유럽 최대의 영리 조직 중 하나지만 노천 채굴opencast mining, 벽돌 작업brickwork, 석탄 제품coal product 등에 각기 다른 이름의 준기업을 만들 수 있다는 사실을 알게 되었다. 그러나 거기서 그치지 않았다. 다각화 범주에 들어가는 다양한 업무 영역은 말할 것도 없고, 육상 운송 행위, 부동산, 소매업 따위에도 각기 상당히 독립적인 조직을 만들었다. 공사의 주요한 활동인 깊은 갱의 석탄 채굴도 17개 지역으로 분할 조직되어 각기 준기업의 지위를 가졌다. 앞서 인용한 글에 따르면 이러한 **구조 조정** structurisation의 결과는 다음과 같다.

"그럼으로써 (중앙은) 모든 맡은 바 임무를 더욱 자유롭고 강력하며 그러면서도 더욱 효율적으로 수행할 것이다. 그 임무는 바로 상황이나 필요에 따라 지시하고 감독하며 장려하고 억제하는 일이다."

중앙의 통제가 의미 있고 효율적이려면 두 번째 원칙을 적용해야 하는데 나는 이를 **정당화 원칙**The Principle of Vindication이라 부를 것이다. 정당화한다는 것은 비난이나 고발에서 자신을 방어하는 것이고, 진실과 타당성을 입증하는 것이며, 정당성을 입증하고 변호하는 것이다. 그래서 이 원칙은 하위 집단에 대한 중앙 당국의 가장 중요한 의무 가운데 한 가지를 아주 잘 보여준다. 좋은 정부에서 통치는 언제나 예외적인 상황이다. [중앙 당국의 통치가 허용되는] 예외적인 상황이 아닌 한 보조적인 단위 조직들[중앙 정부의 담당 조직들]은 비난을 방어하고 변호해야 한다. 이는 예외적인 상황에 대한 아주 명확한 규정이 있어야만 준기업이 업무를 만족스럽게 수행하고 있는지 아닌지를 분명하게 판별할 수 있음을 의미한다.

순수한 유형으로 볼 때 관리자는 질서정연함에 대응하는 인간으로 모든 것을 통제할 때 행복해지는 사람이다. 오늘날 관리자들은 컴퓨터로 무장했으므로 실제로도 그렇게 행동할 수 있으며 거의 모든 항목(생산량, 생산성, 수많은 비용 항목, 영업 외 비용non-operational expenditure 따위부터 이익이나 손실에 이르는 것까지)에 책임을 요구할 수 있다. 논리적인 측면에서 본다면 이것으로 충분하겠지만 현실은 논리만으로 설명할 수 없다. 많은 것에 책임 기준이 부과된다고 해도 모든 보조적인 단위 조직은 그중 한두 가지 항목을 위반할 수 있다. 그러면 예외적인 통치는 조롱거리가 되고 그 누구도 자신이 속한 단위 조직이 어찌해야 하는가를 확신할 수 없게 된다.

정당화 원칙을 이상적으로 적용한다면 영리 조직에 오직 하나의 책임 기준, 즉 수익성 기준만을 허용할 것이다. 물론 이 기준은 준기업이 중앙이 정한 일반 규칙과 정책을 준수해야 한다는 점을 전제한다. 이상은 현실 세계에서 좀처럼 실현되지 않지만 그래도 의미 있는 것이다. 그러므로 이상에서 벗어난 것에는 언제나 논증과 정당화가 필요하다. 준기업은 책임 기준의 숫자가 아주 적은 때에만 창조성과 **기업가 정신**을 꽃피울 수 있다.

수익성이 궁극적인 기준임은 틀림없지만 수익성을 언제나 기계적으로 적용할 수 있는 것은 아니다. 보조적인 단위 조직에 따라 수익성 기준이 예외적으로 잘 적용되는 때도 있지만 오히려 예외적으로 불리한 때도 있을 것이다. 그래서 어떤 단위 조직은 조직 전체에 대한 서비스 기능을 담당하거나 수익성에 대한 기본적인 고려 없이 충족해야 하는 특별한 의무를 짊어질 수도 있을 것이다. 이때 수익성 측정에는 **사용료rents**나 **보조금**으로 부를 수 있는 것으로 수익성을 조정하는 작업이 선행되어야 한다.

어떤 단위 조직이 특별하면서도 필연적인 이점advantages을 누린다면 적당한 사용료를 지불해야 한다. 그러나 필연적인 불이익disadvantages을 안아야 한다면 특별한 **대출**이나 **보조금**을 제공받아야 한다. 이러한 체계는 다양한 단위 사이에서 수익성 기회를 충분히 균등화할 수 있다. 그 결과로 이윤은 성과에 대한 의미 있는 평가 지표가 될 것이다. 이처럼 필요한 균등화를 실제로 적용하지 않는다면 운 좋은 단위 조직은 풍족한 생활을 누리겠지만 그렇지 못한 단위 조직은 어렵게 생활할 수도 있다. 이는 도덕 측면에서든 성과 측면에서든 좋은 것일 수 없다.

만일 어떤 조직이 정당화 원칙에 따라 수익성(물론 필요에 따라 사용료나 보조금으로 조정된 수익성)을 기본적인 책임 기준으로 취급한다면 예외적인 통치가 가능해진다. 그렇게 된다면 중앙은 '상황이나 필요에 따라 지시하고 감독하며 장려하고 억제하는 일'에 집중할 수 있다. 물론 이는 모든 보조적인 단위 조직에 언제나 적용되어야 한다.

예외는 명확히 규정할 수 있다. 중앙이 예외적으로 개입할 수 있는 기회는 두 가지가 있다. 첫 번째는 중앙과 보조적인 단위 조직 사이에서 상황에 맞게 적용할 사용료나 보조금에 관한 자유로운 합의에 도달할 수 없을 때다. 이런 상황에서 중앙은 단위 조직의 실질적인 잠재 능력을 객관적으로 평가하기 위해 그 조직의 효율성을 충분히 심사해야 한다. 두 번째 기회는 단위 조직이 사용료를 지불하거나 보조금을 수령한 후에 이윤을 획득하지 못할 때다. 이 경우 해당 조직의 관리자는 위험한 상황에 놓인다. 중앙의 효율성 심사가 나쁘게 나온다면 관리자가 교체될 수도 있기 때문이다.

세 번째 원칙은 **확인 원칙**The Principle of Identification이다. 모든 하부 조직 단위나 준기업은 손익 계산서와 대차 대조표를 갖고 있어야 한다. 질서정연함이라는 관점에서 보면 손익 계산서만으로 충분하다. 손익 계산서만으로도 그 단위 조직이 조직 전체에 금융 측면에서 기여하는 바를 알 수 있기 때문이다. 그러나 기업가에게 대차 대조표는 본질적이다. 비록 대차 대조표가 내부 목적에 한정된 것일지라도 말이다. 왜 조직 전체에 대한 대차 대조표만으로는 충분하지 않은 것일까?*

사업이란 그 어떠한 경제적 내용을 취급하는 것이며 이 내용은 손해를 보면 줄어들고 이익을 올리면 불어난다. 회계 연도가

---

* 하부 조직이나 준기업 또한 대차 대조표를 갖고 있어야 하기 때문이다.

끝날 무렵에 그 단위 조직의 이익이나 손실은 어떻게 될까? 그것은 조직 전체의 경리 업무에 편입되어 단위 조직에 대한 것은 간단히 사라진다. 대차 대조표나 이 표의 본질에 해당하는 무언가가 없다면 해당 단위 조직은 언제나 잔고 0으로 새로운 회계 연도를 맞는 셈이다. 그러나 이것은 옳은 일이라고 볼 수 없다.

어떤 단위 조직이 성공한다면 거기에 더 많은 자유와 자금을 제공해야 하지만 손실이라는 결과로 실패한다면 제약 조처와 불리한 조건을 부여해야 한다. 누구든 더욱더 성공하여 실패에서 멀어지길 원한다.

대차 대조표는 경제적 내용이 최근의 결과에 따라 불어나고 있는지 줄어들고 있는지를 보여준다. 대차 대조표는 모든 관계자가 업무 수행이 〔경제적〕 내용에 미치는 효과를 따르도록 해준다. 이익과 손실은 차기로 이월될 뿐 사라지지 않는다. 그러므로 모든 준기업은 자신의 대차 대조표를 갖고 있어야 하며 여기서 이익은 중앙에 대한 대출로, 손실은 중앙에서 온 차입으로 각각 표현할 수 있다. 이는 심리적으로 매우 중요한 문제다.

이제 네 번째 원칙을 자세하게 살펴보도록 하자. 네 번째 원칙은 **동기 부여 원칙**The Principle of Motivation이라 부를 수 있다. 인간이 자기 동기에 따라 행동하는 것은 진부하면서도 명백한 이치다. 그렇지만 대규모 조직에서는 관료주의, 원격 조정과 비인간적인 통제, 수많은 추상적인 규칙과 규제, 무엇보다도 규모에서 비롯한 상대적 불가해성incomprehensibility 따위의 특성 때문에 동기 부여가 핵심적인 과제다. 꼭대기의 경영진은 동기 부여가 그다지 문제되지 않지만 아래로 내려갈수록 이 문제는 점점 더 절실해진다. 그러나 여기서는 이렇게 포괄적이면서도 난해한 문제를 구체적으로 언급하지 않을 것이다.

대규모 조직이 대표하는 근현대 산업 사회는 이 문제를 생각한 적이 거의 없다. 경영자는 사람들이 단지 주말에 급료를 받기 위해 일할 뿐이라고 가정한다. 물론 이는 어느 정도 사실이다. 그러나 어떤 노동자에게〔주 5일제 근무인데〕지난주에는 왜 4일만 일했느냐고 질문했을 때 그가 "3일분 급료로는 먹고살 수 없기 때문이다"라고 대답한다면 누구나 어이가 없어 말문이 막힐 것이다.

지적인 혼동에는 대가가 따른다. 우리는 근면과 금욕이라는 미덕을 강조하면서도 근면하거나 금욕하지 않은 채 무한한 소비가 가능한 유토피아를 그리고 있다. 좀 더 노력하라는 요구에 '그럴 수 없다'는 퉁명스러운 답변이 나오면, 이에 불평하면서도 기계화를 통해 손노동이 사라지고 컴퓨터를 통해 두뇌 노동의 부담이 사라지는 꿈을 꾸도록 조장한다.

최근에 리스Reith*를 추모하는 강연회에서 어느 연사는 머지 않아 소수가 "다수를 먹여 살릴 수 있는 시대에 일하고 싶어 하지 않는 사람들을 생산 현장으로 보내는 것은 의미 없는 행동"이라고 주장했다. 많은 사람이 생산 현장에 나가고 싶어 하지 않는 이유는 이들에게 일이 재미가 없고, 도전 의욕을 고취하거나 만족감을 제공하지도 않으며, 주말에 급료를 받는 것 이상의 가치가 있다고 생각되지도 않기 때문이다. 우리의 지적 지도자들이 다수의

---

* 영국 BBC 사장을 역임한 인물.

사람이 관련된 작업을 오로지 머지않아 없어져야 할 필요악으로만 취급한다면, 즉시 그것을 최소화하라고 요구하는 것은 그다지 놀랄 만한 반응이 아니다. 이렇게 되면 동기 부여 문제는 전적으로 해결될 수 없다.

어찌 되었든 대규모 조직의 건강성은 무엇보다도 그 조직이 얼마나 공평하게 동기 부여 원칙을 적용할 수 있는가에 따라 판가름 난다. 어떠한 조직이든지 간에 이러한 근본적인 진리를 무시하는 한 성공할 확률은 거의 없다.

마지막으로 다섯 번째 원칙은 **중도 공리 원칙**The Principle of **Middle Axiom**이다. 대규모 조직에서 최고 경영자 자리는 필연적으로 매우 힘들다. 최고 경영자는 조직 전반에서 일어나거나 [일어나야 할 일이] 일어나지 않은 모든 것에 책임을 져야 한다. 비록 그 일이 자신에게서 아무리 멀리 떨어진 곳에서 나타났다 해도 예외가 아니다. 그는 지시나 규칙, 규제를 이용해서 수많은 정해진 업무를 처리할 수 있다. 그러나 새로운 개발이나 창조적인 발상에서는 어떠한가? 진보나 **탁월한 기업가적 활동**에서는 어떠한가?

출발점으로 돌아가 보자. 인간의 모든 실질적인 문제는 질서와 자유의 이율배반에서 비롯되었다. 이율배반이란 두 법칙 사이의 모순이자 권위의 갈등이며 똑같이 근거가 있는 것처럼 보이는 법칙이나 원칙들 사이의 적대 관계를 지칭한다.

이 얼마나 멋진가! 이것이 바로 이율배반으로 충만한, 논리만으로 이해하기 힘든 인생의 참모습이다. 질서, 계획, 예측 가능성, 중앙 통제, 회계, 명령, 복종, 규율 따위가 없다면 모든 것이 뒤죽박죽일 것이므로 유용한 결과를 거둘 수 없다. 그러나 무질서에 대한 관대함, 행복한 자유분방함, 미지의 계산 불가능한 영역에 감히 뛰어드는 **기업가 정신**이 없다면, 그래서 위험과 모험, 관료주의의 수호자가 두려워서 접근하지 못하는 영역에 뛰어드는 창조적인 상상력이 없다면 인생은 조롱거리이자 명예롭지 못한 것이 될 것이다.

중앙은 쉽게 질서를 돌볼 수 있지만 자유와 창조력에서는 그렇지 않다. 중앙은 질서를 확립할 힘을 갖고 있지만 창조적인 기여를 이끌어낼 만한 힘은 없다. 그렇다면 중앙의 최고 경영자는 어떤 방식으로 진보와 창조를 위해 일할 수 있을까? 만약 어떻게 해야 할지를 알고 있다면 경영자는 어떻게 그것을 조직 전체에 관철할 수 있을까? 바로 여기서 중도 공리 원칙이 나타난다.

공리란 해명되는 순간 곧바로 인정되는 자명한 진리다. 중앙은 자신이 발견한 진실(이러저러한 것이야말로 '올바른 일'이다)을 해명할 수 있다. 몇 년 전 석탄공사가 해명한 진실 중에서 가장 중요한 것은 생산의 집중, 즉 석탄 채굴을 소수의 작업장으로 집중시켜 각각의 생산량을 높이는 일이었다. 물론 모든 사람이 여기에 곧바로 동의했지만 [생산량에는] 거의 아무런 변화도 나타나지 않았는데 이는 그리 놀랄 만한 일이 아니다.

이러한 종류의 개혁은 모든 탄광에 많은 작업, 즉 여러 가지 새로운 생각과 계획을 요구한다. 아울러 극복해야 할 장애 요인이나 어려움도 따르기 마련이다.

중앙(여기서는 석탄공사의 전국이사회 National Board)은 어떻게 개혁안을 밀고 나가야 하는가? 물론 중앙이 새로운 방침 doctrine을 설명할 수도 있다. 하지만 여하튼 모든 사람이 동의한다면 그것이 무슨 소용이 있겠는가? 중앙의 설명이 하부 조직의 자유와 책임을 손상시키지는 않겠지만 이는 '설교만 할 뿐 아무 일도 하지 않는다'는 설득력 있는 비판을 불러일으킬 것이다.

이와 달리 중앙은 명령을 내릴 수도 있다. 그렇지만 명령을 내리는 중앙의 관리는 생산 현장에서 멀리 떨어져 있으면서 '본부 마음대로 사업을 운영하려 한다'는, 질서를 위해 자유를 희생시켜 작업 현장에 가장 가까이 있는 하부 조직의 사람들의 창조적인 참여 기회를 봉쇄한다는 설득력 있는 비판을 불러일으킬 것이다.

결국 설득을 통한 부드러운 관리 방법이나 명령을 통한 거친 관리 방법 중 그 어느 것도 개혁 요구에 부합하지 않는 셈이다. 필요한 것은 이 양자의 중간에 있는 것, 즉 **중도의 공리**middle axiom 다. 중도의 공리는 위에서 만들어진 질서이지만 완전히 하나의 질서로만 구성되지 않는다.

생산에 집중하기로 결정했을 때 석탄공사는 새로운 채굴 작업장을 마련할 수 있는 최소한의 기준을 제시했다. 단 여기에는 어느 지역이든 이 기준에 부합하지 않더라도 작업장을 마련하는 게 필요하다고 판단한다면 특별히 이 목적에 필요한 의사 결정 기록을 작성해야 하며, 이 기록은 다음과 같은 세 가지 문제에 대한 해답을 담아야 한다는 단서 조항이 달려 있었다.

1. 이 채굴 현장이 최소 규모라는 기준을 충족할 수 없는 이유는 무엇인가?

2. 특별하게 그곳에서 석탄을 채굴해야만 하는 이유는 무엇인가?

3. 채굴 작업장의 예상 이윤율은 대체로 어느 정도인가?

이것이 바로 중도 공리 원칙을 올바르면서도 효과적으로 적용하는 방법이며 거의 마술에 가까운 효과를 보이는 단서 조항이기도 하다. 생산의 집중은 실질적으로 진척되어 산업 전체에 놀랄 만한 성과를 보여주었다. 중앙이 단순한 설득을 훨씬 넘어서는 일을 하면서도 하부 조직의 자유와 책임을 결코 손상하지 않는 방법을 발견한 셈이다.

또 다른 중도 공리는 **효과 통계**Impact Statistics를 고안하는 데에서도 쉽게 찾아볼 수 있다. 대체로 통계 자료는 작성자를 위해서 수집된다. 이 작성자는 수량의 정보가 필요하거나 필요하다고 생각하는 사람들이다. 이와 달리 효과 통계는 통계 자료 공급자(하부 조직에서 중대한 책임을 맡은 인물이다)가 모르고 간과할 수도 있는 어떤 사실을 주시하도록 만드는 데 목적이 있다. 지금까지 이 통계는 석탄 산업, 특히 그중에서도 안전 영역에서 효과적으로 이용되어왔다.

중도 공리의 발견은 언제나 상당한 성과다. 설득하기도 쉽고 명령하기도 쉽다. 그러나 최고 관리자가 하부 조직의 자유와 책임을 훼손하지 않은 채 창조적인 발상을 실현하기는 실제로 어렵다.

지금까지 내가 대규모 조직에 대한 이론으로 적합하다고 믿는 다섯 가지 원칙을 상세히 설명했고 거기에 어느 정도 흥미를 끌 만한 이름을 붙였다. 이 원칙이 얼마나 유용할까? 단순한 지적인 유희는 아닐까? 물론 그렇게 생각하는 사람도 있을 것이다. 그러나 "당신은 오랫동안 내가 하고자 노력한 것을 말로 표현했다"

고 말하는 사람도 있을 것인 바, 이 장은 바로 이들을 위해 쓰였다. 이 얼마나 훌륭한가!

우리 중 많은 사람이 대규모 조직이 보여준 (점점 더 심각해지는) 문제와 오랫동안 씨름했다. 여기서 승리하려면 원칙에 기대어 만든 이론이 필요하다. 이 원칙은 어디에서 나오는가? 관찰과 현실적인 이해에서 나온다.

내가 아는 한 이론과 실천의 필연적인 상호 작용에 최상의 정식화를 제공한 인물은 마오쩌둥毛澤東이다. 그는 다음과 같이 말했다.

"실제 민중에게 다가가서 그들에게서 배워라. 그리고 그들의 경험을 원칙과 이론으로 종합하라. 그다음에 실제 민중에게로 돌아가서 그들에게 자신들이 안고 있는 문제를 해결하고 자유와 행복을 달성할 목적으로 이 원칙과 방법을 실천에 적용해보라고 요청하라."[77]

사회주의

17장

사회주의를 이론과 실제 경험이라는 두 측면에서 검토해본 결과, 나는 사회주의의 중요성이 오로지 사회주의가 비경제적 가치를 담고 있으며 경제학이라는 종교를 극복할 가능성을 제공한다는 점에 있다는 결론에 도달했다. 부자가 되라enrichissez-vous는 말을 거의 맹목적으로 숭배하는 사회에서, 백만장자를 문화적 영웅으로 칭송하는 사회에서 사회화를 통해서만 확보할 수 있는 것은 그 어떠한 이익도 제공하지 않는다.

스스로 의식하든 의식하지 못하든 경제학이라는 종교를 맹신하는 이른바 선진국의 수많은 사회주의자는 오늘날의 국유화가 실질적으로 핵심을 놓치지 않았는지 의심하고 있다. 국유화는 어차피 수많은 난제를 불러일으키기 마련인데 여기에 괴로워할 필요가 있을까? 사유 재산권을 폐지하는 것만으로 훌륭한 결과가 산출되지는 않는다. 지금도 여전히 가치 있는 일에는 근면하면서도 성실한 노력이 필요한데〔국영 기업이〕높은 사회적 목적과 **함께** 재무 구조의 건전성까지 추구하면 수많은 딜레마나 모순이 생겨나 경영진에게 무거운 부담을 추가로 부과하게 된다.

국유화의 목적이 주로 고속 성장, 높은 효율성, 더 좋은 계획화 따위에 있다면 필연적으로 실망을 맛볼 수밖에 없다. 마르크스가 정확히 인식했듯이 경제 전체가 개인의 탐욕에 따라 움직인다는 관념은 세계를 변화시킬 정도로 놀라운 위력을 보여주었다.〔마르크스는 이와 관련해 다음과 같이 말했다.〕

> 부르주아 계급은 자신들이 지배하는 곳이면 어디에서나 봉건적, 가부장적, 목가적 관계들을 모두 파괴했으며 인간과 인간 사이에 노골적인 이기심 말고는 그 어떠한 관계망도 남겨놓지 않았다. (…) 부르주아 계급은 모든 생산 도구의 빠른 개량과 엄청나게 편리해진 교통수단을 이용해서 모든 민족(심지어 가장 야만적인 민족까지)을 문명 속으로 끌어들였다.《공산당 선언》)

놀라울 정도로 단순하다는 게 민간 기업 이념의 강점이다. 이 이념에 따르면 삶 전체를 이윤이라는 한 측면으로 환원할 수 있다. 사업가는 사적 개인으로서는 삶의 다른 측면(아마도 진, 선, 미까지)에 관심을 보일 수 있지만 사업가로서는 오로지 이윤에만 관심을 보인다. 이러한 측면에서 민간 기업이라는 이념은 앞서 내가 '개인주의와 무책임성의 제도화'로 묘사한 시장의 이념에 정확히 부합한다. 마찬가지로 질적인 차이를 무시하고 모든 것을 수량화하려는 근현대적 경향에도 완전히 부합한다. 왜냐하면 민간 기업은 자신이 생산한 것이 아니라 그에 따른 이익에만 관심을 보이기 때문이다.

당신이 현실을 그 수많은 측면 가운데 한 곳, 오직 한 곳으로만 환원한다면 모든 것이 너무도 분명해진다. 당신은 무엇을 해야 할지를 안다. 이익을 낳는 일을 하면 된다. 무엇을 피해야 하는지도 안다. 이익을 줄이거나 손해가 나는 일을 피하면 된다. 이와 동시에 성공이나 실패의 정도를 완벽하게 측정할 수 있는 자가 있다. 그 누구도 어떤 행동이 사회의 부나 복지에 기여할지, 도덕이나 예술 또는 문화에 기여할지에 의문을 제기하여 쟁점을 흐트러뜨려서는 안 된다. 단지 그 행동이 수지타산이 맞는지, 좀 더 수익성이 높은 대안이 존재하는지만 탐구하면 된다. 있다면 그 대안을 선택하면 된다.

성공한 사업가들이 종종 놀랄 만큼 단순한 모습을 보이는 것도 우연은 아니다. 성공한 사업가들은 위와 같은 '환원' 과정으로 단순해진 세계에 살고 있다. 이들은 이렇게 단순화된 세계상에 잘 부합하며 여기에 만족한다. 그래서 실제 세계가 이따금 모습을 드러내면서 이들에게 다른 측면, 즉 이들의 철학에서는 제시될 수 없는 측면을 보여줄 때 절망과 혼돈에 휩싸이곤 한다. 이들은 엄청난 위험이나 '건전하지 못한' 세력을 만났다고 느끼고 거리낌 없이 전반적인 재앙을 예측한다. 그 결과 이들은 인생의 의미나 목적에 관한 좀 더 폭넓은 관점에 따라 이루어지는 행위가 대체로 아주 쓸모없다고 판단한다. 이들이 보기에 사물이나 사업에 대한 다른 체계, 이를테면 사유 재산권에 기반을 두지 않은 것이 성공

314

할 가능성이 없다는 사실은 너무도 뻔하다. 그런데도 성공한다면 거기에는 어떤 사악한 행동이 있음이 틀림없다고 생각한다. '소비자 착취', '감춰진 보조금', '강제 노동', '독점', '덤핑' 또는 언젠가 갑자기 드러날 은밀하면서도 무시무시한 채무 누적 따위 말이다.

그러나 이는 논점을 벗어난 것이다. 민간 기업에 관한 이론의 실질적인 강점은 바로 이토록 무자비한 단순화이며 이 단순화가 과학의 놀라운 성공에서 비롯된 사고방식에도 아주 훌륭하게 부합한다는 점이 중요하다. 또한 과학의 강점도 다양한 측면을 가진 현실을 어느 한 측면으로 '환원'하는 데서, 특히 질을 양으로 환원하는 데서 파생되었다. 그러나 19세기 과학이 현실의 기계적인 측면에 집중했지만 이 측면으로 간단히 설명할 수 없는 현상이 너무도 많아서 멈출 수밖에 없었듯이, 사업 활동의 '이익' 측면에 집중하는 것도 인간의 실질적인 욕구를 제대로 평가할 수 없으므로 수정해야 한다. 이러한 움직임을 추진한 것이 바로 사회주의자들의 역사적인 업적이다. 그 결과로 오늘날 계몽된 자본가들은 '이제 우리는 모두 사회주의자다'라는 말을 애용한다.

바꿔 말해서 오늘날 자본가들은 자기 활동의 궁극적인 목적이 이윤에 있다는 점을 부인하고 싶어 한다. 자본가들은 다음과 같이 말한다. "천만에, 우리는 종업원들을 위해서 실질적으로 할 필요가 없는 일들을 많이 한다. 농촌의 아름다움을 보존하기 위해 노력하며 손해 볼 수도 있는 연구에 투자한다." 우리는 이러한 주장을 너무도 자주 접하는데 그중에는 옳은 것도 있고 그렇지 않은 것도 있다.

여기서 우리에게 중요한 문제는 다음과 같다. '구형' 민간 기업(이렇게 부를 수 있다면)은 오로지 이익만을 추구하여 목표를 아주 강력하게 단순화하고 성공이나 실패를 완벽하게 측정하는 기준을 확보할 수 있었다. 이와 달리 '신형' 민간 기업(이렇게 부를 수 있다고 가정한다면)은 다양한 목표를 추구하며 생활 전반을 고려하지 돈벌이 측면에만 몰두하지 않는다. 이에 따라 목표를 강력하게 단순화하지 못했으며 성공이나 실패를 측정하는 데 믿을 만한 기준을 확보하지도 못했다. 사정이 이러하다면 대규모 주식회사 형태로 조직된 '신형' 민간 기업은 오직 한 측면에서만 공기업과 차이가 날 뿐이다. 주주에게 〔배당금이라는〕 불로 소득을 제공한다는 점 말이다.

분명히 말하건대 자본주의의 옹호자들이 〔신형 민간 기업과 구형 민간 기업의〕 두 측면 모두를 가질 수는 없다. 이들이 '이제 우리는 모두 사회주의자다'라고 말하면서 동시에 사회주의는 현실적으로 가능하지 않다고 주장할 수는 없다. 이들이 이윤 획득이 아닌 다른 목표를 추구한다고 가정해보자. 이 경우 국가의 생산 수단을 효율적으로 운영할 수 없게 된다고 주장할 수는 없다. 만일 이들이 돈벌이에 대한 간단한 척도 없이 〔민간 기업을〕 운영할 수 있다면 국영 기업도 가능할 것이기 때문이다.

그러나 이 모든 것이 오히려 속임수라면, 민간 기업은 이윤을 위해 움직일 뿐 (실제로) 그 밖의 어떤 목표도 추구하지 않는다면, 설령 다른 목표를 추구하더라도 사실상 이윤 획득에 의존하며, 그것도 단순히 이윤의 일부를 어떻게 사용할지를 선택하는 문제에 불과하다면 이 점을 명확하게 하는 것이 빠를수록 좋다. 이러한 상황에도 민간 기업은 여전히 단순성이라는 강점을 갖는다고 주장할 수 있다. 민간 기업이 공기업을 비판한다면 그 이유는 공기업이 몇 가지 목표를 동시에 추구하려 하기 때문에 비효율적일 수밖에 없다는 데 있을 것이다. 사회주의자의 민간 기업 비판은 아주 오래된 일로 본질적으로 경제적인 비판은 아니다. 민간 기업이 바로 그 단순성 때문에 모든 경제 활동의 동기를 개인의 탐욕에서만 찾아 삶을 황폐하게 만든다는 비판 말이다.

공유를 모두 거부한다는 것은 사유 재산권을 모두 긍정한다는 의미다. 이는 가장 광신적인 공산주의자의 교조주의와 비교할 만한 정반대의 교조주의다. 모든 광신은 지적인 허약함을 나타내지만 어떤 불확실한 목표를 달성하기 위해 이용되는 수단에 대한 광신은 훨씬 더 허약한 정신 상태를 보여준다.

앞서 언급했듯이 경제생활(그리고 사실상의 생활 전반)의 핵심은 엄밀한 논리로는 해결할 수 없는 대립을 실제로 화해시킬 것을 끊임없이 요구한다는 점이다. 거시경제(사회 전체의 관리) 영역에서는 언제나 계획과 자유를 모두 확보할 필요가 있다. 그것도 약하고 활기 없는 타협을 통해서가 아니라 양자가 모두 필요하다는 점의 타당성을 자유롭게 인정하여 확보할 필요가 있다. 이는 미시경제(개별 기업의 경영) 영역에서도 마찬가지다. 여기서는 경영에 책임성과 권한을 충분히 부여해야 한다는 점이 필수적이다. 하지만 마찬가지로 노동자가 경영상의 의사 결정에 민주적이고 자유롭게 참가할 수 있어야 한다는 점도 필수적이다. 여기서도 이러한 두 가지 요구 사항(계획과 자유)의 대립을 둘 중 어느 것도 제대로 충족할 수 없는 엉성한 타협으로 완화하는 것이 아니라 양자를 모두 승인하는 것이 중요하다. 오로지 대립항의 한쪽(이를테면 계획)에만 집중하면 스탈린주의로 이어진다. 또 다른 쪽에만 집중하면 혼돈으로 이어진다. 양극단에 대한 통상적인 답변은 서로 정반대 방향으로 나가라는 것이다. 그러나 통상적인 답변이 유일하게 가능한 답변은 아니다. 끊임없이 심술궂게 비판하는 대신 넓은 아량과 너그러운 마음으로 지적인 노력을 기울인다면, 사회는 적어도 얼마 동안이라도 이 대립항 중 그 어느 것도 손상시키지 않으면서 둘을 조화하는 중간의 길을 발견할 수 있을 것이다.

이는 사업 목표를 선택할 때도 똑같다. '구형' 민간 기업이 대변하는 대립항의 한쪽은 단순성과 측정 가능성을 요구하는데 이는 오로지 '수익성'이라는 좁은 기준에서만 제대로 충족될 수 있다. 본래 '이상적인' 공기업관이 대변하는 또 다른 쪽은 경제 행위에 포괄적이면서 폭넓은 인간성을 요구한다. 오로지 전자만을 추구한다면 인간의 존엄성이 완전히 파괴될 것이며 후자만을 추구한다면 혼돈에 가까운 비효율성이 나타날 것이다.

이러한 종류의 문제에 '궁극적인 해결책'은 없다. **두 대립항이 모두 타당하다**는 점을 분명히 인정한 후에 매일매일 살아가면서 해결하는 방법만이 유일하게 가능하다.

소유권은 공적이든 사적이든 사회 구조framework를 구성하는 하나의 요소에 지나지 않는다. 소유권만으로는 이 구조에서 어떤 목표를 추구할지를 결정할 수 없다. 이렇게 본다면 소유권이 결정적인 문제가 아니라는 말은 옳다. 그러나 이와 함께 생산 수단에 대한 사유 재산권이 이윤 추구를 강요해서 사물을 편협하면서도 이기적인 시각에서 보도록 만드는 경향이 있기 때문에 목표 선택의 자유를 지나치게 제한한다는 점을 인식할 필요가 있다. 공적 소유권은 목표를 완전히 자유롭게 선택할 수 있어서 선택 가능한 어떠한 목적에나 이용할 수 있다. 사유 재산권은 그 자체로 이용할 수 있는 목적이 대체로 결정된 수단이지만, 공적 소유권은 그 목적이 과소 결정되어서 이용할 수 있는 목적을 의식적으로 선택할 필요가 있는 수단이다.

그러므로 국영 기업이 추구하는 목표가 오로지 수익성에만 매달리는 자본주의적 생산만큼이나 제한된 것이라면 실질적으로 공유를 강력하게 옹호할 수는 없다. 오늘날 영국의 국유화가 안고 있는 실질적인 문제는 흔히 예상하는 비효율성이 아닌 바로 여기에 있다.

분명하게 구분되는 두 개의 움직임이 국유화 반대 운동을 구성한다. 첫 번째 움직임은 생산, 분배, 교환 등에 필요한 수단을 운용하는 데 중요한 것은 오직 하나, 수익성뿐이라고 일반 대중이나 국영 기업의 종업원들을 설득하는 것이다. 첫 번째 움직임은 수익성이라는 신성한 기준에서 조금이라도 벗어나면 모든 사람에게 견디기 어려운 부담을 주어(국영 기업이면 더욱) 경제 전체를 그르치는 직접적인 원인이 될 수 있다고 설득하려 노력한다. 오늘날 이 운동은 상당한 성공을 거두고 있다. 두 번째 움직임은 국영 기업이라고 해서 실질적으로 행동이 달라지지 않으며 더 나은 사회를 향한 진보도 약속할 수 없으므로, 계속해서 국유화를 추진한다면 국유화가 교조적인 경직성을 드러내는 명백한 사례, 즉 무식한 데다가 배우려고 하지도 않고 지적 판단력도 없는 욕구 불만의 정치가가 꾸민 단순한 '횡령 행위'일 뿐이라고 주장하는 것이다. 이 움직임은 아직 작지만 정돈된 느낌을 주는데, 만일 정부가 국영 기업의 제품에 이윤을 획득할 가능성이 없는 가격 정책을 채택한다면 두 번째 움직임의 성공 확률은 더욱 높아질 것이다.

오늘날 이러한 움직임은 국영 기업에 대한 조직적인 중상모략에 힘입어 사회주의 사상에도 영향을 미치고 있음을 인정할 수밖에 없다.

그 이유는 사회주의 사상이 본래 오류를 안고 있다거나 국영 기업을 경영하는 데 실제로 실패(이러한 종류의 비난은 조금도 근거가 없다)했기 때문이 아니라 사회주의자들에게 미래 전망이 없었기 때문이다. 사회주의자들이 미래 전망을 되찾지 못한다면 사회주의는 회생하지 못할 것이며 국유화도 제 기능을 완수하지 못할 것이다.

문제는 경제학이 아니라 문화에 있다. 즉 생활 수준이 아니라 생활의 질에 있다. 경제학과 생활 수준은 (물론 약간의 계획화와 누진세 제도로 수정한 것이긴 하지만) 자본주의 체계로 충분히 유지할 수 있다. 하지만 문화와 폭넓은 의미에서 생활의 질은 오늘날 자본주의 체계 때문에 오로지 파괴될 뿐이다.

사회주의자라면 자본가들을 탈자본화(성공할 수도 있고 실패할 수도 있는 시도)하기 위해서만이 아니라 좀 더 민주적이면서 품격 높은 기업 운영, 더욱더 인간적인 기계 사용, 인간의 창의력과 노력의 성과를 좀 더 현명하게 이용하는 방향으로 나아가기 위해서라도 마땅히 국영 기업의 활용을 고집해야 한다. 그렇게 할 수 있다면, 사회주의자들은 미래를 지배할 수 있을 것이다. 그렇게 할 수 없다면, 이들은 자유롭게 태어난 인간이 땀 흘릴 만한 가치가 있는 그 어떤 것도 보여주지 못할 것이다.

320

소유권[78]

18장

"실로 분명한 것은 아무리 체계나 기계를 바꾸더라도 사회 **질병** 의 원인인 이기주의, 탐욕, 다투기 좋아하는 인간 본성을 피할 수 없다는 점이다. 우리는 그저 이들을 조장하지 않는 환경을 만들 수 있을 뿐이다. 사람들이 원칙을 지키며 살아가리라고 보장할 수 는 없다. 우리는 그저 사람들이 원하면 지키며 살아갈 수 있는 원 칙에 기대어 사회 질서를 만들 수 있을 뿐이다. 그렇다고 해서 사 람들의 행동을 통제할 수는 없다. 사람들의 정신에 목적을 부여할 수 있을 뿐이다. 그런데 정신이 변한다면 머지않아, 물론 예외는 있겠지만, 실제 행동도 변할 것이다."

수십 년 전에 토니R. H. Tawney는 위와 같이 말했다. 이 인용문 이 시사하는 바는, 오늘날 우리가 사회 **질병**에만 관심을 가지지 않고 아주 시급한 문제인 인류의 생존 자체를 위협하는 생태계나 생물권biosphere의 질병에도 관심을 가진다는 점에서 차이가 있겠지만, 오늘날에도 여전히 유효하다. 이 책에서 지금까지 취급한 문제들은 모두 '체계나 기계'의 문제로 귀결한다고 볼 수 있다. 물론 내가 계속해서 주장했듯이 어떤 체계나 기계 또는 경제 이론이나 학설은 제힘으로 서지 못하며 반드시 형이상학적인 토대, 즉 인생의 의미와 목적에 대한 기본적인 관점에 의지해야 한다. 지금까지 나는 경제학이라는 종교, 즉 물질적인 소유와 소비, 이른바 생활 수준 따위에 대한 우상 숭배나 '아버지 시대에 사치품이었던 것이 우리에게는 필수품이 되었다'고 기뻐하는 치명적인 경향을 언급했다.

체계는 인간의 가장 기본적인 태도를 구현한 것일 뿐 그 이상도 이하도 아니다. 물론 때에 따라 구현의 완성도에서 차이가 나타날 수는 있다. 물질적인 진보는 전반적으로 **근현대** 민간 기업 체계가 개인 재산을 불리는 데 가장 완전한 수단이라는 (또는 지금까지 그러했다는) 사실을 보여주는 증거다. 근현대 민간 기업 체계는 탐욕이나 질투심이라는 인간의 충동을 자신의 추동력으로 교묘하게 활용하며 케인스주의 경제 정책, 몇몇 누진세 제도, 노동조합의 '대항력' 따위를 이용해 자유방임의 가장 큰 결함을 가까스로 극복하고 있다.

이러한 체계가 오늘날 우리가 직면한 난제들을 해결할 수 있을까? 대답은 자명하다. 탐욕과 질투심은 물질적인 종류의 경제 성장이 한없이 지속되기를 요구하지만 이러한 종류의 성장은 유한한 환경에 적합하지 않다. 그래서 우리는 민간 기업 체계의 본질과 새로운 상황에 걸맞은 대안 체계의 가능성을 탐구해야 한다.

민간 기업의 본질은 생산, 분배, 교환의 수단에 대한 **사유 재**

산권이다. 민간 기업 비판자들이 사유 재산권을 이른바 공유나 집단 소유로 전환하자고 주장하는 이유다. 실제로 여기에 성공한 사례도 많은데 이는 그리 놀랄 만한 일이 아니다. 먼저 '소유권'과 '재산'의 의미를 살펴보자.

사유 재산에 관한 한 가장 기본적인 문제는 창조적인 작업에 도움이 되는 재산과 그렇지 않은 재산을 구분하는 일이다. 전자에는 자연스럽고 건강한 요소가 존재하는데 일하는 소유자working proprietor의 사유 재산이 여기에 해당한다. 후자에는 자연스럽지 못하고 건강하지도 않은 요소가 존재하는데 타인의 노동에 기생하는 소극적인 소유자의 사유 재산이 여기에 해당한다. 이 기본적인 구분은 토니가 "그러므로 언급되는 재산이 어떠한 형태인지 명시하지 않고 사유 재산에 찬성하거나 반대하는 것은 부질없는 행동이다"라고 주장하면서 명확히 보여준 바 있다.

> 근면성 원칙을 타락시키는 것은 사유 재산 자체가 아니라 노동에서 분리된 사유 재산이다. 그러므로 일부 사회주의자들이 토지나 자본의 사유가 필연적으로 해롭다고 생각하는 것은 모든 재산에는 어느 정도 신비로운 신성함이 깃들어 있다는 보수주의자들의 생각만큼이나 어리석은, 일종의 교조적인 탁상공론일 뿐이다.

첫 번째 범주의 재산(창조적인 작업에 도움이 되는 재산)을 이용하여 운영되는 민간 기업은 자동으로 소규모 개인 기업이자 지역적인 기업이다. 이들 기업은 폭넓은 사회적 책임성을 갖지 않는다. 소비자에 대한 책임 여부도 소비자 자신이 감시할 수 있다. 사회 입법과 노동조합을 통한 감시로 종업원을 보호할 수 있다. 소기업이 엄청난 사적 부를 축적할 수는 없지만 소기업의 사회적 유용성은 아주 크다.

이로부터 사유 재산권 문제에서 규모가 결정적인 의미를 갖는 게 분명해졌다. 소규모에서 중규모로 이동하면 벌써 소유와 노동의 관계가 희박해진다. 이제 민간 기업은 비개인적인 것이 되며 지역의 비중 있는 사회적 요인이 되곤 한다. 심지어 지역적 의미를 뛰어넘을 수도 있다. 사유 재산권이라는 개념 자체에 점점 더 어울리지 않게 되는 것이다.

1. 관리자를 고용한 소유자owner는 일하기 위해 소유자proprietor가 될 필요가 없다. 이에 따라 그의 소유권은 기능상으로 쓸모없는 것이다. 만일 그가 자신의 정당한 보수 이상으로 이윤을 획득하거나 자기 자본에서 나는 수입이 외부 차입 자본의 통상적인 이자율 이상이라면, 그는 착취자가 된다.

2. 높은 이윤은 행운의 산물이거나 소유자가 아닌 조직 전체의 성과다. 그러므로 소유자가 높은 이윤을 독점하는 것은 불공정한 일이자 사회적으로 파괴적인 일이다. 높은 이윤은 마땅히 조직 구성원 전부에게 분배해야 한다. 높은 이윤을 '재투자'한다면, 자동으로 원소유자의 부에 귀속되기보다 당연히 집단으로 소유하는 '자유로운 자본'으로 취급해야 한다.

3. 중규모 기업은 비개인적인 관계로 이어지면서 통제 영역에 새로운 문제를 야기한다. 소기업에서는 소유주도 일하며 대체

로 가족적인 특성을 보이기 때문에 전제적인 통제조차 별다른 문제가 아니다. 그런데 기업이 일정한 규모(그다지 크지 않은)를 넘어서면 인간의 존엄성이나 진정한 효율성과 양립할 수 없게 된다. 이때 조직 구성원 전체가 어느 정도 실질적으로 경영에 참여할 수 있도록 하려면 의식적이면서 체계적으로 의사소통과 협의를 위한 틀을 발전시킬 필요가 있다.

4. 지역에서 기업이 차지하는 사회적 의미나 비중이 점점 더 확장되는 상황에 비추어볼 때, 기업 자체의 구성원을 넘어서는 어느 정도의 '소유권의 사회화'를 확보할 필요가 있다. 이 '사회화'는 기업 이윤의 일부를 정기적으로 공공 목적이나 자선 목적으로 기부하거나 외부 수탁자를 끌어들이는 방식으로 이루어질 수 있다.

영국을 비롯한 여러 자본주의 국가에서는 이러한 이념을 성공적으로 실천하는 민간 기업들이 존재한다. 이 기업들은 이를 통해서 소규모를 넘어 확대되어, 생산 수단에 대한 사유 재산권 때문에 생기는 못마땅하면서도 사회적으로 파괴적인 특성을 극복하고 있다. 노샘프턴셔주Northamptonshire의 울러스턴Wollaston에 있는 회사 스콧 베이더Scott Bader & Co. Ltd.가 그 대표적인 예인데 이 회사의 경험과 실험은 다음 장에서 좀 더 상세하게 설명할 것이다.

대기업이 되면 사유 재산권 개념이 하나의 부조리absurdity가 된다. 이제 재산은 어떤 의미에서든 사적인 것이 아니며 그렇게 될 수도 없다. 토니 역시 이런 점을 아주 명쾌하게 보여주었다.

이러한 재산은 소유자가 자신의 직업을 위해서나 가족을 부양하기 위해서 적극적으로 이용하는 재산과 구분해서 수동적인 재산이나 재산 획득용, 착취용 재산 또는 권력용 재산이라 부를 수 있을 것이다. 법률가에게는 당연히 첫 번째 범주도 두 번째 범주만큼이나 완벽한 재산이다. 그러나 경제학자도 이들(수동적인 재산이나 재산 획득용, 착취용 재산 또는 권력용 재산)을 '재산'이라 부를지 의심스럽다. 왜냐하면 이들은 소유자가 자신의 노동 생산물을 확보할 수 있는 권리와 동일한 것이 아니라 그 반대이기 때문이다.

대기업의 이른바 사유 재산권은 소규모의 지주나 직인 또는 기업가의 단순한 재산과 어떤 식으로도 비교되지 않는다. 토니도 지적하듯이 대기업의 사유 재산권은 "프랑스 혁명으로 폐지될 때까지 농민에게서 생산물의 일부를 약탈하던 봉건 제도"와 비슷하다.

특허royalties, 지대, 독점 이윤, 온갖 종류의 잉여와 같은 것들에 대한 권리는 모두 '재산권'이다. 가장 결정적인 재산권 비판은 (…) 흔히 재산권을 옹호할 때 이용하는 논증 방식 속에 있다. (재산권) 제도는 노동 생산물이 노동자에게 돌아가도록 보장하여 근면성을 유인하는 데 의미가 있다고 여겨진다. 그렇다면 인간이 자신의 노동 성과에서 재산을 얻는 것을 지켜주는 일만큼이나 타인의 노동 성과에서 재산을 획득하는 것을 막는 일도 중요하다.

요약해보자.

1. 소기업에서 사유 재산권은 자연스럽고 생산적이며 공정하다.

2. 중기업에서 사유 재산권은 이미 상당 부분 기능상으로 불필요하다. 이제 '재산권' 개념은 부자연스럽고 비생산적이며 공정하지도 않은 것이다. 소유자가 한 사람이거나 소집단이라면 훨씬 큰 실제 노동자 집단에 자발적으로 특권을 양도할 수 있으며, 당연히 그래야 한다. 스콧 베이더사社처럼 말이다. 불특정 다수의 주주가 존재할 때는 이렇게 관대한 행위를 기대하기는 힘들겠지만 이때도 법제화라는 방법이 존재한다.

3. 대기업에서 사유 재산권은 기능 없는 소유자들이 타인의 노동에 기생해서 살아갈 수 있도록 만들어진 가공물fiction이다. 대기업의 사유 재산권은 공정하지 못한 것이자 기업 내부의 온갖 관계를 왜곡하는 비합리적 요소이기도 하다. 다시 토니의 말을 인용해보자. "어떤 집단의 모든 구성원이 보상받는다는 조건으로 공통의 기금에 자금을 출자했다고 해도 여전히 보상 크기 논쟁이 나타날 수 있을 것이다. (…) 그러나 총액이 알려지고 청구권도 인정되었다면 이것만이 유일한 논쟁거리일 것이다. (…) 그런데 기업에서는 조금도 줄자하지 않은 사람이 보상을 요구할 수도 있으므로 청구권이 모두 인정되지는 않는다."

대기업에서 이른바 사유 재산권을 폐지하는 방법으로는 여러 가지가 있는데 그중에서 '국유화'가 가장 탁월하다고 흔히 언급된다.

하지만 국유화는 아주 적절하거나 명확한 표현이 아니다. 올바른 의미에서 국유화는 단지 일반 소비자 대중을 (…) 대표하는 집단의 소유를 의미할 뿐이다. (…) 어떤 언어에도 공공 서비스를 수행하는 다양한 조직의 미묘한 차이를 명쾌하게 표현해주는 용어는 없다.

그 결과 유별나게 특색 없는 '국유화'라는 표현은 거의 필연적으로 매우 특수하면서도 자의적인 의미로 받아들여지곤 한다. 실제로 이 말은 특수한 경영 방법, 즉 국가가 고용한 관리가 경영진을 차지하고 모든 권한을 행사하는 것을 지칭하는 용어로 사용되고 있다. 그래서 기업을 대중을 위한 봉사가 아니라 주주의 이익을 위한 것으로 계속 운영하기를 원하는 사람들은 국가 관리가 필연적으로 비효율적이라는 이유로 국유화를 비판한다.

영국에는 '국유화'된 대기업이 많다. 이 기업들은 기업의 질이 (경영에) 참가하지 않는 소유자가 아니라 기업을 운영하는 사람들에 따라 결정된다는 자명한 진리를 입증해주고 있다. 그러나 오늘날 국영 기업이 커다란 성과를 보이는데도 일부 특권 집단은 여전히 국영 기업에 무자비할 정도의 혐오감을 드러내고 있다. 여기에 반대하는 선전 활동이 끊임없이 이루어지기 때문에 국영 기업을 싫어하지도 않고 잘 알지도 못하는 사람들조차 잘못된 행동을 보이곤 한다. 민간 기업의 대변자들은 국영 기업에 좀 더 많은 '책임'을 요구해야 한다고 끊임없이 주장한다. 이는 약간 역설적으로 보일 수 있다. 왜냐하면 국영 기업은 오로지 공익만을 위해 일해야 한다는 책임성을 이미 상당히 높게 이행하고 있지만 민간 기업은 자신의 책임이 **사익을 위해 일하는 것이라고 공언**하면서도 그 책임을 실제로 이행하고 있지 않기 때문이다.

소유권은 단일한 권리가 아니라 권리 묶음이다. '국유화'는 단순히 이 묶음을 A에서 B로, 즉 개인에게서 '국가'로 옮기는 문제(아무리 중요한 의미가 있다 해도)가 아니다. 국유화는 국유화 이전에 이른바 사적 소유자에게 귀속될 수밖에 없었던 다양한 묶음의 권리들을 어떻게 배분할지를 엄밀하게 선택하는 문제다.

토니는 "국유화란 헌법을 제정하는 것"이라고 간결하게 요약한다. 일단 사유 재산권에 대한 법적 장치가 제거되면 모든 것을 자유롭게 개편할 수 있다. 합치거나 해체할 수 있고, 집중하거나 분산할 수 있으며, 집권화든 분권화든 모두 가능하고, 조직을 크게 하든 작게 하든, 통일된 체계이든 연방 체계이든 어떤 체계도 없든 상관이 없다. 토니는 다음과 같이 말했다.

공유에 대한 반대론은, 그것이 이성적인 한, 대체로 과잉 집중화 반대다. 그러나 과잉 집중화의 대안은 기능 없는 재산functionless property을 계속해서 사적 개인의 소유로 남겨 두는 것이 아니라 **공유 재산의 탈집중화된 소유**다.

'국유화'는 사유 재산권을 소멸시키지만 이것만으로 (법률적인 의미와 구분되는) 실질적인 의미에서 새로운 '소유권'을 창조하지는 않는다. 또한 국유화만으로 원래의 소유권을 어떻게 해야 하며 누가 이를 행사해야 하는지를 결정하지도 않는다. 그러므로 국유화는 어떤 의미에서 기존 제도를 없애고 새로운 제도를 만들 기회와 필요성을 창조한다는, 순전히 소극적인 조치일 뿐이다. '국유화'로 만드는 새로운 제도는 모든 특수한 사례의 요구 조건에 당연히 부합해야 한다. 공공 서비스를 제공하는 모든 국영 기업에서는 다음과 같은 여러 원칙을 지킬 수 있을 것이다.

첫째, 사업과 정치의 혼동은 위험하다. 이러한 혼동은 통상적으로 사업의 비효율성과 정치 부패를 초래한다. 따라서 국유화법은 어떤 경우에도 장관이나 정부 부처 또는 국회와 같은 정치 영역이 사업체에 행사할 수 있는 권리를 신중하게 열거하면서 그 범위를 규정해야 한다. 이 점은 인사와 관련해서 특히 중요하다.

둘째, 공공 서비스를 제공하는 국영 기업은 (살기 위해서 먹지 먹기 위해서 살지는 않는다는 의미에서) 언제나 이윤을 추구해야 하고 준비금을 비축해야 한다. 국영 기업은 이윤을 누구에게도, 심지어 정부에도 분배해서는 결코 안 된다. 또한 초과 이윤(이는 초과 준비금을 형성할 수 있다는 의미다)은 가격을 낮추는 방식으로라도 반드시 피해야 한다.

셋째, 국영 기업은 '모든 측면에서 공익에 봉사'하는 법적 의무를 짊어져야 한다. 무엇이 '공익'인지를 해석하는 일은 기업에 맡겨야 하며 이에 따라 기업을 조직화해야 한다. 국영 기업은 사적 주주들을 위해 움직이는 듯 이윤만을 추구해야 하고 공익 해석은 정부만이 할 수 있다고 주장하는 일은 쓸모없는 짓이다. 유감스럽게도 영국에서는 이러한 견해가 국영 기업 경영론에 이미 침투한 상황이어서 국영 기업은 오로지 이윤만을 추구하리라 기대된다. 나아가 오직 정부가 그렇게 하도록 지시하고 그에 따라 행동한 대가로 정부에서 보상받을 때만 여기서 벗어날 수 있다고 여겨진다. 이론가에게는 이처럼 명쾌한 기능 분담이 흥미를 유발할 수 있겠지만 실제 세계에서는 조금도 쓸모가 없다. 왜냐하면 명쾌한 기능 분담이 국영 기업의 경영 정신ethos 그 자체를 파괴하기 때문이다. '모든 측면에서 공익에 봉사한다는 것'은 그것이 일상의 경영 활동에 스며들지 않는 한 아무런 의미도 지닐 수 없다. 게다가 이는 정부가 통제할 수도 없고 통제해서도 안 되며 금전적 보상만으로 해결될 문제도 아니다. 때로는 이윤 추구와 공익 봉사 사이에서 갈등이 빚어질 수도 있다는 사실을 부인할 수는 없다. 그러나 이는 단순히 국영 기업이 민간 기업보다 훨씬 더 많은 운영 과제를 안고 있다는 의미일 뿐이다. 더 많이 요구하지 않더라도 좀 더 좋은 사회에 도달할 수 있다는 생각은 자기모순이자 비현실적인 공상일 뿐이다.

넷째, 국영 기업에서 '공익'이 인정되고 보호받으려면 모든 정당한 이해관계, 즉 종업원, 지역 공동체, 소비자, 경쟁 기업 따위의 이해관계가 표현되고 영향력을 발휘할 수 있게 해주는 제도가 필요하다. 특히 이 경쟁 기업 자체가 국영 기업일 때는 더욱더 그러하다. 이 원칙을 효과적으로 이행하려면 아직도 상당히 많은 실험이 필요하다. 완벽한 '모델'은 그 어디에도 없다. 문제는 언제나 경영 능력을 부당하게 손상시키지 않으면서 이와 같은 이해관계를 보존하는 일이다.

　마지막으로 국유화가 안고 있는 주요 위험 요인은 계획 입안자의 과잉 집중화 편애다. 일반적으로 소기업을 대기업보다 선호해야 한다. 기존의 관행처럼 국유화로 대기업을 만들고 나서 권한과 책임을 하부 조직에 분산하는 것보다 먼저 반자율적인 소규모 조직을 만든 후 적절하게 조정하는 것이 낫다고 판단하면, 특정 기능들을 상위 조직에 집중하는 편이 대체로 훨씬 좋다.

　이 문제를 토니만큼 정확히 관찰하고 이해한 인물은 없는 바, 그의 말을 한 번 더 인용하면서 이 장을 끝맺도록 하겠다.

　따라서 사회를 권리가 아니라 기능에 기대어 조직하는 것은 세 가지 의미를 지닌다. 첫째, 소유주의 권리는 서비스 제공을 동반할 때 유지되며 후자가 충족되지 않으면 전자도 부정된다. 둘째, 생산자는 생산물을 이용하는 지역 공동체와 직접 접촉해서 그 지역에 대한 책임을 분명히 해야 한다. 지금처럼 서비스가 아니라 이익에만 관심이 있는 주주들에게 완전히 종속되어 이 책임을 망각해서는 안 된다. 셋째, 서비스를 제공해야 하는 의무는 그것을 수행하는 전문 조직에 의지할 것이다. 이 조직은 소비자의 감시와 비판을 수용하면서 의무 이행에 필요하다면 기업의 운영에 많은 발언을 해야 한다.

새로운 소유 형태

19장

언젠가 갤브레이스가 민간 부문의 풍요private affluence와 공공 부문의 빈곤public squalor을 언급한 적이 있다. 이는 그가 세간의 평가와 관례적인 척도에 따를 때 세계에서 가장 부유한 국가인 미국을 언급했다는 점에서 중요한 의미를 지닌다.

어떻게 가장 부유한 국가에서 공공 부문의 빈곤이, 그것도 1인당 국민 총생산이 두드러지게 적은 국가들에서보다 훨씬 심하게 나타날 수 있을까? 경제가 현재의 미국 수준으로 성장하더라도 공공 부문의 빈곤이 사라지기는커녕 오히려 더욱더 악화할 수 있다면, 계속해서 '성장'할 때 공공 부문의 빈곤이 완화되거나 제거되리라고 어떻게 이성적으로 기대할 수 있겠는가? 대체로 성장률이 가장 높은 국가에서 공해가 가장 심하며 또한 놀랄 정도로 심한 공공 부문의 빈곤 때문에 피해받고 있다는 사실을 어떻게 설명해야 하는가? 가령 영국의 국민 총생산이 5퍼센트(즉 1년에 약

20억 파운드) 정도 증가한다면 이렇게 늘어난 부의 전부 또는 대부분을 이용해서 '국가의 소망을 달성'할 수 있는가?

단언하건대 불가능하다. 사유 재산제 아래서 산출되는 모든 부는 곧바로, 그리고 자동으로 사적으로 소유되기 때문이다. 공공 기관은 소득이 거의 없으므로 시민들이 당연히 자기 것으로 생각하는 돈을 이들의 주머니에서 끄집어낼 수밖에 없다. 당연히 이는 세금 징수원과 시민들 사이에서 끝없는 눈치 싸움battle of wits을 초래하는데 여기서 부자들은 높은 임금으로 고용한 세금 전문가 덕분에 대체로 가난한 사람들보다 훨씬 능숙하게 대처한다. '빠져나갈 구멍'을 막기 위해 세법이 더욱 복잡해지자 세무사 수요(따라서 그의 소득)도 더욱 늘어났다. 납세자는 자신이 획득한 것에서 일부를 빼앗겼다고 느끼기 때문에 불법적인 탈세는 말할 것도 없고 적법한 조세 회피 가능성을 모두 이용하고자 노력한다. 그뿐만 아니라 공적 지출의 삭감도 집요하게 요구한다. 민간 부문의 풍요와 공공 부문의 빈곤 사이의 불균형이 아무리 크더라도 선거에서 '공적 지출을 늘리기 위해 세율을 높이자'라고 외친다면 표를 모을 수 없다.

공적 지출의 필요성이 생산 수단 소유 구조 내부에서 인정되지 않는 한 이 딜레마에서 벗어날 길은 없다.

이는 단순히 공공 부문의 빈곤, 이를테면 수많은 정신병원과 교도소, 온갖 공공 서비스 기관의 빈곤과 같은 문제에 국한되지 않는다. 이 딜레마는 문제의 부정적인 측면일 뿐이다. 여기에 존재하는 긍정적 측면은 대규모 공적 기금을 조성하여 일반적으로 '사회 간접 자본'이라 불리는 데 투자하고, 그 편익이 대부분〔사회 간접 자본을) 무료로 〔이용하는〕 사기업에 귀속될 때 나타난다. 이 점은 '사회 간접 자본'이 충분하지 않거나 없는 가난한 국가에서 회사의 설립이나 경영에 관련된 일을 한 적이 있는 사람이라면 아주 잘 알고 있을 것이다. 그곳에는 믿고 의지할 값싼 운송 수단이나 공공 서비스가 없다. 사회 간접 자본이 잘 갖춰진 국가라면 무료나 적은 비용으로 획득할 수 있는 많은 것들을 자기 돈으로 확보해야만 할 때도 있을 것이다. 훈련된 노동자를 채용할 수 있다고 확신하기도 힘들기 때문에 그런 노동자를 스스로 양성해야 할 것이다.

이 밖에도 많은 문제가 있을 것이다. 어떠한 국가(부국이든 빈국이든)에서나 교육 기관, 의료 기관, 연구 기관은 모두 민간 기업에 이루 헤아릴 수 없을 정도로 많은 편익을 제공한다. 민간 기업은 이 편익에 대가를 직접적으로 지불하지 않고 세금이라는 형태로 간접적으로만 지불하는데, 앞서 언급했듯이 이 세금에도 저항하거나 불평하거나 반대 운동을 펼치며 종종 교묘하게 회피하기도 한다. 당국은 이윤 분배에 직접 참여하는 방식으로 민간이 '사회 간접 자본'에서 얻는 편익에 세금을 징수할 수 없다. 오직 민간이 이윤 분배를 완료한 이후에만 세금 징수가 가능하다. 이 상황은 너무도 비논리적인 동시에 문제를 끝없이 복잡하면서도 신비롭게 만들기도 한다. 민간 기업은 이윤이 자신들이 노력한 대가인데 당국이 이윤의 상당 부분을 세금으로 빼앗아간다고 주장한다. 일반적으로 말해서 이 주장은 진실을 정확히 반영하지 않는다. 오히려 진실은 공공 기관이 민간 기업 비용의 많은 부분을 부담한다는 데 있다. 왜냐하면 공공 기관이 사회 간접 자본의 비용을 부담

하기 때문이다. 따라서 민간 기업의 이윤은 상당히 과대평가되는
셈이다.

공적 지출이 민간 기업의 이윤에 기여한다는 사실이 생산 수
단의 소유 구조 내부에서 인정되지 않는 한 진실을 그대로 반영할
실제적인 방법은 없다.

이제 두 가지 사례를 살펴보면서 위에서 언급한 두 가지 근본
적인 비판에 대응하기 위해 소유 구조를 어떻게 변화시킬 수 있을
지 혹은 그런 변화를 상상해볼 수 있을지를 알아보자. 첫 번째 사
례는 실제로 개편된 소유 구조에 기대어 운영되는 중기업에 대한
것이며, 두 번째 사례는 대기업의 소유 구조를 어떻게 바꿀 수 있
는지를 고민한 사변적인 기획안이다.

스콧 베이더 공동체

어니스트 베이더Ernest Bader는 스콧 베이더사를 30세인 1920년에
창립했다. 그는 2차 세계대전 기간에 수많은 시행착오와 고난을
극복한 후에 31년 후(1951년)에는 이 기업을 161명의 종업원에
연 매출액이 약 62만 5,000파운드, 순이익이 7만 2,000파운드 이
상인 중기업으로 키워냈다. 그와 그의 가족은 거의 맨주먹으로 사
업을 시작했으면서도 부자가 되었다. 이 회사는 폴리에스테르 수
지polyester resins만이 아니라 알키드alkyds, 폴리머polymers, 가소제
plasticisers 등과 같은 복잡한 제품에서도 선도적인 생산자 지위를
확보했다. 그는 젊은 시절에 자신의 월급쟁이 미래 모습에 강한

불만을 느꼈으며 '노동 시장'과 '임금 체계'에 대한 사고방식, 특히 인간이 자본을 고용하는 것이 아니라 자본이 인간을 고용한다는 생각에 반발했다. 고용주의 위치에 오른 오늘날에도 그는 자신의 성공과 번영이 자신만의 업적이 아니라 모든 동료의 업적이며 게다가 분명코 자신에게 사업할 수 있는 특혜를 베풀어준 사회의 업적이기도 하다는 점을 결코 잊지 않는다. 그의 말을 인용해보자.

> 옛날에 사업을 시작하기로 결정하고 월급쟁이 생활을 청산했을 때, 내 사고가 사람들을 관리자와 관리 대상으로 분할하는 자본주의 철학과 충돌하고 있다는 사실을 깨달았다. 그러나 실질적인 장벽은 주주들에게 독재 권력을 제공하고 이들이 위계적인 경영 체계를 통제할 수 있도록 해준 상법이었다.

> 그는 '기업을 인간의 필요에 맞춘다는 철학'에 기대어 자신의 기업에 '혁신'을 시도하기로 결심했다.

> 문제는 두 가지였다. 어떻게 하면 수익성을 잃지 않으면서 자유, 행복, 인간의 존엄성을 최대로 느낄 수 있도록 조직할 수 있을지가 첫째였고, 이를 민간 기업 부문에서 일반적으로 수용할 수 있는 방식과 수단으로 할 수 있는지가 둘째였다.

> 베이더 씨는 두 가지 요인이 없다면 결정적인 변화가 불가능

하다는 점을 즉시 깨달았다. 소유권 변화(그가 처음부터 실시한 이 윤 분배만으로는 충분하지 않았다)와 일정한 자기 부정적인 규제의 자발적 수용 말이다. 전자를 실행하기 위해 그는 스콧 베이더 공 동체commonwealth를 설립하고 스콧 베이더사의 소유권을 이 공동 체에 양도했다(이는 두 단계로 나뉘어 1951년에는 90퍼센트, 1963년 에는 나머지 10퍼센트가 각각 양도되었다). 후자를 위해서 새로운 동료인 공동체 구성원(옛 종업원)들과 기본 **규정**constitution을 체 결했는데 여기에는 사유 재산권을 포함하는 '권리 묶음'의 분배 규정뿐만 아니라 다음과 같이 회사 행동의 자유를 제한하는 내용 도 담겼다.

첫째, 회사는 모든 종업원이 전체 모습을 그릴 수 있도록 작 은 규모를 유지해야 한다. 종업원이 350명 이상이 되어서는 안 된 다. 이 선을 넘는 증원이 요구되면 스콧 베이더 공동체처럼 완전 히 독립적인 새로운 조직 단위를 만들도록 돕는 방식으로 그 상황 에 대처해야 한다.

둘째, 조직 내부의 보수는 최저 수준과 최고 수준의 격차가 나이, 성별, 직무, 경험에 상관없이 세전 기준으로 1대 7을 초과해 서는 안 된다.

셋째, 공동체 성원은 종업원이 아니라 동료이므로 중대한 개 인적 과오를 저지르지 않는 한 어떠한 이유로든 다른 동료들에게 서 해고당할 수 없다. 물론 적당한 통고 절차와 함께 자발적으로 물러나는 것은 언제나 가능하다.

넷째, 스콧 베이더 이사회는 공동체에 완전한 책임을 진다.

기본 규정에 명시된 규칙에 따르면, 공동체는 이사의 임명을 승인하거나 거부하며 이사의 보수 수준을 승인하는 권리와 의무를 갖는다.

다섯째, 공동체는 스콧 베이더사의 순이익의 40퍼센트 이상을 취득해서는 안 된다. 즉 최소한 60퍼센트는 납세와 재투자를 위해 스콧 베이더사 내부에 유보되어야 한다. 그리고 공동체는 이익의 절반을 회사에서 일하는 사람들에게 보너스로 지급하고 나머지 절반을 외부의 자선 단체에 기부해야 한다.

마지막으로, 스콧 베이더사의 제품 중 그 어느 것도 이 제품을 전쟁과 관련된 목적을 위해 사용할 것으로 알려진 고객에게 팔아서는 안 된다.

어니스트 베이더 씨와 그의 동료들이 이러한 혁신을 시도했을 때, 사람들은 집단 소유와 스스로 부과한 제약 조건에 기대어 운영되는 회사가 오래 갈 수는 없을 것이라고 거리낌 없이 예상하곤 했다. 실제로 스콧 베이더사는 어려움(심지어 위기나 실패까지)을 겪긴 했지만 해를 거듭할수록 점점 더 튼튼해졌다. 동종 업계의 치열한 경쟁 속에서 1951년과 1971년 사이에 매출액은 62만 5,000파운드에서 500만 파운드로, 순이익은 7만 2,000파운드에서 약 30만 파운드로, 종업원 수는 161명에서 379명으로 각각 늘어났다. 아울러 (이 20년 동안에) 15만 파운드 이상의 돈을 종업원에게 보너스로 지급했고, 공동체는 같은 액수의 돈을 외부의 자선 단체에 기부했다. 그리고 몇 개의 소규모 신규 기업을 설립했다.

스콧 베이더사가 돈벌이 측면에서 성공을 거둔 것은 아마도 '예외적인 상황' 덕분이라고 주장하고 싶은 사람이 있을 수 있다. 게다가 스콧 베이더사만큼 돈을 벌었거나 심지어 그 이상 벌어들인 사기업체도 존재한다. 하지만 이것이 핵심 쟁점은 아니다. 만일 스콧 베이더사가 1951년 이후에 사업에서 실패했다면 하나의 위험한 경고 사항에 그쳤을 것이다. 관례적인 기준으로 평가했을 때 명백한 성공이라고 해서 스콧 베이더사의 '체계'가 이 기준상 반드시 우월함을 입증한 것은 아니다. 단지 관례적 기준과 양립 불가능하지 않다는 점을 입증했을 뿐이다. 오히려 스콧 베이더사의 장점은 돈벌이 기준 외부에 놓인 목적, 즉 통상적인 돈벌이 행위에서는 흔히 부차적인 의미를 갖거나 완전히 무시되는 인간적인 목적을 달성했다는 데 있다. 바꿔 말하면 스콧 베이더사의 '체계'는 사유 재산 체계의 환원주의를 극복하고, 기업 조직이 인간을 자본 소유자의 풍요로움을 위한 수단으로 이용하는 것을 차단하면서 조직을 인간을 위한 봉사자로 전환한 셈이다. 어니스트 베이더의 말을 인용해보자.

> 공동 소유common ownership나 공동체는 이윤 분배, 공동 경영, 집단 소유co-ownership 또는 개인이 공유 기업에서 부분적인 이해관계를 보일 수 있는 온갖 형태scheme에서 자연스럽게 생겨난다. 이들은 공유owning thing in common로 나아가는 것이며, 뒤에서 살펴보겠지만 공동 소유에는 독특한 장점이 있다.

1951년 이후 20여 년 동안에 나타난 사고방식의 변화나 새로운 경영 형태와 협동 형태를 자세히 언급할 필요는 없겠지만, 이 경험에서 어떤 일반적인 원칙을 끄집어내는 것은 유용하다.

첫째, 소유권을 개인이나 가족(여기서는 베이더 가족)에게서 공동체라는 집단에 양도한 것은 '소유권'의 존재론적 특성을 근본적으로 변화시켰는데, 이 양도는 집단 소유를 확립했다기보다 오히려 사유권을 소멸시킨 것으로 보는 게 타당하다. 한 사람이나 소수의 사람이 어떤 물리적 자산 집합과 맺는 관계는 이 동일한 자산 집합과 많은 사람으로 구성된 공동체 사이에서 이루어지는 관계와 너무도 다르다. 당연한 일이지만 소유자의 양을 대폭 변화시키면 소유권 의미의 질이 근본적으로 달라진다. 이는 스콧 베이더사처럼 소유자가 공동체 집단이고 이 공동체의 구성원인 개인들에게는 어떠한 개인적 소유권도 존재하지 않을 때 특히 그러하다. 현재 운영 중인 스콧 베이더사의 소유주가 공동체라고 말하는 것은 법률적으로 옳다. 그러나 공동체 구성원들이 공동체 내에서 개인 자격으로 어떠한 종류의 소유권을 갖는다고 말하는 것은 법률적으로든 존재론적으로든 진실이 아니다. 진실로 소유권을 자산 관리상의 특수한 권리와 의무로 대체한 셈이다.

둘째, 그 누구도 소유권을 **획득**한 게 아니지만 베이더 씨와 그 가족은 재산을 몰수당한 셈이다. 이들은 엄청난 부자가 될 수 있는 기회를 자발적으로 포기했다. 오늘날 어떤 사회에서나 엄청난 부자의 존재는 커다란 해악이라는 점을 이해하기 위해서 완전한 평등(그 의미를 어떻게 해석하든)의 신봉자가 될 필요는 없다. 물론 부와 소득에서 어느 정도의 불평등은 '자연스러운' 일이자 기능상으로 정당하며 여기에 자발적으로 승복하지 않을 사람도 거의 없다. 그러나 모든 인간사가 그렇듯이 여기서도 정도scale가 문제다. 지나친 부는 권력과 마찬가지로 부패하는 경향이 있다. 설령 그 부자가 '게으른 부자'가 아닐지라도, 심지어 그 누구보다 열심히 일하는 사람이라 해도, 그는 [보통 사람들과] 다르게 일하고 다른 기준을 적용하며 일반 사람들에게서 떨어져 있다. 이러한 부자들은 탐욕스럽게 행동하여 자신을 타락시킬 뿐만 아니라 질투심을 유발하여 사회까지 타락시킨다. 베이더 씨는 이 점을 간파하고 지나친 부자가 되기를 거부했기에 하나의 실질적인 **공동체**를 건설할 수 있었다.

셋째, 스콧 베이더사의 실험은 소유권 변화가 본질적임(이것이 없다면 모든 것이 환상이다)을 아주 명확히 입증했다. 하지만 이와 함께 소유권 변화가 이른바 권능 부여법enabling act에 지나지 않는다는 점, 즉 좀 더 높은 목적을 달성하기 위한 필요조건이지 충분조건은 아니라는 점도 보여주었다. 이에 따라 공동체는 사회에서 기업의 임무가 단순히 돈을 벌고 이윤을 극대화하며 강력해지도록 성장하는 게 아님을 인정했다. 오히려 공동체는 다음과 같은 네 가지 임무를 인정했는데 이들은 모두 똑같이 중요하다.

- 경제적 임무: 이윤을 획득할 수 있는 방식으로 설계, 제조, 서비스를 담당하는 것.
- 기술적 임무: 계속해서 신제품 설계를 제공하여 시장에서 수익을 올릴 수 있게 하는 것.

- 사회적 임무: 공동체 구성원들에게 노동 공동체 참여에서 만족감을 얻고 자기 계발을 할 기회를 제공하는 것.
- 정치적 임무: 다른 사람들에게 경제적 건강성과 사회적 책임성을 유지하는 사례를 제공하여 이들이 사회를 변화시킬 유인을 제공하는 것.

넷째, 이 중에서 사회적 임무의 완성이야말로 가장 중요하면 서도 어려운 과제다. 지난 20여 년 동안 공동체는 기본 규정을 몇 차례 개정했다. 우리는 1971년에 개정된 새로운 기본 규정과 함께 공동체가 동그라미를 네모로 만드는 일만큼이나 어려운 사업, 즉 실질적인 민주주의와 효율적인 경영을 결합할 수 있는 '조직들'의 집합체가 완성되었다고 믿는다. 여기서 '조직들'의 상호 관계를 설명하기 위해 스콧 베이더사의 조직도를 지면에 그리는 일은 하지 않을 것이다. 살아 있는 현실은 종이에 그릴 수 있는 것도, 지상 모델paper model을 모방한다고 해서 확보할 수 있는 것도 아니기 때문이다. 어니스트 베이더 씨의 말을 인용해보자.

나는 설명한 것만큼이나 의문이 제기될 게 뻔한 논문을 애써 작성하는 것보다 관심이 있는 사람들을 우리의 화학 공장과 실험실이 흩어져 있는 45에이커 규모의 매너 하우스 에스테이트Manor House Estate로 초청하여 견학시키는 편을 훨씬 더 좋아한다.

지금까지 스콧 베이더사의 변천 과정은 하나의 **학습 과정**이었으며 앞으로도 그러할 것이다. 1951년 이후 이 조직에서 나타 난 것들이 본질적으로 의미하는 바는 스콧 베이더사와 관련된 모 든 사람이 생활하고, 돈을 벌며, 기업의 돈벌이에 도움을 주고, '모 두가 좀 더 풍족해질 수 있도록' 경제적 합리성에 따라 행동하는 임무를 넘어서는 많은 것을 배우고 실천할 수 있도록 해주었다는 점이다. 스콧 베이더사에서는 누구나 인간으로서 자신을 향상할 기회를 갖는다. 그러나 이런 자기 향상은 개인이 회사의 목적과 상관없는 어떤 자기 초월self-transcendence의 목적을 개인적으로 은밀하게 추구하는 방식(이것은 어떤 상황에서나, 심지어 가장 타락 한 상황에서도 할 수 있는 일이다)이 아니다. 이를테면 조직 자체의 목적에 자발적으로, 기꺼이 참여하는 방식으로 이루어지는 것이 다. 여기에는 학습이 요구되며 학습 과정은 시간이 필요하다. 지 금까지 스콧 베이더사의 구성원 중 전부는 아닐지라도 대부분은 이러한 기회를 활용했으며 현재도 그러하다.

끝으로 획득된 이익의 절반을 조직 외부의 자선 목적으로 사 용해야 한다는 합의 사항은 자본주의 사회에서 소홀히 취급되 기 쉬운 수많은 문제, 즉 어린이, 노인, 장애인, 기타 사회적 약자 forgotten people와 관련한 문제를 해결하는 데 도움이 되었다. 그뿐 만 아니라 공동체 구성원들에게 통상적인 기업 조직에서는 좀처 럼 찾아볼 수 없는 사회의식을 심어주는 데 기여했다고 말할 수도 있다. 이와 관련해서 공동체가 개인적 이기심을 집단적 이기심으 로 탈바꿈한 조직체가 되지 못하도록 가능한 선에서 막아주는 규 정이 있다는 점도 언급할 필요가 있다.

이에 따라 (조직 내부에) 입헌 군주에 해당하는 이사회Board of

Trustees가 설치되었는데 여기서는 스콧 베이더사 외부의 임원이 결정적인 역할을 담당한다. 이사들은 기본 규정의 대리인이지만 경영에 간섭할 권한은 없다. 그렇지만 조직의 민주주의와 기능 사이에서 근본 문제와 관련된 심각한 갈등이 나타났을 때 개입해서 조정할 수 있으며 그러한 권한을 갖고 있다.

앞서 언급했듯이 어니스트 베이더 씨는 자기 회사의 '혁신'에 착수했다. 하지만 그 방법은 '민간 기업 부문에서 일반적으로 수용할 수 있는 방식과 수단'이었다. 그의 혁신은 무혈 혁명이었다. 그 누구도 피해를 입지 않았으며 심지어 베이더 씨나 그의 가족도 예외가 아니었다. 주변에서는 파업이 빈번하게 나타났지만 스콧 베이더사의 사람들은 "우리에게 파업은 없다"고 호언장담할 수 있었다. 아울러 모든 사내 구성원은 공동체의 목표와 실제 성취 수준 사이에 아직도 간극이 존재한다는 점을 알고 있겠지만, 외부 관찰자라면 그 누구도 어니스트 베이더 씨의 다음과 같은 주장에 분명하게 반대할 수 없으리라.

우리는 오랫동안 사업 내부에 기독교적 생활 방식을 뿌리 내리고자 노력했는데 그 과정에서 얻은 경험이 상당한 자극제로 기능하면서 제품의 질과 양 측면만이 아니라 인간 관계 측면에도 좋은 결과를 가져왔다. 이제 우리는 좀 더 노력해서 지금까지 이룩한 것을 집대성하고 신과 이웃에게 봉사하는 좀 더 좋은 사회를 위해 구체적으로 공헌하고자 한다.

하지만 베이더 씨의 조용한 혁명이 '민간 기업 부문에서 일반적으로 수용할 수 있는' 것이라 해도 실제로 수용된 것은 아니었다. 오늘날 많은 사람이, 심지어 실업계에서도, 현실의 변화 추이를 주시하면서 '새로운 처방new dispensation'을 모색하고 있다. 하지만 탐욕과 시기심이 지배하는 거대한 사회에서 스콧 베이더사(와 같은 몇몇 회사)는 건강함을 간직한 자그마한 섬일 뿐이다. 아무리 새로운 행위 방식의 효과가 뚜렷하게 나타난다고 한들 '늙은 개가 새로운 재주를 배울 수는 없다'는 말은 타당한 듯 보인다. 그러나 언제나 '새로운 개'가 자라고 있으며 이 개는 스콧 베이더사가 **가능성을 보여준 것**에 주목하도록 권유받을 것이라는 점 또한 타당하다.

경제 문제가 주목받을 수밖에 없는 사회에는 세 가지 중요한 선택 문제가 존재한다. 생산 수단의 사유와 다양한 공유나 집단 소유 형태 사이의 선택, 시장 경제와 다양한 '계획화' 체계 사이의 선택, '자유'와 '전체주의' 사이의 선택 말이다. 물론 이러한 세 가지 선택과 관련해 현실 사회에서는 언제나 어느 정도의 혼합 형태가 존재(이는 선택 대안들이 서로 대립한다기보다 어느 정도 보완성을 갖고 있기 때문이다)하겠지만 그 혼합은 어느 한쪽이 좀 더 강한 형태로 나타날 것이다.

그런데 사유 재산을 지나치게 편애하는 사람들에게는 사유 재산 제도가 아니면 필연적으로 '계획화'와 '전체주의'를 동반하며 사유 재산 제도와 시장 경제에 기반을 둘 때만 '자유'를 생각할 수 있다고 주장하는 경향이 있음을 쉽게 관찰할 수 있다. 이와 마찬가지로 다양한 집단 소유 형태를 옹호하는 사람들은 이것이 필연적으로 중앙 계획을 요구한다고 주장(지나치게 교조적인 것은 아닐지라도)하는 경향이 있다. 이들은 오직 사회적 소유와 계획화로만 자유를 확보할 수 있으며 사유 재산 제도와 시장 경제가 지배하는 곳에서 자유라 불리는 것은 '호화스럽게 식사하거나 템스강 다리 밑에서 잠자는 자유'에 불과하다고 주장한다. 바꿔 말하면 자신의 '체계'로 누구나 자유를 확보할 수 있다고 주장하면서 모든 다른 '체계'는 필연적으로 전제 정치나 전체주의를 동반하거나 이 양자로 이어지는 무정부 상태를 초래한다고 비난하는 셈이다.

(현실에서 개념 장치를 이끌어내는 것이 아니라) 개념 장치에서 '현실'을 이끌어내는 모든 논증 방식이 그러하듯이 위와 같은 방식은 일반적으로 빛보다 열을 생산한다.* 세 가지 중요한 선택 문제가 존재할 때 가능한 조합은 여덟 가지다. 현실 세계에서는 이 모든 가능성이 동시에 나타나거나 시기를 달리하여 나타난다고 또는 심지어 서로 다른 지역에서 동시에 나타날 수도 있다고 예상한다면 언제나 타당한 판단이다. 방금 언급한 세 가지 선택 문제와 관련된 여덟 가지 경우는 다음과 같다(나는 이것을 자유와 전체주의의 대립이라는 측면에서 배열하고자 한다. 왜냐하면 이 책의 토대인 형이상학적 관점에 비추어볼 때 이 대립이야말로 중요한 고려 사항이기 때문이다).

---

* 문제를 명확히 비추기보다 감정을 자극한다는 의미다.

1. 자유	2. 자유	3. 자유	4. 자유
시장 경제	계획화	시장 경제	계획화
사유 재산	사유 재산	집단 소유	집단 소유

5. 전체주의	6. 전체주의	7. 전체주의	8. 전체주의
시장 경제	계획화	시장 경제	계획화
사유 재산	사유 재산	집단 소유	집단 소유

　　오로지 1항과 8항만이 '선택 가능'하다고 주장한다면 어리석은 판단이다. 이들은 단지 개념에 갇힌 선전 활동가concept-ridden propagandists의 관점에서 본 가장 단순한 경우일 뿐이다. 다행스럽게도 현실은 좀 더 많은 상상력을 요구한다. 그러나 나는 위에 열거한 여덟 가지 경우에 해당하는 현실적, 역사적 사례들을 확인하는 일은 독자들의 몫으로 남기고자 한다. 아울러 이러한 작업을 학생들에게 맡겨볼 것을 정치학 교사들에게 당부하고 싶다.

　　지금 여기서는 대기업의 소유권 '체계'를 탈바꿈하여 진정한 '혼합 경제'를 실현할 가능성을 생각해보고자 한다. 왜냐하면 우리가 마치 모든 선택이 가능하다는 듯이 아무것도 없는 선에서 출발하지 않고 공업국의 실제 상황에서 출발한다면 '순수형'이 아닌 '혼합형'이 미래의 온갖 사태에 좀 더 잘 대응할 수 있기 때문이다.

　　앞서 이른바 선진 사회에서 민간 기업이 공적 투자로 조성된 사회 간접 자본(눈에 보이는 것이든 보이지 않는 것이든)에서 많은 편익을 얻고 있다고 주장한 바 있다. 그러나 공공 기관은 민간 기업 비용의 상당 부분을 부담하면서도 이윤 분배에 직접 참여하지는 않는다. 먼저 모든 이윤을 사적으로 분배한 후에 공공 기관이 개인의 지갑에서 이윤 일부를 뽑아내는 방식으로 재정에 필요한 경비를 마련하는 일에 나서야만 한다. 근현대 사업가가 실질적으로 자신이나 주주들에게 돌아가야 할 몫이라고 믿는 이윤의 상당 부분을 세금으로 몰수당하는 상황에서, 그들은 자신이 대체로 '나라를 위해 일하며' 국가는 자신의 동료라고 주장하거나 불평한다. 이는 적어도 대기업에 관한 한 사적 이윤에 대한 공공의 몫(즉 이윤세)을 차라리 민간 기업 주식의 공공 지분으로 전환하는 편이 나을 수도 있다는 의미다.

이제부터는 공공 기관이 민간 대기업의 배분 이윤 중 절반을 수령해야 하며 그 방법은 이윤세가 아니라 기업 주식의 50퍼센트를 소유하는 것이어야 한다고 가정할 것이다.

먼저 이러한 구상scheme에 포함되는 기업의 최소 규모를 정의해야 한다. 어떤 기업이든 종업원 수가 일정한 경계선을 넘어서면 사적이면서 개인적인 성격을 상실하고 사실상의 공기업이 되기 때문에, 최소 규모는 종업원을 기준으로 정하는 것이 아마도 가장 좋을 것이다. 물론 때에 따라서는 자본금이나 매출액 기준으로 규모를 정의할 필요도 있다. 최소 규모에 도달한 기업(혹은 이미 이 수준을 넘어선 기업)들은 주식회사여야 한다. 이들 회사의 모든 주식은 미국식 패턴에 따라 비액면주no-par shares로 전환하는 것이 바람직하다. 이미 발행된 주식(우선주와 주식을 대신하는 온갖 증서들을 포함해서) 수는 그만큼 신주를 발생하여 두 배로 늘려야 하며 이 신주는 '공공 기관'이 보유해야 한다. 이는 민간이 보유하는 옛 주식과 동일한 권리를 갖는 신주를 공적으로 소유하기 위해서다.

이와 같은 구상 아래서는 어떠한 '보상' 문제도 발생하지 않는다. 왜냐하면 엄밀한 의미에서 재산 몰수expropriation는 없고 이윤세를 징수하는 공공 기관의 권리가 (경제적 자산의 운용에서 과세 가능한 이윤이 생겨나는) 경제적 자산에 대한 직접적인 지분 참여로 전환된 것만 존재하기 때문이다. 이러한 전환은 '사적'인 경제적 부를 창조한다. 이는 공공 기관, 즉 비자본주의적 사회 세력이 커다란 역할을 담당하며 공공 기관의 기여로 만들어진 자산은 사유 재산이 아니라 공유 자산으로 인정되어야 한다는 의심할 수 없는 사실이 분명하게 인정받은 결과다.

여기서 곧바로 다음과 같은 세 가지 유형으로 구분할 수 있는 몇 가지 의문이 제기된다. 첫째, '공공 기관'은 정확히 무엇을 의미하는가? 새롭게 발행된 주식은 어디로 귀속되어야 하며 또한 이와 같은 맥락에서 누가 '공공 기관'을 대표하는 인물이어야 하는가? 둘째, 이러한 신주를 보유하려면 소유권은 어떠해야 하는가? 그리고 셋째는 기존 체계를 새로운 체계로 전환하는 것, 국제 관계나 다른 연합체combines, 새로운 자본 조달 따위와 관련된 문제다.

첫 번째 의문과 관련해서 나는 해당 기업이 위치한 지역의 공공 기관이 총주식의 50퍼센트를 차지하는 신규 발행 주식을 소유해야 한다고 주장한다. 이는 (주식 지분에 대한) 공적 참여의 분산 수준과 기업과 (기업의 활동 무대이자 엄청난 편익을 얻는 공간인) 사회 조직의 통합 수준을 극대화하는 데 그 목적이 있다. 그러므로 X 지역 주민을 일반적으로 대표하는 공공 기관은 X 지역에서 활동하는 기업 총주식의 2분의 1을 보유해야 한다. 그러나 그 지역에서 선출된 정치인이나 지방 공무원이 신주와 관련된 권리 행사를 위임받는 데 가장 적합한 인물은 아니다. 우리는 적합한 인물의 문제를 논하기 전에 이 권리를 좀 더 자세하게 정의해야 한다.

이제 두 번째 의문으로 옮겨보자. 원칙적으로 소유와 관련된 권리는 언제나 경영권과 금전적인 권리로 구분할 수 있다.

나는 정상적인 상황에서 '공공 기관'이 기존 기업 경영진의 행동의 자유나 책임 범위에 개입하거나 이를 제한한다면 아무것도 얻지 못하고 상당히 많은 손실만 발생하리라고 확신한다. 따라서 특별한 상황이 발생하지 않는 한 기업의 '민간' 경영자에게 모든 권한이 부여되어야지 절반의 주식을 보유한 공공 기관이 그에 따른 경영권을 행사해서는 안 된다. 즉 공적 보유주는 통상적으로 의결권이 없고 오직 정보에 대한 권리와 참관인을 파견할 권리만을 가질 뿐이다. '공공 기관'은 한 명(혹은 소수의) 참관인을 기업 이사회에 보낼 권리가 있는데 이 참관인은 통상적으로 의결권을 갖지 않는다. 오로지 참관인이 공익에 비추어 기존 경영진의 행위에 간섭할 필요가 있다고 판단할 때만 잠자는 의결권을 발동할 수 있도록 **특별위원회**a special court에 요구할 수 있다. 참관인은 증거가 확실해 보이는 사안에 간섭이 필요한 이유를 위원회에서 설명해야 하며 제한된 기간 동안 공적 보유주의 의결권을 발동할 수 있다. 이처럼 공적으로 소유되는 새로운 주식과 연결된 경영권은 정상적인 상황에서는 단순한 가능성으로만 남아 있으며 '공공 기관'이 특별하면서도 공식적인 절차를 밟은 후에야 비로소 기능할 수 있다. 더욱이 예외적인 상황에서 이러한 절차를 거쳐 공적 보유주의 의결권이 발동된다고 할지라도, 그러한 상황은 오직 짧은 기간에만 존속되므로, [민간 보유주와 공적 보유주 사이의] 기능 분담은 당연히 정상적인 경우와 예외적인 경우로 나누어 고찰해야 한다.

흔히 사람들은 고위 공무원이나 중간 공무원을 경영진에 참여시키면 민간 기업의 행위 속에서도 '공익'을 보장할 수 있으리라고 생각한다. 이러한 생각은 흔히 국유화 제안의 주요 항목을 차지하곤 하는데 내게는 너무도 단순하고 비현실적인 생각으로 보인다. 기업이 지금보다 더 '공익'을 존중하도록 좀 더 효과적으로 유도하는 길은 경영 책임을 [공적 영역과 사적 영역이] 분담하는 방식이 아니라 경영의 공적 책임성과 투명성을 확보하는 방식이다. 행정과 경영은 서로 다른 영역(심지어 보수나 안전성 측면에서도)이므로 양자를 혼합하려는 시도는 해로운 결과만 초래할 뿐이다.

그러므로 '공공 기관'이 보유하는 소유권에 수반되는 경영권은 정상적인 상황에서는 기능하지 않지만 금전적인 권리는 처음부터 계속해서 행사해야 한다. 이는 너무도 분명한 일이다. 왜냐하면 금전적인 권리는 기업에 부과될 이윤세를 대신하는 것이기 때문이다. 분배되는 이윤의 절반은 자동으로 신주를 보유하는 공공 기관에 귀속될 것이다. 하지만 공적 보유주는 원칙상 양도할 수 없어야 한다(이는 이윤세를 징수하는 권한이 자산처럼 판매될 수

352

없다는 사실과 같은 이치다). 공적 보유주는 현금으로 전환될 수도 없다. 공공 기관이 자본을 빌리는 데 공적 보유주를 담보물로 이용할 수 있는지는 나중에 고려할 수도 있다.

지금까지 신주와 관련된 권리와 의무를 간단하게나마 살펴보았으므로 이제 인사 문제로 돌아가 보자. 인사 문제에 관한 구상의 일반적인 목적은 대기업을 사회 환경과 가능한 한 밀접하게 통합하는 것이다. 인사 문제도 이 목적에 따라 해결해야 한다. 기업을 소유하는 데서 비롯된 금전상, 경영상의 권리와 의무를 행사하는 문제는 분명히 정당 정치의 논쟁과 구분해야 한다. 이와 동시에 완전히 다른 목적을 위해 임명된 공무원에게 맡겨서도 안 된다. 나는 이 임무를 특별한 시민 조직에 맡겨야 한다고 제안하며 편의상 이를 '사회평의회Social Council'라 부르고자 한다. 사회평의회는 정치적 선거 운동이나 정부 당국의 원조 없이 폭넓게 정해진 규정에 따라 지역 차원에서 다음과 같은 방식으로 만들어져야 한다. 평의회 의원은 지역의 노동조합 대표, 경영자 조직, 전문 직업 단체가 각각 4분의 1씩 지명하고 나머지 4분의 1은 배심원을 선출하는 방식과 비슷하게 지역 주민 중에서 뽑는다. 위원의 임기는 예를 들어 5년으로 하고 해마다 5분의 1씩 교체한다.

사회평의회는 법적인 구속력을 받지만 그렇지 않을 때는 권리와 권한을 제한 없이 행사할 수 있다. 물론 사회평의회는 공적인 책임을 지며 회의록을 공개할 의무가 있다. 민주적인 장치로서, 기존의 지방 정부local authority는 사회평의회가 개별 기업의 경영에 가진 것과 비슷한 '유보 권한'을 사회평의회에 갖는 것이 바람직하다. 즉 지방 정부에는 그 지역의 사회평의회에 참관인을 파견할 권리와 심각한 분쟁이나 문제가 발생했을 때 일시적인 개입권을 '법정'에 요구할 권리를 부여해야 할 것이다. 여기서 분명히 해두어야 할 사항은 이러한 개입이 정상이 아니라 예외이며 정상적인 상황이라면 사회평의회가 완전한 행동의 자유를 갖는다는 점이다.

사회평의회는 공적 보유주의 배당금 형태로 자신에게 귀속되는 수입에 완전한 통제권을 갖는다. 이 수입의 지출 지침guiding principles은 법률로 규정해야 하는데 이 지침은 지역의 자립과 책임성을 높은 수준으로 보장해야 한다. 사회평의회가 기금을 가장 효율적으로 사용하리라고 믿을 수 없다는 반론이 곧바로 제기될 것이다. 하지만 이는 그 기금을 지방 정부나 중앙 정부가 관리(현재 시행되는 것처럼)한다고 해도 효율적 사용을 보증할 수 없다고 분명하게 반박할 수 있다. 오히려 지역의 사회평의회야말로 지역 공동체를 진정으로 대표하는 단체이므로 지역이나 중앙의 공무원에게 기대할 수 있는 수준보다 자원을 중요한 사회적 필요에 맞춰 배분하는 일에 훨씬 더 많은 관심을 보일 것이라고 가정해도 무방할 듯 보인다.

이제 세 번째 문제로 돌아가 보자. 현행 체계를 여기서 제안한 체계로 전환하는 데 특별한 어려움은 없을 것이다. 앞서 언급했듯이 기업의 이윤세를 폐지하는 대신 주식의 절반을 '구입'하고 일정 규모 이상의 기업을 모두 똑같이 취급하기 때문에 그 어떠한 보상 문제도 제기되지 않는다. 규모 문제는 처음에는 적은 수의 대기업만 대상에 포함되도록, '전환' 과정이 점진적이면서도 실험적이 되도록 정의할 수 있다. 내가 제안한 구상하에서, 대기업이 이윤세로 지불했을 법한 크기보다 조금 더 많은 금액을 '공공 기관'에 배당금으로 지불한다면 과도한 규모를 억제하는 데 사회 적으로 바람직한 유인으로 기능할 것이다.

이윤세를 '주식 지분'으로 전환하면 기업의 의사 결정을 둘러싼 심리적 분위기가 상당히 변화한다는 점을 강조할 필요가 있다. 이윤세율이 (가령) 50퍼센트라면 사업가는 언제나 잘하면 줄일 수도 있는 [그렇지만 실제로는 그렇지 못한] 모든 한계 지출의 '절반을 재무부가 부담할 것이다'라고 주장하고픈 유혹에 빠진다(그러한 지출 감소는 이윤을 증가시키지만 어찌 되었든 이윤의 절반은 이윤세로 나가버린다). 그런데 이윤세가 폐지되고 그 대신에 공공 기관이 주식을 보유하면 심리적 분위기가 크게 달라진다. 왜냐하면 회사 주식의 절반이 공적으로 보유된다는 점을 알면 줄일 수 있는 지출이 모두 그만큼 이윤을 감소시킨다는 사실을 좀 더 분명하게 알 수 있기 때문이다.

국제적인 기업을 포함해서 사업 영역이 여러 지역에 걸쳐 있는 기업에서는 당연히 수많은 문제가 제기될 것이다. 하지만 두 가지 원칙이 확실하게 지켜지는 한 심각한 문제는 나타나지 않는다. 이윤세가 '주식 지분'으로 전환된다는 점과 공공 기관의 참여는 지역적인 문제라는, 즉 해당 기업의 종업원이 실제로 일하고 생활하고 돌아다니며 모든 종류의 공공 서비스를 이용하는 지역 차원에서 이루어질 문제라는 점 말이다. 물론 기업 구조가 복잡하면 회계 담당자나 법률 전문가에게 흥미로운 일거리가 있겠지만 실질적으로 힘든 문제는 없을 것이다.

이 구상에 포함되는 기업은 추가 자본을 어떻게 조달할 수 있는가? 이 대답 역시 아주 간단하다. 그 방법은 유상으로든 무상으로든 민간 주주에게 주식이 발행될 때마다 공공 기관에 〔그만큼〕 무상주를 발행하는 것이다. 언뜻 보기에 이는 공정하지 않을지도 모른다. 민간 투자자는 주식을 구입해야 하는데 왜 공공 기관은 주식을 무료로 받는가? 그 이유는 당연히 기업 자체가 이윤세를 지불하지 않기 때문이다. 따라서 새로운 자본 기금으로 편입할 수 있는 이윤 역시 이윤세 대상에서 벗어나며 공공 기관은 이를테면 이윤세(그렇지 않으면 지불했어야 할) 대신에 주식을 무상으로 수령하는 셈이다.

마지막으로 기업의 재조직화, 인수, 해산 따위와 관련된 특수한 문제들이 존재할 수 있다. 이들은 모두 앞서 언급한 원칙에 따라 충분히 해결할 수 있다. 파산이나 또 다른 이유로 기업을 해산할 때는 공공 기관이 보유한 주식을 당연히 민간이 보유한 주식과 똑같이 취급할 것이다.

위와 같은 제안은 '골격 형성' 방법에 관한 한 가지 시안 정도로 취급할 수도 있다. 그렇지만 이러한 구상은 완벽하게 **실행 가능**하다. 혁명, 재산 몰수, 중앙 집중화 따위가 없거나 민간 부문의 유연성을 관료적 경직성ponderousness으로 대체하지 않더라도 대기업의 소유 구조를 변화시킬 수 있으리라. 이 구상은 점진적이면서 실험적인 방식으로 도입할 수 있다. 즉 가장 큰 기업에서 출발해 기업이라는 요새에서 공익이 충분히 존중받고 있음을 확인할 때까지 점차 규모가 작은 곳으로 나아가는 것이다. 아무리 세율을 높이고 온갖 법률을 제정하더라도 현재의 대기업 구조로는 공공의 복지에 기여하지 못할 것이다.

후기

근현대의 사람들은 과학 기술의 위력이 전개되는 상황에 흥분해서 자연을 파괴하는 생산 체제와 인간을 불구로 만드는 사회를 건설했다. 부가 계속해서 늘어나기만 한다면 모든 게 잘 되리라고 생각했다. 돈을 전능하다고 여겼다. 돈으로 정의, 조화, 미 따위와 같은 비물질적 가치(심지어 건강까지도)를 실제로 구입할 수는 없겠지만 돈이 있으면 이들의 필요성을 피할 수 있거나 이들의 상실을 보상받을 수 있다고 믿었다. 따라서 생산 증대와 부의 획득이 근현대 세계의 최고 목표가 되었으며 다른 목표들은 모두 입에 발린 소리로만 대접받을 뿐, 부차적인 지위로 밀려났다. 최고 목표는 정당화를 요구하지 않는다. 그러나 부차적인 목표는 궁극적으로 최고 목표를 달성하는 데 얼마나 기여하느냐에 따라 정당화되어야 한다.

　이것이 바로 물질주의 철학이며, 오늘날 온갖 사건으로 도전

받는 것도 바로 이 철학(또는 형이상학)이다. 지금껏 전 세계 그 어느 곳에서든 물질주의에 도전하면서 다른 가치관을 주장한 현자나 교사가 존재했다. 언어와 상징은 달랐지만 그 내용은 언제나 '**먼저** 하나님의 나라를 찾아라, 그러면 이 모든 것〔물질적인 것〕을 **추가**로 얻을 것이다'라는 똑같은 가르침이었다. 우리는 우리의 상상을 넘어서는 내세가 아니라 물질적인 것이 필요한 이곳 현세에서 바로 이 모든 것을 추가로 얻는다고 배웠다. 그러나 오늘날 우리는 이러한 가르침을 현자나 성자에게서만 배우는 것이 아니라 실제 물질적인 세계의 온갖 사건에서도 배운다. 테러, 대량 학살, 사회 붕괴, 공해, 자원 고갈 따위에 관한 말들이 우리에게 시사하는 바가 바로 이러한 가르침이다. 오늘날 우리는 독특한 수렴의 시대에 사는 듯 보인다. 신의 나라에 관한 놀라운 말속에는 약속뿐만 아니라 협박threat('먼저 이 나라를 찾지 않는 한 당신도 원하는 것을 이용할 수 없을 것이다'라는 협박)까지 들어 있다는 사실이 점차 분명해지고 있다. 최근에 어떤 사람은 경제학이나 정치학을 조금도 언급하지 않은 채 근현대 세계의 조건을 다음과 같이 적었다.

> 인간 전체가 진실에서 점점 더 멀어지고 있다고 말할 수 있다면 사방에서 진실이 인간에게로 점점 더 다가오고 있다고 말할 수도 있다. 옛날에는 진실을 만나려면 평생 노력해야 한다고 말하는 것이 타당했을지 모르겠지만 오늘날에는 단지 멀어지지 않아야 할 뿐이다. 그러나 이 얼마나 어려운 일이겠는가![79]

좀 더 많은 자원(부, 교육, 연구 개발 따위)을 동원해서 공해와 싸우고 야생 동식물을 보호하며, 새로운 에너지 자원을 발견하고, 평화로운 공존을 두고 좀 더 효과적인 협정을 체결하는 방식으로 근현대 세계의 파괴적인 힘을 '통제'할 수 있다고 믿는다면 이는 진리에서 멀어지는 것이다. 말할 필요도 없이 부, 교육, 연구 개발, 기타 수많은 자원은 모든 문명에 필요하지만 오늘날에는 이러한 수단들을 이용하는 목적을 바꾸는 일이 가장 절실하다. 이는 무엇보다도 물질적인 것에 본래의 정당한 지위, 즉 본질적인 지위가 아니라 부차적인 지위를 부여하는 생활 양식을 발전시키는 것을 의미한다.

　　'생산의 논리'는 생명의 논리도, 사회의 논리도 아니다. 오히려 이 두 가지 논리의 일부이자 이들에 종속된 것에 불과하다. '생산의 논리'에 힘입어 해방된 파괴력을 제어하려면 이 논리 자체를 억제해서 파괴력이 활개 치지 못하도록 해야 한다. 치명적인 장치를 생산하는 일이 인간의 창조력을 제대로 이용하는 것으로 여겨지는 한 테러 행위를 억제해본들 거의 소용이 없다. 또한 인간에게는 다른 생명체와 마찬가지로 따라야 할 우주 법칙이 있는데, 생산 양식과 소비 양식이 이 법칙에 부합하지 않고 계속해서 거대하면서도 복잡하고 폭력적인 모습(이러한 경향이 점점 더 분명해지고 있다)을 보인다면 오염과 벌이는 싸움도 성공할 수 없다. 이와 마찬가지로 필요한 만큼이면 충분하며 이 선을 넘어서면 악이라는 사고가 그 어느 곳에도 존재하지 않는 한, 자원 고갈 속도를 늦추거나 부와 권력을 손에 쥔 사람들과 그렇지 못한 사람들 사이에서 조화로운 관계를 확보할 수 없다.

오늘날 심지어 일부 공무원이나 그에 준하는 사람들에게서까지 이 심각한 문제에 대한 인식(너무도 신중하긴 하지만)을 조금씩 발견할 수 있는데 이는 희망적인 조짐이다. 환경부 장관 자문위원회에서 발표한 한 보고서에서는 기술 선진국들이 "가치관을 고치고 정치적 목표를 전환할"[80] 기회를 얻기 위해 시간을 확보해야 한다는 주장을 제기했다. 보고서는 이 문제가 '도덕적인 선택'의 문제이므로 "계산만으로 해결할 수 있는 게 결코 아니다. (…) 전 세계 젊은이들이 기존 가치관에 근본적인 의문을 제기한다는 것은 우리의 산업 문명에 대한 불안감이 점점 더 확산하고 있다는 징표다"[81]라고 말했다. 오염을 규제하고 세계 인구와 소비 사이에서 지속적인 균형 관계를 확보해야 한다. "그렇지 않으면 조만간에, 혹자는 그 시간이 가깝다고 믿는데, 문명의 몰락이 공상 과학의 문제가 아니게 될 것이다. 우리의 자식이나 손자들이 이를 경험할 것이다."[82]

그러나 어떻게 해야 하는가? '도덕적인 선택'이란 무엇인가? 보고서가 시사하는 대로 도덕적인 선택은 단순히 "깨끗한 환경을 위해 얼마나 많은 돈을 지불할 용의가 있는가"를 결정하는 문제인가? 실제로 인간에게는 어느 정도 선택의 자유가 있다. 즉 인간은 유행이나 '생산의 논리' 또는 그 어떠한 단편적인 논리에도 구속받지 않는다. 그러나 진리에는 구속받는다. 진리를 위해 봉사할 때만 자유는 완전하다. 오늘날 우리에게 "기존 제도의 구속에서 상상력을 해방하라"[83]고 요구하는 사람들조차 진리를 승인할 길을 가르쳐주지 못한다.

20세기의 인류가 이전까지 발견된 적이 없는 진리를 발견하도록 요구받는다고 보기는 힘들다. 인류의 모든 참된 전통에서처럼 기독교 전통도 진리를 종교적인 용어로 표현했는데 그 말은 근현대 사람 대부분에게 이해할 수 없는 것이 되어버렸다. 하지만 표현은 바뀔 수 있으므로 오늘날 진리를 훼손하지 않는 범위에서 이 일을 수행하는 작가들이 있다. 이 중에 근현대 세계의 난제를 해결하는 데 놀랍도록 정교하면서도 현실적인 교리인 4대 덕목(지혜prudentia, 정의justitia, 용기fortitudo, 절제temperantia)만큼 적절한 가르침은 아마도 없을 것이다. 의미심장하게도 지혜는 모든 다른 덕목의 '어머니'(모든 덕목은 지혜에서 비롯한다prudentia dicitur genitrix virtutum)로 불리는데 오늘날 이용하는 '분별력prudence'이라는 말로는 그 의미를 전달할 수 없다. 지혜에는 속 좁고 비열하며 타산적인, 직접적인 공리주의적 이익을 약속하지 않는 것은 거들떠보거나 평가하지 않는 생활 태도에 대립하는 의미가 있다.

> 지혜가 특히 중요하다는 것은 선의 실현이 현실에 대한 지식을 전제한다는 의미다. 실제 상황을 잘 알고 있는 사람만이 선을 행할 수 있다. 지혜가 특히 중요하다는 것은 이른바 '좋은 의도'나 '선의'만으로는 충분하지 않다는 의미다. 선의 실현은 우리의 행위가 현실 상황, 즉 구체적인 인간 행위에 대한 '환경'을 구성하는 구체적인 현실에 적합하며 우리가 이 구체적인 현실을 현명하면서도 객관적인 시선으로 진지하게 받아들이고 있음을 전제한다.[84]

그러나 현명하면서도 객관적인 시선에 도달하여 지혜를 완성하려면 반드시 현실을 '말없이 응시'하면서 자기중심적인 관심을 적어도 일시적으로나마 억제하는 태도가 전제되어야 한다.

우리는 이토록 폭넓은 지혜에 기초해서만 정의와 용기, 절제에 도달할 수 있다. 절제란 적절한 선에서 만족할 줄 아는 것이다. "지혜란 진리에 대한 인식을 현실에 부합하는 의사 결정으로 변형하는 것을 의미한다."[85] 그렇다면 오늘날 이 지혜를 배우고 함양하는 것보다 중요한 일이 있겠는가? 이는 틀림없이 문명이 존속하는 데 절대적으로 필요한 세 가지 다른 덕목을 진정으로 이해하도록 인도할 것이다.[86]

정의가 진리와 연결된다면, 용기는 선과 연결되며, 절제는 미와 연결된다. 반면에 지혜는 어떤 의미에서 이 세 가지를 모두 포함한다. 지금까지 진, 선, 미를 마치 너무도 모호하고 주관적이어서 사회생활이나 개인 생활의 최고 목표로 채택하기 힘들다거나 부와 권력을 가지면 저절로 생겨나는 것인 양 취급한 현실론은 '괴상한 현실론'이라 불리곤 했는데 이는 적절한 지적이다. 도처에서 사람들은 다음과 같이 자문한다. "나는 실제로 무엇을 할 수 있는가?" 그 대답은 어려우면서도 간단하다. 우리는 각자 자신의 마음을 가다듬기 위해 노력할 수 있다. 이 노력에 필요한 지침은 과학이나 기술에서 찾을 수 없다. 과학이나 기술의 가치는 분명히 그들이 기여하고자 하는 목적에 의존하기 때문이다. 우리는 여전히 각자의 마음을 가다듬는 노력에 필요한 지침을 인류의 전통적인 지혜에서 발견할 수 있다.

주석

1 이 장은 1972년 2월 4일에 스위스 취리히 근처의 뤼쉬리콘^{Rüschlikon} 소재 고틀리프두트바일러^{Gottlieb Duttweiler}연구소에서 진행한 강연을 기초로 한다.

2 이 장은 *Resurgence*, Journal of the Fourth World(Vol. III, No. 1, May/June, 1970)에 실린 글이다.

3 *Towards New Horizons* by Pyarelal(Navajivan Publishing House, Ahmedabad. India, 1959)

4 *Creed or Chaos* by Dorothy L. Sayers(Methuen & Co. Ltd, London, 1947)

5 이 장은 부분적으로 1967년 데뵈^{Des Vœux} 기념 강연('Clean Air and Future Energy - Economics and Conservation')에 기초한다. 강연문은 '깨끗한 공기를 위한 전국 협회^{National Society for Clean Air}'가 1967년 런던에서 출판한 바 있다.

6   이 장은 *Asia: A Handbook*(edited by Guy Wint, published by Anthony Blond Ltd., London, 1966)에 실린 글이다.

7   *The New Burma*(Economic and Social Board, Government of the Union of Burma, 1954)

8   위와 같은 책

9   위와 같은 책

10   *Wealth of Nations* by Adam Smith

11   *Art and Swadeshi* by Ananda K. Coomaraswamy(Ganesh & Co., Madras)

12   *Economy of Permanence* by J. C. Kumarappa(Sarva-Seva Sangh Publication, Rajghat, Kashi, 4th edn., 1958)

13   *The Affluent Society* by John Kenneth Galbraith(Penguin Books Ltd., 1962)

14   *A Philosophy of Indian Economic Development* by Richard B. Gregg(Navajivan Publishing House, Ahmedabad, 1958)

15   *The Challenge of Man's Future* by Harrison Brown(The Viking Press, New York, 1954)

16   이 장은 1968년 8월에 런던에서 강연한 내용을 다듬은 것으로 *Resurgence*, Journal of the Fourth World(Vol. II, No. 3, September / October, 1968)에 실린 글이다.

17   열역학 제2법칙에 따르면 열은 저온의 물체에서 고온의 물체로 저절로 이동할 수 없다. 좀 더 쉽게 말한다면 '당신은 당신보다 차가운 것에 의지해서 몸을 덥힐 수 없다.' 이는 그다지 지적인 자극을 주는 관념은 아니지만 누구나 알고 있는 것이다. 열역학 제2법칙은 모든 온도 차이

가 사라지면 우주가 필연적으로 일종의 '열 죽음heat death'을 맞는다는 사이비 과학적인 생각으로 확대되고 있는데 이는 너무도 지나치다.

꺼져라, 꺼져라, 짧은 양초여!
인생은 움직이는 환영 같은 것, 너 가련한 배우여.
무대 위에서 뻐기듯 안달하듯 네 시간을 보내지만
더 이상 들리지 않나니, 그것은 이야기일 뿐.
백치가 전해주는, 소리와 분노로 가득 찬 이야기일 뿐.
아무런 의미도 없는.

이는 맥베스가 마지막 재앙을 만났을 때 하는 말이다. 그런데 이 말은 과학이 그 어느 때보다도 성공을 거두고 있는 오늘날에도 과학의 권위에 기대어 수없이 반복되고 있다.

18 Charles Darwin's *Autobiography*, edited by Nora Barlow(Wm. Collins Sons & Co. Ltd., London, 1958)

19 *Topsoil and Civilisation* by Tom Dale & Vernon Gill Carter (University of Oklahoma Press, USA, 1955)

20 *Man and His Future*, edited by Gordon Wolstenholme(A Ciba Foundation Volume, J. & A. Churchill Ltd., London, 1963)

21 *The Soul of a People* by H. Fielding Hall(Macmillan & Co. Ltd., London, 1920)

22 *Our Accelerating Century* by Dr. S. L. Mansholt(The Royal Dutch / Shell lectures on Industry and Society, London, 1967)

23 *A Future for European Agriculture* by D. Bergmann, M. Rossi-

Doria, N. Kaldor, J. A. Schnittker, H. B. Krohn, C. Thomsen, J. S. March, H. Wilbrandt, Pierre Uri(The Atlantic Institute, Paris, 1970)

24 위와 같은 책

25 위와 같은 책

26 위와 같은 책

27 위와 같은 책

28 *Our Synthetic Environment* by Lewis Herber(Jonathan Cape Ltd., London, 1963)

29 위와 같은 책

30 S. L. Mansholt, 위와 같은 책

31 D. Bergmann et al, 위와 같은 책

32 이 장의 인용문은 *Prospect for Coal* by E. F. Schumacher(published by the National Coal Board, London, April, 1961)에서 따왔다.

33 *The Economic Journal*, March, 1964, p.192

34 이 장은 1967년 데뵈 Des Vœux 기념 강연('Clean Air and Future Energy – Economics and Conservation')에 기초한다. 강연문은 '깨끗한 공기를 위한 전국 협회'가 1967년 런던에서 출판한 바 있다.

35 *Basic Ecology* by Ralph and Mildred Buchsbaum(Boxwood Press, Pittsburgh, 1957)

36 "Die Haftung für Strahlenschäden in Grossbritannien" by C. T. Highton, in *Die Atomwirtschaft, Zeitschrift für wirtschaftliche Fragen der Kernumwandlung*, 1959

37 *Radiation: What it is and How it Affects You* by Jack Schubert

and Ralph Lapp(The Viking Press, New York, 1957); *Die Strahlengefährdung des Menschen durch Atomenergie* by Hans Marquardt and Gerhard Schubert(Hamburg, 1959); Vol. XI of *Proceedings* of the International Conference on the Peaceful Uses of Atomic Energy, Geneva, 1955; Vol. XXII of *Proceedings* of the Second United Nations International Conference on the Peaceful Uses of Atomic Energy, Geneva, 1958

38 "Changing Genes: Their Effects on Evolution" by H. J. Muller, in *Bulletin of the Atomic Scientists*(Chicago, 1947)

39 이는 1959년 제86차 미국 의회 원자력합동위원회 소속 방사능특별소위원회 청문회에서 파일라[G. Failla]가 증언한 내용이다. 관련해서는 "Fallout from Nuclear Weapons", Vol. II(Washington D. C., 1959) 참조.

40 "Oceanic Research Needed for Safe Disposal of Radioactive Wastes at Sea" by R. Revelle and M. B. Schaefer; "Concerning the Possibility of Disposing of Radioactive Waste in Ocean Trenches" by V. G. Bogorov and E. M. Kreps, both in Vol. XVIII of *Proceedings*, Geneva Conference, 1958

41 "Biological Factors Determining the Distribution of Radioisotopes in the Sea" by B. H. Ketchum and V. T. Bowen

42 "Conference Report" by H. W. Levi, in *Die Atomwirtschaft*, 1960

43 U. S. Atomic Energy Commission, "Annual Report to Congress", Washington, D. C., 1960

44 "U. S. Naval Radiological Defense Laboratory Statement"

in *Selected Materials on Radiation Protection Criteria and Standards; Their Basis and Use*

45 Friede oder *Atomkrieg* by Albert Schweitzer, 1958

46 *The Hazards to Man of Nuclear and Allied Radiations*(British Medical Research Council)

47 Lewis Herber, 위와 같은 책

48 "Summary and Evaluation of Environmental Factors that must be Considered in the Disposal of Radioactive Wastes" by K. Z. Morgan in *Industrial Radioactive Disposal*, Vol. III

49 "Natürliche und künstliche Erbanderungen" by H. Marquardt, in *Probleme der Mutationsforschung*(Hamburg, 1957)

50 Schubert and Lapp, 위와 같은 책

51 "Today's Revolution" by A. M. Weinberg, in *Bulletin of the Atomic Scientists*(Chicago, 1956)

52 *Must the Bomb Spread?* by Leonard Beaton(Penguin Books Ltd., london, in association with the Institute of Strategic Studies, London, 1966)

53 "From Bomb to Man" by W. O. Caster in *Fallout*, edited by John M. Fowler(Basic Books, New York, 1960)

54 Leonard Beaton, 위와 같은 책

55 Leonard Beaton, 위와 같은 책

56 "The Atom's Poisonous Garbage" by Walter Schneir, in *Reporter*, 1960

57 Lewis Herber, 위와 같은 책

58 *On Peace* by Albert Einstein, edited by O. Nathan and H. Norden(Schocken Books, New york, 1960)

59 *Pollution: Nuisance or Nemesis?*(HMSO, London, 1972)

60 이 장은 1971년 10월 23일 런던에서 '인류의 미래'라는 주제로 열린 테야르^{Teilhard}센터 제6차 연차 총회에서 행한 강연에 기초한다.

61 이 장은 1966년 3월 3일 런던에서 열린 아프리카국^{Africa Bureau}총회에서 한 연차 연설을 바탕으로 한다.

62 이 장은 1965년 9월에 유네스코 주최로 칠레의 산티아고에서 열린 라틴 아메리카 개발을 위한 과학기술회의에서 발표한 것이다.

63 "A Plan for Full Employment in the Developing Countries" by Gabriel Ardant(*International Labour Review*, 1963)

64 "Wages and Employment in the Labour – Surplus Economy" by L. G. Reynolds(*American Economic Review*, 1965)

65 *Industrialisation in Developing Countries*, edited by Ronald Robinson(Cambridge University Overseas Studies Committee, Cambridge, 1965)

66 위와 같은 책

67 위와 같은 책, "Notes on Latin American Industrial Development" (by Nuño F. de Figueiredo)에서 재인용.

68 위와 같은 책

69 "Technologies Appropriate for the Total Development Plan" by D. R. Gadgil in *Appropriate Technologies for Indian Industry*(SIET institute, Hyderabad, India, 1964)

70 이 장은 조지 커닝엄이 엮은 페이비언 논문집《70년대의 영국과 세계

Britain and the World in the Seventies》(Weidenfeld & Nicolson Ltd., London, 1970)에 실린 것이다.

71 이 장은 1971년에 런던의 인도개발모임^{India Development Group}에서 강연한 것이다.

72 *The New industrial State* by John Kenneth Galbraith(Penguin Books Ltd., in association with Hamish Hamilton, Ltd., London, 1967)

73 이 장은 1961년 6월 해러게이트^{Harrogate}에서 개최한 자동화의 사회경제적 영향에 관한 제1차 회의^{The First British Conference on the Social and Economic Effects of Automation}에서 강연한 내용이다.

74 *The Economics of 1960* by Colin Clark(1941)

75 이 장은 "Management Decision"이란 제목으로 *Quarterly Review of Management Technology*(london, Autumn, 1967)에 실린 글이다.

76 Encyclical "Quadragesimo Anno"

77 *Selected Works* by Mao Tse–tung, Vol. III

78 이 장에서 인용한 글은 모두 토니^{R. H. Tawney}의《탐욕스러운 사회*The Acquisitive Society*》에서 발췌했다.

79 *Ancient Beliefs and Modern Superstitions* by Martin Lings (Perennial Books, London, 1964)

80 *Pollution: Nuisance or Nemesis?*(HMSO, London, 1972)

81 위와 같은 책

82 위와 같은 책

83 위와 같은 책

84 *Prudence* by Joseph Pieper, translated by Richard and Clara

370

Winston(Faber and Faber Ltd., London, 1960)

85 *Fortitude and Temperance* by Joseph Pieper, translated by Daniel F. Coogan(Faber and Faber Ltd., London, 1955)

86 *Justice* by Joseph Pieper, translated by Lawrence E. Lynch(Faber and Faber Ltd., Londond, 1957). 기독교의 4대 덕목에 관한 입문서 중 피퍼Joseph Pieper의 저작에 견줄 만한 책을 찾을 수 없을 것이다. 피퍼는 자신이 말하고자 하는 바를 일반인들이 이해하기 쉽도록 전달하는 방식뿐만 아니라 독자의 의문 사항이나 요구 조건에 곧바로 대응하는 방법도 잘 알고 있다고 평가받는다.

옮긴이 **이상호**

고려대학교 경제학과를 졸업하고 동 대학원에서 석사와 박사 학위를 받았다. 동국대학교 다르마칼리지에 재직하면서 활발한 저술 활동을 하고 있다. 주요 논문으로는 〈공유경제와 복지: 벤클러 공유경제 모델의 함의를 중심으로〉, 〈기본 소득과 사회 정의: 반 빠레이스, 롤즈, 센〉, 〈행복경제학과 불교: '관계' 개념을 중심으로〉가 있고, 《자유시장의 도덕성》, 《불평등의 재검토》, 《경제분석의 역사》(공역) 등을 우리말로 옮겼다.

작은 것이 아름답다
인간 중심의 경제를 위하여

1판 1쇄 발행　2002년 3월 10일
2판 1쇄 발행　2022년 12월 6일
2판 2쇄 발행　2024년 5월 20일

지은이　E. F. 슈마허　　　　　옮긴이　이상호
펴낸곳　(주)문예출판사　　　　펴낸이　전준배
편집　박해민 백수미 이효미　　디자인　표지 최혜진 본문 김하얀
영업·마케팅　하지승　　　　　경영관리　강단아 김영순

출판등록　2004. 02. 11. 제 2013-000357호(1966. 12. 2. 제 1-134호)
주소　04001 서울시 마포구 월드컵북로 21
전화　393-5681　　　　　　팩스　393-5685
홈페이지　www.moonye.com　　블로그　blog.naver.com/imoonye
페이스북　www.facebook.com/moonyepublishing
이메일　info@moonye.com
ISBN　978-89-310-2294-0 03300